HANS G. PREUSS

Illusion und Wirklichkeit

An den Grenzen von Religion und Psychoanalyse

ERNST KLETT VERLAG
STUTTGART

Satz und Druck: Ernst Klett, Stuttgart
ISBN 3–12–906350–1

HEINRICH MENG

DEM PSYCHOANALYTIKER

UND WEGBEREITER DER MODERNEN PSYCHOHYGIENE

IN DANKBARKEIT GEWIDMET

... Denn alles, sagte er, entspringe aus der Seele, Böses und Gutes, dem Leibe und dem ganzen Menschen, und ströme ihm von dort her zu wie aus dem Kopf den Augen. Jenes also müsse man zuerst und am sorgfältigsten behandeln, wenn es um den Kopf und um den ganzen Leib gut stehen solle. Die Seele aber, mein Guter, sagte er, werde behandelt durch gewisse Besprechungen, und diese Besprechungen seien die schönen Reden. Denn durch solche Reden entstehe in der Seele Besonnenheit, und wenn diese entstanden und da sei, werde es leicht, auch dem Kopf und dem übrigen Körper Gesundheit zu verschaffen. Als er mich daher das Mittel und die Besprechungen lehrte, sagte er, daß dich ja nicht jemand überrede, mit dieser Arznei seinen Kopf zu behandeln, der dir nicht zuvor auch seine Seele darbietet, um sie mit den Besprechungen von dir behandeln zu lassen. Denn auch jetzt ist dies der Fehler bei den Menschen, daß es welche unternehmen, abgesondert für eines von beiden Ärzte zu sein ...

Platon, Charmides

INHALT

VORWORT

Die *Psychoanalyse Sigmund Freuds* hat das Geistesleben unseres Jahrhunderts in entscheidender Weise beeinflußt. Es gibt kein Gebiet des menschlichen Sinnens und Trachtens, das sie nicht berührt oder gar verändert hätte. Mit den Methoden der Wissenschaft hat sie es unternommen, die Tiefen der menschlichen Person und ihre Beziehung zur Umwelt zu erforschen. Ihr verdanken wir die Einsichten in die geistigen Funktionen des Menschen, die zentralen Probleme seiner Persönlichkeit und der Lebensführung. Als psychotherapeutische Methode wurde sie zu einem Instrument des Arztes und Psychologen, um auf seelische Störungen heilend einzuwirken.

Doch über ihren Wert als reine Erfahrungswissenschaft und als auf Empirie begründete Therapie hinaus hat die Psychoanalyse ihren Einfluß dadurch erlangt, daß sie den Menschen in seiner Existenz, seinem Sosein, in Frage gestellt hat. Dieses In-Frage-Stellen kennzeichnet die Problematik des Menschen in der zweiten Hälfte dieses Jahrhunderts. Der Einblick in die Tiefe der unbewußten Bereiche der Seele hat dem Menschen die Möglichkeit des Zweifelns an seinen eigenen Motivierungen erschlossen, die sein Handeln bestimmen. Er mußte erkennen, daß bewußte Motive einem Selbstbetrug entspringen können und dann nichts anderes sind als Rationalisierungen, die in blinder Beharrlichkeit, ja Bequemlichkeit jenen Teil seines Wesens verleugnen, der zu ihm gehört wie der Schatten zum Licht, wie das Böse zum Guten. Die großen Kriege dieses Jahrhunderts haben uns aufhorchen und zweifeln lassen an der Glaubwürdigkeit angeblich humanistischer Ideale.

Die Psychoanalyse aber hat nur ein Tor geöffnet. Der Mensch, der durch dieses Tor gegangen ist, wird sich fortan nicht damit begnügen können, sich selbst und die Welt *in Frage zu stellen,* sondern er wird *Fragen zu stellen* haben, die unweigerlich aus der Erweiterung seines Bewußtseins folgen.

Eine dieser Fragen, der die Psychoanalyse seit ihren Anfängen nicht ausgewichen ist, ist die Frage nach der Religiosität des Menschen, nach dem Ursprung der Religion und ihrer Bedeutung für den Menschen. Diese »Grenzüberschreitung« auf Gebiete der Philosophie, Theologie und Ethik hat der Psychoanalyse zahlreiche Gegner eingebracht und zu mannigfachen Mißverständnissen geführt. *An den Grenzen von*

Religion und Psychoanalyse haben sich manche Verfechter religiösen Glaubens wie auch manche Anhänger der Psychoanalyse geschieden, weil sie in beiden unvereinbare Gegensätze zu erkennen glaubten. Ursache war Freuds Ansicht, die Religion sei eine Gefahr für den Menschen, weil sie ihn dazu bringe, einer *Illusion* nachzulaufen, anstatt seine Vernunft zu gebrauchen. Indem sich der Mensch illusionären Vorstellungen hingebe, so glaubte Freud, beraube er sich selbst aller Möglichkeiten, die ihm das reale Leben – die *Wirklichkeit* – bietet.

In der Tat liegt zwischen *Illusion und Wirklichkeit* das breite Spektrum eines Raumes, den die Sinne und der Geist des Menschen unermüdlich durchforscht haben, um zu einem Selbst- wie zu einem Weltverständnis zu gelangen. Religion und Wissenschaft, Theologie und Medizin, Philosophie und Psychoanalyse als Formen menschlichen Denkens sind alle Beweise eines Bemühens, diesen Raum aufzuhellen.

Innerhalb dieses Raumes kommt der Kommunikation von Mensch zu Mensch, wie der Kommunikation des Menschen mit Gott eine überragende Bedeutung zu. In der *Psychotherapie,* dem Dialog zwischen dem, der helfen möchte, und dem, der sich helfen lassen will, finden wir Elemente wissenschaftlichen *und* religiösen Ursprungs. Im Gespräch, das Auseinandersetzung und Einsicht sucht, wird das Wort zum Therapeutikum für einen Prozeß, der zur Heilung wie zum »Heil« führen kann.

Da der Dialog zwischen Arzt und Patient, dem auch heute noch ein magisches Element innewohnt, ein Grundprinzip der Therapie und der seelischen Beeinflussung seit den Uranfängen medizinischer Heilkunst ist, wollen wir auf diese Anfänge zurückgehen und die vielfachen Beziehungen zwischen Psychotherapie und Religion durch die Jahrhunderte verfolgen. Das wird uns einerseits zu einer Darstellung der Entwicklung der Medizin und der Krankheitskonzeption vom magischen Zeitalter bis heute, andererseits – oder vielmehr parallel – zu einer Geschichte religiösen und philosophischen Denkens führen. Dabei wollen wir versuchen, beides stets aufeinander zu beziehen. Wir werden erkennen, wie sich mit zunehmender Rationalisierung durch die Wissenschaft beide Wege voneinander getrennt haben, um sich nun wieder – unter dem Einfluß der Psychoanalyse – einander zu nähern.

Wenn wir im folgenden den Grenzraum von Religion und Psychoanalyse betreten, müssen wir uns selbst betroffen fragen: werden wir dies frei von Illusionen und ausschließlich der Wirklichkeit verhaftet tun können? Dieser Frage werden wir immer wieder begegnen. Auch wenn sie unausgesprochen bleibt, werden wir uns ihr stellen müssen.

ERSTES KAPITEL

PSYCHOTHERAPIE UND DIE HEILUNG DER SEELE

Die Lehre von der Seele

Psychotherapie – ein aus dem Griechischen abgeleitetes Wort – bedeutet nichts anderes als *Seelenheilkunde.* In diesem Wort liegt das Geheimnis eines doppelten Sinnes verborgen.

Als Seelen-*Heilkunde* ist Psychotherapie eine Disziplin, die zur medizinischen Wissenschaft, insbesondere der Psychiatrie gehört. Sie hat sich zur Aufgabe gestellt, seelische Leiden zu erforschen und Möglichkeiten ihrer Behandlung zu ergründen und zu erproben. Als Therapie dient sie letztlich dem Menschen und seinem erdengebundenen Dasein.

Wird Psychotherapie als *Seelenheil*-Kunde aufgefaßt, dann hat sie keine bewußte Beziehung mehr zu dem modernen sprachlichen Begriff Therapie. Die Kunde vom »Heil der Seele« ist weder eine wissenschaftliche Lehre – eine psychologische Disziplin – noch eine philosophische Betrachtung der Seele, sondern sie liegt im Bereich der Religion. Wenn immer es beispielsweise in der christlichen Verkündigung um das *Heil der Seele* geht, tritt die körperliche Gebundenheit des Menschen in den Hintergrund. Vielmehr wird hier jener Bereich der menschlichen Existenz berührt, der nicht sterblich ist. In ihm liegt das Vermögen des Menschen verankert, sich bereits in seinem irdischen Dasein auf ein jenseitiges Leben einzustellen und vorzubereiten, in dem der Seele das ewige Heil – oder die ewige Verdammnis – zuteil wird.

Im Gegensatz zur Seelenheilkunde, der wissenschaftlichen Psychiatrie, geht es der christlichen Religion nicht primär darum, dem Menschen sein Dasein auf der Erde zu erleichtern und ihm Heilung von seinen irdischen Leiden zu gewähren, sondern ihm das Heil der Seele durch den Glauben zu verschaffen.

Psychotherapie im weitesten Sinne des Wortes kann darum weder das eine noch das andere *ausschließlich* sein. In der Gegenwart mit ihrer wissenschaftlich-rationalen Grundhaltung hat sich der Akzent eindeutig auf die Heilkunde verschoben. Doch der religiöse Pol, ob gewollt oder ungewollt, bewußt oder unbewußt, hat ständig mitgewirkt und wird auch weiterhin unverändert – zumindest von seiten des Patienten – seinen Einfluß entfalten.

Was verstehen wir nun unter »Seele« oder »Psyche«? Wenn sich im Laufe der Entwicklung die Bedeutung des Wortes Seele immer wieder gewandelt hat und der Begriff stetig anders definiert oder gedeutet worden ist, so gilt das ebenso für das griechische Wort *psyche.* In ihm steckt so viel Unfaßbares, daß es in anderen Sprachen, die unter eigenen Bedingungen und Entwicklungen entstanden sind, anders klingen muß.

So war, um nur einige Vorstellungen herauszugreifen, die Psyche für Aristoteles das Prinzip, das die Vorgänge im Organismus steuert. Die thomistische und neothomistische Auffassung übernahm diese Vorstellung, betrachtet aber die Geistseele *(anima rationalis)* des Aristoteles im Gegensatz zur Seele, die den Leib und die Sinne regiert *(anima vegetativa* und *anima sensitiva),* als organlos und unabhängig vom Leib. In beiden Fällen galt die Seele als »Substanz«. Diesem Substanzbegriff setzte um die Jahrhundertwende der Psychologe Wilhelm Wundt die Ansicht entgegen, daß die Seele die Gesamtheit der seelischen Akte und Funktionen ist. In der neueren Psychologie ist der Seelenbegriff eng mit dem Persönlichkeitsbegriff verbunden. Er ist – wie uns die Psychoanalyse gelehrt hat – dynamisch.

Wenn wir im volkstümlichen Sprachgebrauch von Leib und Seele reden, so hat das Wort Seele eine ganz bestimmte, meist *religiös* gefärbte Bedeutung. Leib und Seele – so meinen wir – umfasse den Menschen in einer dualistischen Gesamtheit. Interessant ist jedoch, daß das *Alte Testament* keineswegs so von Leib und Seele spricht, wie wir dieses Wortpaar heute verstehen. Vielmehr bedeutet Seele (hebräisch *nephesch*) Atem und Leben, die dem Menschen von Gott eingehaucht wurden und darum nicht auf die körperliche Existenz begrenzt sind. In dem Wort liegt zugleich das eingeschlossen, was die Existenz lebenswert, bedeutungsvoll macht, und was zu einem ganzheitlichen, lebendigen Menschenbild führt. Eine Trennung von Leib und Seele ist nicht erkennbar. Seele ist hier das, worunter wir in der Tiefenpsychologie die Persönlichkeit, das Ich und das Selbst, verstehen.

Im *Neuen Testament* hat das griechische Wort *psyche* sowohl die alttestamentarische Bedeutung von Leben und Lebenskraft, meint nun aber auch das Höhere im Menschen im Gegensatz zum Leiblichen, das als das Niedrigere aufgefaßt wird. Es wird deutlich gemacht, daß der Leib sterblich, die Seele aber unsterblich ist. Diese Vorstellung läßt den Einfluß des von Platon geprägten griechischen Denkens erkennen, wenn auch das dualistische Menschenverständnis von Leib und Seele des Neoplatonismus im christlichen Denken gegenüber der ganzheitlichen Auffassung vom Menschen zurücktritt.

Auch in der medizinischen und psychologischen Erforschung von Soma und Psyche kann man sich dem »Leib- und Seele«-Schema der Philosophie Platons nicht entziehen. Doch werden wir später noch ausführlicher aufzeigen, daß es trotz mannigfacher, vorwiegend theologisch bedingter Korrekturen durch die Kirchenväter der Grundriß der Anthropologie blieb.

Der Dualität von Leib und Seele lagen im wesentlichen religiösmetaphysische, aber auch philosophische Vorstellungen zugrunde, die man aus erkenntnis-theoretischen Gründen heute nicht mehr zu akzeptieren vermag. Durch die neuzeitliche Kritik der Metaphysik ist die Annahme einer geistigen, vom Leib verschiedenen Seele nicht mehr haltbar. Dadurch ist auch die Theorie von der Unsterblichkeit der Seele zu einer reinen Glaubenssache geworden. Moderne Erkenntnisse der Medizin und Psychologie weisen eindeutig auf eine wesenhafte Ganzheit, keineswegs auf die Geteiltheit des Menschen hin. Man denke nur an die Probleme der Psychosomatik, an die biologische Evolutionstheorie oder die Kybernetik. Das alles bringt die traditionsgebundenen Philosophen in peinliche Verlegenheit. Man verwendet zwar auch heute noch die platonischen Begriffe Leib und Seele, versteht aber deshalb den Menschen nicht als ein zusammengesetztes, sondern als ein ganzheitliches Wesen; man betrachtet ihn dabei lediglich aus einer leiblichen und einer seelischen Perspektive, doch haben diese Gesichtspunkte keineswegs mehr den Charakter von Entitäten im antiken philosophischen Sinn.

Dem Seelenarzt von heute ist darum »der ganze Mensch in seinem Kranksein, soweit es seelisches und seelisch bedingtes Kranksein ist«, Gegenstand seiner Zuwendung. Diese und folgende Formulierungen verdanken wir dem Psychiater und Philosophen Karl Jaspers. Als Wissenschaftler kennt er »keinen Grundbegriff, mit dem der Mensch schlechthin begriffen, keine Theorie, durch die seine Wirklichkeit als ein objektives Geschehen im Ganzen erkannt würde«. Darum kann seine Haltung nur bestehen aus »Offenheit für alle

Möglichkeiten empirischer Untersuchung«, und aus »Abwehr gegenüber der Verführung, das Menschsein gleichsam auf einen Nenner zu bringen. Statt eines Entwurfs im Ganzen erörtert der Psychiater vorweg nur einige Horizonte, in denen ihm die seelische Wirklichkeit des Menschen entgegentritt.« [1]

Für den Wissenschaftler und Philosophen kann darum die Seele als solche keineswegs Gegenstand sein. Erst durch ihre somatischen Begleiterscheinungen, ihren verstehbaren Ausdruck, durch Benehmen und Handlungen, läßt sie sich in der Welt wahrnehmen und wird gegenständlich. In uns selbst erfahren wir sie zwar als bewußtes Erleben und vergegenwärtigen uns das Erleben in anderen. Aber auch dieses Erleben ist Erscheinung, die wir in uns gegenständlich werden lassen. So »bleibt die Seele in der Tat das *Umgreifende, das nicht Gegenstand wird* (hervorgehoben durch Jaspers), sondern aus dem alle gegenständlich gewordenen Einzeltatbestände uns entgegentreten«.

»Daß die Seele kein Ding ist, und daß schon das Reden von ›der Seele‹ durch Vergegenständlichung irreführt«, versucht Jaspers weiter deutlich zu machen: »1. Die Seele heißt das *Bewußtsein,* aber ebensogut und unter bestimmten Gesichtspunkten sogar wesentlich ist sie das *Unbewußte.* 2. Die Seele ist gar nicht als Gegenstand mit Eigenschaften, sondern als *Sein in ihrer Welt,* als ein Ganzes aus Inwelt und Umwelt zu fassen. 3. Die Seele ist *Werden, Entfaltung, Differenzierung,* nichts Endgültiges und Vollendetes.« [2]

Krankheit der Seele

Die Seele kann, unabhängig davon, wie ein Theologe oder ein Wissenschaftler den Begriff definiert, unter besonderen Bedingungen einem »Prozeß« unterliegen, den wir als »Krankheit« bezeichnen. Krankheit der Seele kann darum im religiösen und im medizinisch-wissenschaftlichen, das heißt psychiatrischen Sinne, verstanden werden.

Im Umgang mit dem seelisch Kranken wird dem Arzt immer wieder bewußt, daß jeder Kranke seinem besonderen Kranksein eine eigene Deutung gibt. Krankheit hat darum stets eine Bedeutung, die sein ganzes Menschsein betrifft: die Unfähigkeit, mit sich selbst fertig zu werden, seine Triebe und Gefühle zu meistern, Handlungen zu begehen, die seinem Bewußtsein zuwiderlaufen, für sein Versagen keine Verantwortung zu haben, keine Leistungen mehr zu vollbringen oder gar sein eigenes Leben für sinnlos zu halten. Diese Selbstbeurteilungen seelisch Kranker ließen sich endlos fortsetzen. Immer geht es bei einem solchen Leiden um den Verlust von Freiheit, ein Leid, das den Betroffenen hilfsbedürftig macht.

Das Ziel jeder Form von Hilfe, also Behandlung, wäre »Gesundheit«. Doch was ist seelische Gesundheit? Auch hier müssen wir feststellen, daß jeder Mensch seine eigene Vorstellung von der Gesundheit hat. Dem einen mag eine optimistische Lebenseinstellung, eine nüchterne und sachliche Haltung den Dingen gegenüber, ein ausgeglichenes Gefühlsleben genügen, während ein anderer sich für gesund hält, weil es ihm gelingt, sich über die Unvollkommenheiten des Lebens durch ideelle Vorstellungen hinwegzusetzen. Wiederum versteht mancher Mensch unter seinem Gesundsein seine Verbundenheit mit Gott, unter dessen Schutz er sich und die Welt geborgen weiß, weil dieses Geborgensein ihm Ruhe und Zufriedenheit gibt.

Eine wissenschaftliche Seelenheilkunde wird sich darum fragen müssen, was sie unter *Heilung* versteht. Während es in der somatischen Medizin schlicht darum geht, einen früheren Zustand wiederherzustellen – eine *restitutio ad integrum* – (wobei wir allerdings von verstümmelnden Operationen absehen müssen), so ist die Behandlung der Seele von allem anderen ärztlichen Tun grundsätzlich verschieden. Was der Seelenarzt behandelt, war selten »heil«, denn aus seiner Vergangenheit kann der seelisch Kranke (vorwiegend der Neurotiker und Psychotiker) sein eigenes Selbst nicht als Vorbild nehmen, zu dem er zurückkehren möchte und das darum als Ziel für die psychotherapeutische Behandlung gelten kann. Wohin kann nun der Seelenarzt seinen Patienten führen?

Die medizinisch-wissenschaftlichen Schulen sind bisher der Beantwortung dieser Frage weitestgehend ausgewichen. Noch viel zu sehr der somatischen Medizin verhaftet, resignieren sie gegenüber der Tatsache, daß der Psychiater mit seinen somatischen Behandlungsmethoden nur in den seltensten Fällen eine *restitutio ad integrum* erreichen kann. Erst mit dem Erscheinen der Tiefenpsychologie besannen sich die Nervenärzte wieder darauf, daß die Psyche – wie Jaspers[3] es formulierte – nichts »Endgültiges, Vollendetes« ist und daß sie mit ihrem Bewußtsein und dem vielleicht noch wesentlicheren Unbewußten als *Sein in der Welt* aufgefaßt werden muß. Nervenarzt sein heißt heute wieder, sich um die Seele des Menschen zu sorgen, also zugleich auch Seelsorger zu sein.

Wenn Platon bedauerte, daß es Ärzte sowohl für den Körper *und* Ärzte für die Seele gebe und darin ein Mißgeschick in der Behandlung von Krankheiten liege, eben weil man Körper und Seele nicht trennen könne, so hatte seiner Auffassung nach der Arzt damals noch deutlich seelsorgerische und nicht nur somatische oder psychiatrische Aufgaben.

Doch auch die tiefenpsychologischen Schulen haben verschiedene Antworten auf die Frage nach der Heilung zu bieten. Freud selbst hat die Psychoanalyse als Behandlungsform der Seele mit einem chirurgischen Eingriff verglichen. Nachdem der störende seelische Konflikt, der ins Unbewußte verdrängt worden war, durch die Behandlung wieder ins Bewußtsein gebracht, dort verarbeitet und damit »entfernt« wurde, kann sich nun der Patient mit seinem gestärkten Ich, das sich gegen das Unbewußte hin erweitert hat, in seinem Lebenskampf besser behaupten. Die klassische Psychoanalyse führt damit den Menschen zu einer erweiterten Form seiner Bewußtheit, also keineswegs zurück in seine »Vorbewußtheit«. Sie will reine Wissenschaft bleiben und bietet darum ihren Patienten keine weltanschauliche Hilfe an. »Eine auf die Wissenschaft aufgebaute Weltanschauung hat außer der Betonung der realen Außenwelt wesentlich negative Züge, wie die Bescheidung zur Wahrheit, die Ablehnung der Illusionen«, schreibt Freud in der »Neuen Folge der Vorlesungen zur Einführung in die Psychoanalyse«.[4] Wir werden uns noch ausführlich mit der Tatsache zu beschäftigen haben, daß Freud zu diesen Illusionen auch die Religionen sowie die philosophische Suche nach dem Sinn des Lebens rechnet.

Demgegenüber hat die Analytische oder Komplexe Psychologie C. G. Jungs die Integration des Unbewußten zur »Individuation« zum Ziel. Sie will darum mehr sein als eine Behandlung, die Befreiung von neurotischen Symptomen verschafft. Ihr geht es um die Entwicklung des Menschen zu einem neuen Selbst, das aus der existentiellen Leere befreit wird, indem es die in seinem kollektiven Unbewußten schlummernden, wesentlich »geistigen« Formkräfte der Archetypen in sich bewußt werden läßt.

Auch die auf der Existentialphilosophie Heideggers beruhende Daseinsanalyse als psychotherapeutische Behandlungsform sieht den kranken Menschen in seiner ganzen Existenz nicht allein mit seinen Symptomen. Und Jaspers schreibt: »Heilung steht in unlösbarem, wenn auch keineswegs eindeutigem (Wahrheit und Falschheit in sich einschließendem) Zusammenhang mit dem, was Glaube, Weltanschauung , Ethos heißt. Es ist eine Fiktion, daß sich der Arzt hier beschränke auf das, was allen Weltanschauungen und Religionen gemeinsam als das objektiv wünschenswerte, als die Gesundheit gelte.« [5]

»Der Weg über die Seele«

Die Entwicklung der modernen Psychotherapie beweist uns, daß der Arzt von heute, bei aller Hinwendung zu objektivierenden Erfassungsmethoden und praktischer Anwendung der medizinischen Forschungsergebnisse, den Blick für die Bedeutung des Seelischen nicht verloren hat. Immer wieder erlebt jeder Arzt, daß der Patient von ihm mehr erwartet als eine Behandlung nach streng wissenschaftlicher Methode. Der Kranke bringt ihm Vertrauen entgegen und erwartet Heilung *und* Tröstung zugleich. Für den Patienten ist die moderne medizinische Technik eine Wunderwelt, und seine Heilung erscheint ihm oft als ein Wunder, ähnlich wie einem Kinde, dem die Mutter ein schmerzendes Wehweh mit einem Hauch hinwegbläst. Der aufhorchende Arzt erkennt, daß es trotz des gewaltigen wissenschaftlichen Fortschrittes immer noch auf seine Persönlichkeit ankommt und jede Therapie unweigerlich auch Psychotherapie in sich schließt.

Etwas von dieser ausstrahlenden Kraft und Bedeutung einer Persönlichkeit für den nach Erkenntnis und Hilfe suchenden Menschen erlebte Augustinus in dem Bischof Ambrosius. Inmitten einer, von der rationalistischen Denkweise beherrschten Welt der Stadt Mailand hörte ihm Augustinus zu, jedoch nicht achtend auf das, *was* er sagte; vielmehr er verachtete es. Augustinus bekennt: »Und indes mein Herz sich öffnete, zu hören, wie beredt er sprach, drang damit gleicherweise in meine Seele, *wie wahr* er sprach.« [6] Der *Weg über die Seele* ist die entscheidende Verbindung, über die sich alle menschliche Beziehung vollzieht, nicht zuletzt die Psychotherapie, die aus der Beziehung zweier Menschen in einer Krisensituation (Krankheit) besteht. Und Jaspers versteht unter Psychotherapie alle »Behandlungsmethoden, die auf die Seele oder auf den Körper mit Mitteln einwirken, die über die Seele führen« [7].

So erstreckt sich der Begriff der Seelenheilkunde, der Psychotherapie auf ein weites Feld. Er beschränkt sich keineswegs nur auf die Betätigung einer kleinen Gruppe von Ärzten, die auf die Behandlung psychiatrischer Krankheiten spezialisiert ist, sondern er reicht von den Zauberern der alten Assyrer und Ägypter bis zur Couch des Psychoanalytikers und Psychotherapeuten, und von den Altären der Griechen und Judäer bis zu den Zusammenkünften gegenwärtiger Glaubensheiler, Wunderwirker, ja selbst Scharlatane.

Wenn es darum geht, eine »kranke Seele« zu »heilen«, geschieht dies stets durch einen psychischen Prozeß. Aber dieser Prozeß wird von den Heilkundigen – von Medizinmännern, Priestern oder Psychotherapeuten – verschiedenartig gedeutet. Ganze Welten liegen zwischen ihren Vorstellungen und der Art und Weise, in der sie den Bedürfnissen der Kranken, die Hilfe bei ihnen suchen, entgegenkommen. Eines haben sie jedoch alle miteinander gemein: das zielbewußte Bestreben, den von der »Norm« abweichenden seelischen Zustand zu korrigieren. Obgleich sich ihre Methoden und Zielsetzungen voneinander unterscheiden, bedienen sie sich doch alle eines Heilmittels – des gläubigen Vertrauens –, das seiner Natur nach rein psychologisch ist. Der primitive Medizinmann und Zauberer praktiziert seine »Kunst« mit Hilfe seiner persönlichen Ausstrahlung und seiner Fetische; dem Priester des Asklepios im Altertum half der Glaube des Hilfesuchenden an das Priesteramt und den göttlichen Auftrag; der Seelsorger predigt den Glauben an den, der die Welt, und damit auch den Schmerz, das Leiden und die Angst überwunden hat; der moderne Psychotherapeut als Arzt der Persönlichkeit stützt sich auf das therapeutische Erlebnis einer einmaligen zwischenmenschlichen Beziehung von Arzt und Patient – auf ein Erlebnis, das er in den psychodynamischen Prozessen wissenschaftlich erforscht und therapeutisch zu nutzen gelernt hat.

Heilungen durch Glauben?

Doch die seelische Beeinflussung vieler Krankheiten auf der Grundlage klarer wissenschaftlicher Erkenntnisse ist nicht das Ende einer Entwicklung der Medizin, die von der Magie zur modernen Wissenschaft führt. In der heutigen Zeit, in der die Psychologie des einzelnen und der Massen, die Erforschung von Suggestion und Hypnose und die Erkenntnisse von dem weitaus größten Teil der menschlichen Seele, dem Unbewußten, der Medizin starke Impulse gegeben haben, erfahren wir immer wieder, daß die magische Medizin noch lebendig ist. Ungezählte Kranke pilgern auch heute noch zu Stätten, die dem Menschen Heilung durch seinen Glauben verheißen. Es ist kaum möglich zu sagen, wo in der gegenwärtigen Medizin wie in alten Zeiten Magie und »Zauber« am Werk sind, ja wo sie vielleicht noch einmal neue Wurzeln schlagen, und wo Glaube und Suggestion allein die Heilung vollbringen.

So scheint Gläubigkeit, ob sie nun auf religiöser Überzeugung oder magischen Vorstellungen beruht, auch in der wissenschaftlichen Medizin eine Rolle zu spielen. Sie kann sich dabei äußern als Vertrauen in die Allmacht Gottes, des großen Heilers, als Vertrauen in die Persönlichkeit des Arztes, der wie der Psychotherapeut weder durch Medikamente noch durch einen chirurgischen Eingriff zu heilen vermag, oder als Vertrauen in die vom Arzt verschriebenen Medikamente und in sogenannte Wundermittel.

Es ist die Psychotherapie der Gegenwart, die – um mit Stefan Zweig zu sprechen – Heilung allein durch den Geist bewirken kann, in der wir einem Gebiet der Medizin begegnen, auf dem sich die wissenschaftliche Psychiatrie mit der Religion und Philosophie berühren. Die Psychoanalyse mit ihrer Erforschung der tiefsten, also unbewußten Regionen der menschlichen Seele hatte den Arzt aus dem Seziersaal der Pathologie in ein Gebiet geführt, in das ihm nur der Geist, das heißt die Beobachtung seelischer Vorgänge und deren Deutung, Zugang verschafft. Auf diese Weise lernte er Krankheiten erkennen, die zwar mit körperlichen und auch seelischen Beschwerden einhergehen, sich aber durch klinische Untersuchungsmethoden nicht objektivieren lassen. Denn sie sind, wie man heute überzeugt ist, bedingt durch eine gestörte Beziehung des Menschen zu seinen Mitmenschen, in erster Linie zu den Menschen, mit denen er von den ersten Lebenstagen an körperlich und seelisch verbunden war. Diese Störung, in der es letztlich um eine unausgeglichene und unvollkommene Liebesbeziehung geht, die in dem Kranken die Unfähigkeit zu lieben erzeugt, und das Unvermögen, geliebt zu werden, bewußtmacht, muß unweigerlich auch die Existenz des Betroffenen in der Welt bedrohen. Ungeliebt und unverstanden, versteht und liebt er weder seine Welt, in der er lebt, noch sich selbst. Seine Unsicherheit wird zum Leiden, in dem sich seine Hoffnungslosigkeit widerspiegelt. Er wird zu einem hilflosen Wesen, das seinen Zustand beklagt und nach Liebe hungert.

Eine solche seelisch bedingte Krankheit scheint den Menschen zunächst in seiner körperlichen Existenz zu erfassen. Mit seinen somatischen Beschwerden wandert er von Arzt zu Arzt, von dessen körperlicher Untersuchung er sich die klare Diagnose eines lokalisierten Leidens erhofft – immer wieder vergebens. Und schließlich wird er dem Nervenarzt überwiesen. Inzwischen ist dem Kranken in seinem Leiden selbst bewußt geworden, wie tiefgreifend seine Krankheit auch seine Stellung in der Welt, seine Beziehung zum Leben und zum Tode, ja seine Beziehung zu Gott berührt hat. Das verlorene Vertrauen zu seinen Mitmenschen hat auch das Vertrauen in sein Menschsein erschüttert. Im Vertrauen, das aus der persönlichen Begegnung mit dem Arzt erwächst, beginnt sich nun eine neue Hoffnung zu regen, die zunächst nichts weiter als ein kleines Flämmchen ist, das leicht wieder ersticken kann.

Aber gerade diese Beziehung, in der sich die ursprünglichen Ängste aus den bereits in früher Kindheit gestörten menschlichen Beziehungen auf den Therapeuten übertragen, kann leicht den Charakter *magischen Vertrauens* annehmen, das in dem Therapeuten so etwas wie einen Medizinmann oder Priesterarzt sehen möchte. Ist die Heilung von einem seelischen Leiden durch Psychotherapie eine Glaubens- oder Wunderheilung, wie sie in Lourdes oder Fatima beschrieben wird?

Diese Frage können wir eindeutig mit nein beantworten. Die Erfolge der Psychotherapie sind alle wissenschaftlich erklärbar. Wir verdanken sie den Erkenntnissen der Psychoanalyse, die uns zugleich mit der Erforschung des Unbewußten Wege vermittelt hat, seelische Störungen zu beseitigen oder zu korrigieren.

Wohin gehören aber alle »Heilverfahren«, die – im Gegensatz zur Psychotherapie – nicht auf naturwissenschaftlichen Prinzipien beruhen? Gehören sie in den Bereich der Magie? Sind sie als Glaubensheilungen, als von Gott gewirkte Wunder zu betrachten?

Mit Heinrich Meng müssen wir sagen, daß unser heutiges Wissen über die Voraussetzungen der Heilung überhaupt mehr empirisch als wissenschaftlich fundiert ist. Das gilt in erhöhtem Maße auch für die »Wunderheilung«. Die Theorie, warum es so etwas gibt oder geben kann, bleibt dem subjektiven Ermessen des einzelnen oder des Kollektivs überlassen [8].

Der Beantwortung der hier aufgeworfenen Fragen können wir vielleicht näherkommen, wenn wir uns über die Uranfänge seelischer Behandlung, die geschichtlich eng verknüpft sind mit Magie und

Religion, Klarheit zu verschaffen suchen. Sind doch selbst noch in der hochentwickelten Religion des Alten und Neuen Testamentes seelische Behandlung und Glaubensheilung mit magischen Elementen vermischt, wenn auch der Glaube an die magische Wirkung in den Glauben an Gott umgewandelt wird.

Darum möchte ich an den Anfang meiner Ausführungen eine kurze Betrachtung über Magie und Religion und über die damit verbundenen Formen von seelischer »Behandlung« stellen.

ZWEITES KAPITEL

ALLMACHTSANSPRUCH UND ALLMACHTSGLAUBE (MAGIE – RELIGION)

Magie und animistische Weltanschauung

Magie – die früheste Form der Weltbewältigung

Der Mensch – ehe er das Bedürfnis verspürte, sich selbst und seine Welt zu ergründen – hatte sich der Magie ergeben. Durch sie versuchte er, sich die Möglichkeit zu verschaffen, Herr seiner Lage zu werden.

Aus der heutigen Sicht des abendländischen Menschen lassen sich in der Magie zwei Ansätze erkennen, denen sich der primitive Mensch noch nicht bewußt sein konnte: In dem einen Ansatz erkennen wir den Ursprung religiöser Vorstellungen, der andere führt zu der Entwicklung eines Wissens von der Welt, die ihn umgibt.

Hineingestellt in eine gefahrvolle Welt, konnte den Menschen nur eines erhalten. Er mußte die Welt begreifen lernen und Macht über sie gewinnen. Diese Anstrengungen gipfelten in der *Wissenschaft und Technik*. In der Magie haben wir es mit der Urform dieser menschlichen Anstrengung zu tun. Mit ihr schmiedete sich der Mensch eine Waffe, die Gefahren aus der Umwelt abzuwehren und sich mit ihnen auseinanderzusetzen. Magie ist darum als die früheste Form der Weltbewältigung anzusehen.

Welt – das ist für den Ur-Menschen zunächst nichts anderes als die körpernahe Realität, seine Umwelt mit allen ihren Gefahren, die seine Existenz bedrohen. Aus den Zaubersprüchen der frühesten Vergangenheit bis zu den primitiven Völkern heute treten uns diese Mächte entgegen: es sind die Feuersbrünste, die Unwetter, Verbrechen, Kriege und Krankheiten und viele andere kleinere Bedrohungen im alltäglichen Leben.

Magische Vorstellungen und Riten der sogenannten Primitiven, magische Elemente in Kulten und Religionen höher entwickelter Völker sind vor allem von Ethnologen und Religionshistorikern studiert worden. Diese Forscher haben auch Theorien über Ursprung und

Entwicklung magisch-religiöser Anschauungen aufgestellt. Aber Psychiater, Tiefenpsychologen und Theologen haben sich ebenso mit den Problemen dieses Gebietes befaßt und sie von ihrem Standpunkt aus zu lösen versucht.

Magie will ihrem Wesen nach nichts anderes als außergewöhnliche Dinge mit außergewöhnlichen Mitteln erreichen [1]. Wenn das mit magischer Kraft ausgestattete Wesen eine bestimmte Absicht in die Tat umsetzen will, muß ihm das zwangsläufig und unweigerlich gelingen und die entsprechende Wirkung eintreten.

In seinem Werk »Der goldene Zweig« unterscheidet der englische Völkerkundler J. G. Frazer [2] zwei Arten von Magie: In der *imitativen Magie,* dem »Analogiezauber«, wird von der äußeren Ähnlichkeit zweier Erscheinungen auf ihre innere Übereinstimmung und Wechselwirkung geschlossen. So wird etwa das Abbild eines Gegners durchbohrt, um seinen Tod herbeizuführen.

Bei der *kontagiösen Magie,* dem »Sympathie- oder Berührungszauber«, wird erwartet, daß eine äußerliche Berührung zu einer inneren Beziehung führt, das heißt, die magische Kraft übertragen wird. Der Magier kann das Herz eines tapferen Kriegers essen und sich so auch dessen Tapferkeit einverleiben, oder sich ein Tigerfell umhängen, um die Kräfte des Tigers zu bekommen. Es gibt auch noch eine sogenannte *partielle Magie* oder «Teilmagie». Sie geht davon aus, daß, wer den Teil hat, auch das Ganze besitzt.

K. Th. Preuss, der die geistige Kultur der Naturvölker untersucht hat, weist darauf hin, daß sich das Denken der primitiven Menschen von dem des Kulturmenschen grundsätzlich kaum, wohl aber graduell unterscheidet. Dabei müssen wir berücksichtigen, daß der Kulturmensch im Gegensatz zum Primitiven über Lebenserfahrungen verfügt, bei denen zu den ererbten Geistesgaben noch eine Summe meist schriftlich überlieferter Erkenntnis hinzukommt. »Die magischen Vorstellungen«, so schreibt K. Th. Preuss, »sind daher keineswegs das Ergebnis der besonderen Art des logischen Denkens der Primitiven. Immerhin deuten manche Erscheinungen darauf hin, daß der Primitive eine andere Art der Perzeption hat, wie der Moderne, und daß dadurch die magische Zutat leichter vonstatten geht. Es ist die komplexe oder kollektive Vorstellung gegenüber unserer mehr analytischen.« [3]

Es ist daher nicht verwunderlich, daß es für den Primitiven keine exakten Grenzen zwischen Unbelebtem und Lebendigem, zwischen Sachen und Personen gibt. Materie und Geist, Konkretes und Abstraktes haben für ihn eine andere Bedeutung als für den Kulturmenschen, der diese Begriffe in seinem Denken klar auseinanderzuhalten und zu definieren vermag.

Der Primitive muß sich darum von Dingen und Wesen umgeben fühlen, die über seine eigenen Erfahrungen hinausgehende Vorgänge auslösen oder ebensolche Handlungen bewirken. So schreibt er diesen Dingen und Wesen geheimnisvolle «übernatürliche» Kräfte zu, an die er glaubt und die er überall in der Welt anzutreffen meint.

Den Glauben der Primitiven an diese Kraft bezeichnet man als *Dynamismus*. Die Melanesier in der Südsee nennen diese Kraft *Mana*. Seit ihrer Entdeckung ist der Ausdruck Mana in der Religionswissenschaft zu einem Begriff geworden, der alle Phänomene dieser Art kennzeichnet [4]. Diese geheimnisvolle Kraft, die in allen Objekten der belebten Natur wohnen kann, wie zum Beispiel in hervorragenden Menschen, in Tieren, Steinen und Pflanzen, oder sogar als eine Art selbständiges Fluidum gilt, sucht der Primitive sich zunutze und untertan zu machen. Sie soll ihm dienen und vor allem helfen, alle jene Kräfte von sich abzuwenden, die ihm schaden könnten. Das geschieht mit Hilfe der Magie.

Magischer Glaube

So andersartig und deutlich abgrenzbar für den Forscher die magischen Praktiken auf verschiedenen Kulturstufen und in verschiedenen Zeitaltern bis zu ihren Resten im Aberglauben der Gegenwart sind, lassen sie sich doch alle auf einen gemeinsamen Nenner bringen: Durch Zaubersprüche, Amulette, Talismane, Wort- und Zahlenmagie, Bilder und Zeichen als – vorwiegend – apotropäische, das heißt abwehrende Mittel wollen sie den Wunsch verwirklichen, den Gegensätzen und Widersprüchen, den Gefahren und Unzulänglichkeiten des Daseins entgegenzuwirken und das Unerwünschte fernzuhalten. Dieser uralte Wunsch beseelt uns auch heute noch, aber Mittel und Wege haben sich gewandelt. Heute bedient sich der Mensch zur Bewältigung der Realität im überwiegenden Maße der Methoden der Wissenschaft und Technik. Davon wird noch im dritten Kapitel die Rede sein.

Abgesehen von dieser Bewältigung der äußeren Welt und ihren Gefahren, besteht, psychologisch betrachtet, eine Beziehung zwischen

Magie und Religion. Magischer und religiöser Glaube erscheinen dem Tiefenpsychologen seit Freud als psychische Phänomene in ihrem Ursprung verwandt, während eine solche Bezugnahme von Religionswissenschaftlern beanstandet wird. Nach Freud entstehen beide aus dem Gefühl der Abhängigkeit von höheren Mächten, die geheimnisvoll, dem Menschen unfaßbar, manchmal auch erschreckend sind. In der Magie und in der Religion wendet sich der Mensch bewußt oder unbewußt diesen Mächten zu. Sie sind für den Primitiven dämonischer Natur, die er im Zauberspruch bezwingen will, während der gläubige Mensch der höher entwickelten Religionen in diesen Mächten eine göttliche Kraft walten sieht, mit der er sich auch im Dialog des Gebetes auseinandersetzt.

Der magische Glaube, wie er uns anschaulich aus sehr verschiedenen Weltgegenden – etwa als Mana-Glaube der Südsee-Insulaner oder als Oranda-Glaube der Irokesen Nordamerikas – entgegentritt, erscheint uns daher heute letztlich nur als religiöser Ausdruck eines frühen Weltverständnisses, das sich bei den Naturvölkern bis auf den heutigen Tag bewahrt hat. Die abstrakte Vorstellung einer geheimnisvollen Kraft, die die tote wie die lebende Materie durchzieht und belebt, gewissermaßen mit ihrem Geist *(animus)* durchsetzt, scheint, nebenbei bemerkt, das heutige Bild vom physikalischen Bau der Welt ahnungsvoll vorwegzunehmen. Nur würden wir heute eher von einem »intuitiven Erkennen« sprechen, während wir in der Magie ein »primitives Hineinprojizieren« übermächtiger Kräfte sehen.

Da dem Ethnologen und Religionsforscher das Element des Magischen immer nur in lockerer oder engerer Verbindung mit Handlungen animistischen und theistischen Charakters begegnet, so müssen wir annehmen, daß die Magie immer eine Rolle in der Entwicklung der Religion gespielt hat und niemals überwunden worden und verschwunden ist. Doch kann es wohl kaum wundernehmen, daß sich dieses magische Element im Verlaufe der Entwicklung immer wieder gewandelt und den jeweiligen Glaubenserfahrungen angepaßt hat.

Die Wurzeln religiöser Vorstellungen

Über den Ursprung der Religion läßt sich auch heute noch nichts Endgültiges aussagen. Es existieren drei große Theorien: die animistische Theorie des englischen Anthropologen E. B. Tylor, die präanimistische von J. H. King und R. R. Marett und die Theorie des Ur-Monotheismus, die zuerst von dem schottischen Dichter Andrew Lang aufgestellt und später von Pater Wilhelm Schmidt leidenschaftlich verfochten wurde [5].

Tylor hatte in seinem grundlegenden Werk »Primitive Culture« im Jahre 1871 zum ersten Mal den Versuch unternommen, in der Religion der Primitiven die Vorstufe höherer Glaubensformen zu sehen [6]. Dies lag deshalb nahe, weil sich in den höher entwickelten Religionen Bestandteile nachweisen ließen, die zweifellos als Auswirkungen früherer Entwicklungsstufen angesehen werden konnten. Aber auch in den Religionen der Primitiven hatte man gelernt, ursprünglichere Formen von weiter entwickelten zu unterscheiden, und glaubte, auf diesem Wege den Wurzeln der Religion näherzukommen.

Als sich Sigmund Freud in »Totem und Tabu« [7] 1912 erstmalig mit Tylors Gedanken beschäftigte, ging es ihm – wie der Untertitel besagt – darum, »einige Übereinstimmungen im Seelenleben der Wilden und Neurotiker« aufzuzeigen. Für ihn war es daher nicht von Bedeutung, daß Tylors Annahme, im Animismus den Ursprung religiöser Vorstellungen aufgedeckt zu haben, bereits um die Jahrhundertwende durch die präanimistische Theorie Maretts widerlegt worden war. Diese Tatsache müssen wir aber im Auge behalten, wenn wir Freuds Gedankengänge über die Entwicklung religiöser Vorstellungen kritisch betrachten. Denn auch die Religionsformen der Primitiven vermögen uns, wie man heute einsieht, über den Ursprung der Religion nicht restlos aufzuklären.

Ebensowenig ist erwiesen, daß – wie die prä-animistische Theorie behauptet – eine Periode der Magie dem Glauben an Geister (Animismus) und dem Glauben an einen Gott oder Götter (Theismus) vorausgegangen ist. Die Theorie des Urmonotheismus wiederum, die den Glauben an *einen* Gott, an einen »Urheber aller Dinge« als älteste Form der Religion betrachtet, stützt sich auf Forschungsergebnisse bei Völkern wie den afrikanischen Pygmäen, den Buschmännern, den Weddas, den Südaustraliern und den Feuerland-Indianern, die auf der niedrigsten Kulturstufe stehen. Nach dieser Theorie hat sich bei ihnen der Glaube an einen Gott erhalten, während er bei den anderen primitiven Völkern später verlorenging und damit der Magie und ihrem Brauchtum sowie dem vielgestaltigen Dämonismus und Polytheismus Tür und Tor geöffnet wurden.

Alle drei großen ethnologischen Theorien über den Ursprung der

Religion verfallen wohl in den Fehler, daß sie aus bestimmten religiösen Vorstellungen bei den heutigen Naturvölkern auf den geistigen Zustand der Menschen vor Jahrtausenden schließen. Aber die Menschheit befindet sich in ständigem Wandel, und wir können daher kaum annehmen, daß die Mentalität der Menschen in jener Zeit, in der die religiösen Vorstellungen entstanden sind, der von heutigen Primitiven entsprochen hat.

Magie als Technik des animistischen Denkens (Freud)

Wie erwähnt, hat sich auch Freud mit diesen Problemen beschäftigt. In seinen Studien über die Zusammenhänge von Magie und Zwangsneurose stützte er sich weitgehend auf die Arbeiten von Tylor und Frazer [8]. Er sah in der Magie eine Technik der animistischen Weltanschauung. Nach Tylors Ansicht war der Primitive über das Erlebnis des Traumes zu der Auffassung gelangt, daß sich die Seele vom Körper trennen lasse. Genauso wie sich das Kind heute noch in seiner Umwelt beseelte Wesen vorstelle, habe der primitive Mensch seine animistische Vorstellung auch auf Tiere, Pflanzen und Gegenstände übertragen und in allen Erscheinungen Seelenwesen vermutet, die sie »persönlich« auslösten. Tylor folgerte daraus, daß die weitere geistige Entwicklung der Naturvölker allmählich zur Ausbildung von Geistervorstellungen, am Ende sogar zur Annahme von Göttern geführt habe.

Freud schloß sich diesen Gedanken an, wenn er im Animismus die Vorbedingungen erfüllt sieht, auf denen sich später die Religionen aufbauen. Für eine Religion hielt er den Animismus nicht. Dennoch erkannte er in ihm ein Denksystem, das es gestatte, »das Ganze der Welt als einen einzigen Zusammenhang, aus einem Punkte, zu begreifen«, gewissermaßen sah er darin eine psychologische Theorie, die »das Wesen der Welt restlos erklärt« [9].

Mit seinen psychoanalytischen Studien setzt Freud an anderer Stelle an. Er geht davon aus, daß sich die primitiven Menschen dieses animistische Weltsystem nicht aus spekulativer Wißbegierde geschaffen haben, sondern daß es ihnen ein praktisches Bedürfnis war, sich der Welt zu bemächtigen. Es war demnach nicht erstaunlich, wenn mit dem animistischen System Praktiken verbunden waren, die zeigten, wie man mit Menschen, Tieren und Dingen, beziehungsweise ihren Geistern umzugehen hatte, um ihrer Herr zu werden. Entgegen der Theorie S. Reinachs, der in der Zauberei und Magie eine Strategie des Animismus sah, verstand er unter diesen Anweisungen nur eine Technik; damit schloß er sich der Meinung von Hubert und Mauß an.

Freud grenzte die Magie von der Zauberei ab, indem er sich eigenwillig über die Schwankungen im seinerzeitigen Sprachgebrauch hinwegsetzt. In der *Zauberei* sieht er »im wesentlichen die Kunst, die Geister zu beeinflussen, indem man sie behandelt wie unter gleichen Bedingungen die Menschen, also indem man sie beschwichtigt, versöhnt, sich geneigt macht, sie einschüchtert, ihrer Macht beraubt, sie seinem Willen unterwirft, durch dieselben Mittel, die man für lebende Menschen wirksam gefunden hat«. *Magie* ist dagegen für Freud insofern etwas anderes, als sie einmal mit Geistern nichts zu tun hat, zum anderen sich besonderer Mittel, nicht der banalen psychologischen Methodik bedient. Er hält die Magie für das ursprünglichere und bedeutsamere Stück der animistischen Technik, »denn unter den Mitteln, mit denen Geister behandelt werden sollen, befinden sich auch magische, und die Magie findet ihre Anwendung auch in Fällen, wo die Vergeistigung der Natur, wie uns scheint, nicht durchgeführt worden ist. Die Magie muß den mannigfachsten Absichten dienen, die Naturvorgänge dem Willen des Menschen unterwerfen, das Individuum gegen Feinde und Gefahren zu schützen und ihm die Macht zu geben, seine Feinde zu schädigen.« [10]

Zur Verdeutlichung führt Freud zwei Beispiele an: Wenn man einen Geist durch Lärm oder Geschrei verscheucht, so ist das eine rein zauberische Handlung; wenn man ihn zwingt, indem man sich seines Namens bemächtigt, so hat man Magie gegen ihn gebraucht [11].

»Allmacht der Gedanken«

Der primitive Mensch, der ein unerschütterliches Vertrauen in die Macht seiner Wünsche hat, vermag sich über seinen Willen die Erfüllung dieser Wünsche unmittelbar zu verschaffen. Am Anfang der Magie steht der *Wunsch*. Die Wünsche des Menschen sind nach Freud seine Motive, die ihn zur Ausübung der Magie drängen. Was auch immer ein Primitiver auf magischem Wege erlangen möchte, geschieht allein darum, weil er es will.

Über die Psychoanalyse gelangte Freud zu der Erkenntnis, daß ein unter Zwangsvorstellungen leidender Kranker – ähnlich wie der Primitive – die Macht seiner Wünsche und psychischen Akte weitestgehend überschätze. Einer seiner Patienten hatte den Begriff von der »Allmacht der Gedanken« geprägt, um Erscheinungen zu begründen, unter denen auch andere Zwangsneurotiker leiden [12]. Sie meinen, daß ihre Gedanken und Wünsche sich unverzüglich verwirklichen lassen. So würde ihrer Vorstellung nach etwa der Gedanke an eine Person zu unmittelbarer Begegnung mit ihr oder deren Verwünschung zum Tode führen. In diesem Glauben an die »Allmacht der Gedanken« liegt der Glaube an die Zauberkraft des Wortes verborgen. Darin sieht Freud das Prinzip, das die Magie als Technik der animistischen Denkweise regiert.

Der Mensch der animistischen Weltanschauung zeichnet sich demnach dadurch aus, daß er sich selbst für allmächtig hält. Noch braucht er keine Götter, denen er die Allmacht zubilligt; er braucht diese Allmacht für sich selbst. Infolge seiner narzistischen Struktur – gemäß dem frühesten Stadium der libidinösen Entwicklung des Individuums – liebt er sich selbst so sehr, daß seine Ich-Triebe und libidinösen Wünsche nicht voneinander zu trennen sind. Freud zieht daraus die Folgerung: »Die erste Weltauffassung, welche den Menschen gelang, die des Animismus, war also eine psychologische, sie bedurfte noch keiner Wissenschaft zu ihrer Begründung, denn Wissenschaft setzt erst ein, wenn man eingesehen hat, daß man die Welt nicht kennt und darum nach Wegen suchen muß, um sie kennenzulernen. Der Animismus war aber dem primitiven Menschen natürlich und selbstgewiß; er wußte, wie die Dinge der Welt sind, nämlich so, wie der Mensch sich selbst verspürte. Wir sind darauf vorbereitet, zu finden, daß der primitive Mensch Strukturverhältnisse seiner eigenen Psyche in die Außenwelt verlegte, und dürfen andererseits den Versuch machen, was der Animismus von der Natur der Dinge lehrt, in die menschliche Seele zurückzuversetzen.« [13]

Während nach Freud der Magier noch die Allmacht ganz für seine Gedanken beansprucht, finden wir im Animismus bereits eine teilweise Übertragung dieser Allmacht auf Geister. Darin erkannte Freud den ersten Weg zur Bildung einer Religion, wobei der animistische Mensch noch immer die magische Technik beibehält. Er ist und bleibt also reiner Magier und wird nicht zum Priester. Geister und Dämonen sind nach Freud nichts anderes als Projektionen seiner

Gefühlsregungen. Der Mensch macht seine Affektbesetzungen zu Personen, bevölkert mit ihnen die Welt und findet nun seine inneren Vorgänge außerhalb seiner selbst wieder.

Es sei nicht unerwähnt gelassen, daß C. G. Jung [14] und sein Schüler G. R. Heyer – aber auch andere Tiefenpsychologen – diese Auffassung Freuds nicht teilen können. Sie sehen in der Magie der Primitiven keineswegs eine primitive Zaubertechnik, die nur darauf abzielt, dem Menschen, der noch nichts von den Naturgesetzen weiß, Macht über die Natur zu verschaffen. Vielmehr erkennen sie in ihr bereits eine Form der Religion, die sich zwar noch nicht mit den heutigen Hochreligionen der Erde vergleichen, aber als eine erste Kontaktnahme mit dem Göttlichen auffassen läßt. Heyer, der sich auf den Kulturphilosophen Jean Gebser stützt, folgert daraus: »Jeder große Glaube ist an die magische ... Sphäre eng gebunden; ohne Magie hat er keine Macht ...« [15]

Das Erahnen der göttlichen Allmacht, die der Magier für sich selbst beansprucht oder sich »anmaßt« – wie Freud und viele seiner Anhänger meinen –, scheint darauf hinzuweisen, daß es auch in den magischen Handlungen um Vorgänge geht, die dem Ursprung nach Erfahrungen mit dem Göttlichen sind. Es ist wohl keineswegs so, daß der Mensch die belebte und unbelebte Natur, indem er sie – im Animismus – beseelt, zu einem Gott macht, sondern man könnte mit Allwohn [16] sagen, daß bei den magischen Riten im Kernpunkt der Anschauung die religiöse Erfahrung des Göttlichen im Gegenständlichen steht.

Animismus, Krankheit und Zauberspruch

Die animistische Weltauffassung bedingt auch eine ihr grundsätzlich eigene Auffassung von der Krankheit und deren Behandlung. Krankheit hatte ihren Ursprung in der Seele. Ursache aller Krankheit waren böse Geister, von denen der Kranke besessen war. So bestand die Behandlung in deren Beschwörung und Austreibung. Vielfach sah man auch in der Krankheit eine Art Prüfung und Strafe einer höheren Macht. Der Magier, ob er nun Medizinmann, Schamane oder Priester war, stand dank seiner anerkannten Macht – nach Freud Allmacht – in dem Ruf, die Geheimnisse der Krankheit und ihrer Behandlung zu kennen. Nur ihm konnte es gelingen, mit höheren

Mächten in Verbindung zu treten, um die bösen Geister lieb- und hilfreich zu stimmen, sie zu bannen oder zu bezwingen.

Im *Zauberspruch,* wie er auch heute noch als magisches Heilmittel anzutreffen ist, lassen sich leicht die Grundelemente der magischen Handlung erkennen: Erstens erwartet der Magier, daß derjenige, der sich von ihm heilen lassen will, an die *Kraft seiner Person* glaubt. Er ist sich bewußt, mit magischer Kraft »geladen« zu sein. Erst dadurch gewinnt er jene Selbstsicherheit, die er ausstrahlen muß, um überzeugend zu wirken. Das grenzenlose Selbstvertrauen etwa eines Medizinmannes unterscheidet ihn dabei grundsätzlich vom Priester theistischer Religionen und vom Psychotherapeuten.

Zweitens kommt dem *Wort* im Zauberspruch eine große Bedeutung zu. Meist soll es einen Zustand verwandeln, ihn bessern oder gar beseitigen. Damit wird das Wort zum Träger einer Handlung, es begleitet und gestaltet einen Vorgang, der mit der Heilung verknüpft wird. Die Kraft strömte dem Wort entweder aus dem Magier zu, der es spricht, oder sie wird im Wort selbst als vorhanden angenommen.

Drittens bildet der *Glaube,* daß Natur und Mensch eine Einheit und von einem Geist beseelt sind, die Grundlage, auf der die Magie aufgebaut ist. Wo sie herrscht, war und ist der »Arzt« nichts anderes als ein Magier, der über Mittel und Wege zur geistigen Beeinflussung von feindlichen, krankmachenden Kräften verfügt.

Magie und Kult

Es ist verständlich, daß der Umgang mit höheren Mächten allein schon deshalb nicht jedem Primitiven möglich war – oder ist –, weil er dazu die Handhabung eines komplizierten Rituals beherrschen muß. Dafür ist meist eine längere Ausbildung, vor allem aber eine besondere Begabung erforderlich. Sie kann angeboren sein oder durch eine besondere Weihe übertragen werden. So ist es zu erklären, daß viele primitive Völker ihr Zauberwesen in die Hände von besonderen Personen gelegt haben, die sie als Medizinmänner, Schamanen oder Priester bezeichnen. Magischer Glaube und magische Praxis vollzogen sich im feierlichen Ritus, dem Kult. In ihm äußern sich symbolhaft, aber zugleich auch real religiöse Vorstellungen und religiöse Handlungen.

Dem Primitiven war es möglich, mit Hilfe von magischen Handlungen auf *unpersönliche* Mächte einzuwirken. Die richtige Ausführung eines vorgeschriebenen Ritus sollte zu dem angestrebten Erfolg verhelfen. Doch gegenüber willensstarken *persönlichen* Mächten sah sich der Primitive genötigt, nach anderen Möglichkeiten Ausschau zu halten, wenn er seine Wünsche erfüllt haben wollte.

Der Verehrung einer höheren Macht in einem andächtig-feierlichen Kult liegt an sich ein anderer Sinn zugrunde als magische Handlungen. Während von der magischen Beschwörung einer unpersönlichen Macht eine bedingungslose und unabänderliche Wirkung ausgeht, wendet sich der Mensch in der kultischen Verehrung an ein höheres Wesen, an eine willensstarke persönliche Macht. Nach dem Prinzip »ich gebe dir, damit du mir gibst« versucht er darum durch Bitten (Gebete) und Geschenke (Opfer) deren Hilfe und Gnade zu erlangen. So haben Opferbräuche im Laufe der Zeit bald an Bedeutung gewonnen und spielen auch noch in den Hochreligionen eine große Rolle. Dabei kann nahezu alles geopfert werden, was dem Menschen lieb und teuer ist, hofft er doch, damit auch die höhere Macht gnädig zu stimmen. Doch lassen sich Kult und Magie nicht immer voneinander trennen.

Bereits K. Th. Preuss hat darauf hingewiesen, daß wir, um die Religion der Primitiven ganz zu verstehen, zuerst begreifen müssen, daß sie eine das ganze Dasein umfassende Lebensform ist, die mit übernatürlichen Mitteln der »Lebensfürsorge« dienen will [17]. Lebensfürsorge aber bedeutet im heutigen wissenschaftlichen Sinne nichts anderes als Heilkunde. Doch bevor wir auf die Beziehung der Religion – einschließlich der Magie – zur Medizin, insbesondere der Seelenheilkunde, eingehen werden, wollen wir uns zunächst mit den *Heilkulten* der verschiedensten Epochen beschäftigen. Infolge ihrer engen Nachbarschaft zur Magie stellen sie zugleich ein Bindeglied zum Verständnis der Beziehung von Religion und Psychotherapie dar.

Heilkulte und Heilungen

Die Überzeugung, daß Dämonen die Ursache von Krankheiten sind, sowie Formeln und Verfahren, um den »Krankheitsgeist« auszutreiben, findet man bei vielen Völkern und Kulturen. Wo eine solche magische Medizin vorherrscht, kommen immer die gleichen heilenden, fast ausschließlich psychologischen Mittel zur Anwendung: das gesprochene – oder geschriebene – Wort, der festlich-feierliche Ritus und der Glaube des Zauberers und seines Kranken in die Wirksamkeit seiner Methode [18].

Assyrische Tafeln – Papyrus Ebers

Kunde davon geben uns, um ein besonders eindrucksvolles Beispiel anzuführen, die *Assyrischen Tafeln.* Sie wurden um 3000 bis 2000 vor der Zeitrechnung verfaßt und sind wahrscheinlich die frühesten Aufzeichnungen in der Geschichte der Medizin. Auf ihnen haben uns die Ärzte Babyloniens umfangreiche Sammlungen von Beschwörungen und Rezepten für die verschiedensten Gebiete ihres Fachs hinterlassen. Zur Zeit arbeitet vor allem Dr. F. Köcher an der Entzifferung, Übersetzung und Erklärung dieser Texte, die oft »geheim« waren und verschlüsselt geschrieben wurden. Da grundsätzlich jede Krankheit auf die Einwirkung von Dämonen zurückgeführt wurde, waren die Beschwörung und Austreibung dieser bösen Geister von größerer Wichtigkeit als die Anwendung von Heilmitteln. Die magischen Rituale bestanden nach heutiger Beurteilung vorwiegend aus hypnotischer und suggestiver Beeinflussung oder übten eine schockähnliche Wirkung aus.

Um einen Einblick in diese rund 3000 Jahre alten Texte zu gewähren, seien hier einige Auszüge aus einer neuerdings gefundenen Ritualtafel aus dem Besitz eines im Assurtempel beschäftigten Schreibers wiedergegeben [19]: »Wenn du das Ritual ›Einreibung‹ durchführst: Beschwörung ›Ich bin ein reiner Mann!‹ – Beschwörung ›Reines Öl, helles Öl‹; dabei gießt du Öl auf... Nun rezitierst du dreimal über der Salbe. – Beschwörung ›Lösung der bösen Sehne‹ über der Salbe. – Beschwörung ›Kopfkrankheit‹; seine Schläfen reibst du ein. – Die elpetu-Binde bindest du an seinem Kopf fest. – Beschwörung ›Kopfkrankheit, die auf dem Nacken liegt, desgleichen‹; seinen Nacken reibst du ein ...!«

Ähnlich werden dann Hände, Bauch, Kreuz, rechte und linke Hüfte bis zur Wade und so weiter eingerieben, wobei jeweils ein neuer magischer Text zu zitieren ist. Danach wird der ganze Körper mit Zedernsaft eingerieben. Anschließend wendet man die »Amulettsteine« an. Unter neuen Beschwörungen werden sie an die verschiedensten Körperteile gelegt mit Anweisungen wie: »Die Steine gegen nagende Fieberhitze für die rechte und linke Wade«, oder: »Die Steine gegen Lähmung für den rechten oder linken Fuß.« Ein anderer Text schließt: »Beschwörung ›Eid, Eid‹; du umzeichnest das Krankenbett mit Mehlbrei. – Beschwörung ›Beschworen sei das Haus‹; du schüttest Röstmehl hin und umzeichnest das Tor, wobei du aber die Tür nicht mit deiner Hand berühren darfst; darüber sprichst du die Beschwörung: ›Durch die Öffnung mögen sie (die Krankheitsdämonen) nicht eintreten!‹ Schließlich öffnest du das Tor wieder und erhebst die Waffe aus eru-Holz, die zu Häupten des Kranken lag ...«

Als letztes Beispiel sei der Teil eines Gebetes aus diesen Tafeln angeführt; es ist an den babylonischen Gott Ea, den Gott der Tiefe, gerichtet und wird über einen Kranken gesprochen [20]:

„Oh Ea, König der Tiefe, siehe,
Ich bin der Zauberer, bin dein Sklave,
Eile zu meiner rechten Hand,
Hilf meiner linken Hand,
Füge deinen Zauber dem meinen hinzu;
Gewähre mir reine Worte,
Verfüge, daß meine Entscheidungen glücklich machen mögen,
Laß mich gesegnet sein, wo auch immer ich hintrete,
Laß den Mann gesegnet sein, den ich jetzt berühre!"

Ein weiteres aufschlußreiches Dokument in der Geschichte der Heilkunst ist der *Papyrus Ebers*, der 1873 von dem deutschen Ägyptologen C. M. Ebers in Luxor gefunden wurde. Diese rund 20 Meter lange Schriftrolle, die ausgezeichnet erhalten ist, liefert wertvolle Informationen über die ägyptische Medizin um 1600 v. Chr. In ihr wie auch in anderen Papyri ähnlichen Inhalts spielt die Beschwörung von Dämonen, die von den Göttern gesandt werden und Krankheiten verursachen, eine große Rolle. Daneben finden sich in diesen Papyri aber bereits vernünftige medizinische Ratschläge sowie Anweisungen für die Zubereitung von Arzneien, für die Behandlung von Knochenbrüchen und dergleichen mehr.

Ähnliche Formen einer mit magischen Riten oder Kulthandlungen verbundenen »Medizin« finden wir auch in den Tempeln des alten Indien und in Tibet. Aber das anschaulichste Beispiel für eine kultische Heilmethode ist uns aus dem alten Hellas überliefert.

Asklepios-Tempel

Mehrere hundert Asklepios-Tempel, die es im Altertum gab, zeugen von der überragenden Bedeutung, die dem Heilkult an diesen Stätten beigemessen wurde. An erster Stelle stehen die Heiligtümer von Epidaurus und Pergamon, aber auch auf der Insel Kos und in Athen, in Phönizien sowie im ganzen Balkanraum finden wir heute noch die Überreste dieser Tempel, die meist Asklepios, Apollon, Artemis oder Hygieia, der Tochter des Asklepios, geweiht waren. Tempel, Hallen, Höfe, Inkubationsräume, die heilige Quelle und ein Theater, die zu einem solchen Asklepieion gehören, deuten darauf hin, daß es Wallfahrtsort, Kult- und Heilstätte und zugleich Festspielhaus war.

Eine wichtige Quelle, die uns über die Heiligtümer von Epidaurus und Pergamon Aufschluß gibt, ist der Reisebericht des Pausanias aus dem zweiten Jahrhundert nach Christus. Er schildert ausführlich die Heilpraktiken, die sich vor allem um den Kult des Asklepios entwikkelt haben. Diese Tempel waren keineswegs nur den Reichen vorbehalten, sie standen dem ganzen Volk zur Verfügung. Sie waren Stätten, in denen der Gott verehrt wurde und wo sich schöpferische Kräfte heilsam auf die Krankheit auswirken konnten. Der Priester, der hier im Kult der Gottheit diente, war darum im echten Sinne des Wortes der Therapeut.

Im Zentrum der »Therapie« stand der Tempelschlaf. Wie berichtet wird, haben viele Kranke im Traum die Gestalt des Gottes angenommen, anderen ist der Gott erschienen, um ihnen zu verkünden, was sie für ihre Genesung tun sollten. In der Epiphanie – der Erscheinung des Heilgottes im Traum – zeigten sich vor allem Asklepios oder Apollon, aber auch Artemis, die Schwester des Apollon und deren Mutter Leto. Eine besondere Rolle spielte der Knabe Telesporos, der Gott der Rekonvaleszenz, der das Ende der Krankheit ankündigte.

Doch bevor es zur Epiphanie kam, mußte der meist konfliktbeladene oder vor wichtigen Entscheidungen stehende Pilger eine Reihe von vorbereitenden Riten durchlaufen. Bereits die Anreise war eine von Erwartungen erfüllte Wallfahrt. Am Tempelort selbst führten Exerzitien, Meditationen, Reinigungszeremonien und Fasten eine besondere innere Bereitschaft herbei, die den Heilschlaf und das Erscheinen der Gottheit im Traum begünstigen sollte.

Im Traum trat dann der heilende Gott an den Kranken heran und berührte ihn. Er gab ihm Ratschläge, wie er sich ernähren, aber auch welche Arzneien er einnehmen sollte. Der Kranke wurde angewiesen, seine Träume aufzuschreiben, damit der Priester sie nach dem Heilschlaf deuten konnte. Sicher wurden die Träume vom Priester noch ausgeschmückt und sozusagen psychotherapeutisch genutzt. An diesen Ritus schlossen sich die Dankesopfer *(iatra)* an, in denen die Geschichte der Heilung erzählt wurde. Solche Berichte sind uns in den Votivtafeln und Reliefs erhalten geblieben. Nach Boehringer, der Ausgrabungen in einem Asklepieion durchgeführt hat, ist der Tempelschlaf keineswegs als mystisch anzusehen. »Hier handelt es sich ganz eindeutig um eine antike Frühform der Psychoanalyse.« [21] Boehringer hält es auch für bemerkenswert, daß Galen, der berühmte Arzt, der in Pergamon geboren und im Asklepieion ausgebildet wurde und später dort tätig war, diesen Heilschlaf als Behandlungsmethode anerkannte.

In der Atmosphäre des Tempels und des kultischen Geschehens gewann der Priesterarzt auf dem Wege über den Traum Einblick in die Tiefe der menschlichen Seele, aus der für ihn die Gottheit zu ihm sprach. Was sie verkündete, diente ihm nicht dazu, Erkenntnisse über das Wesen des Menschen zu gewinnen. Ihm fiel dabei nur die Rolle eines Priesterarztes und Therapeuten zu, dessen Traumdeutung denen, die Heilung suchten, dazu verhelfen wollte.

Nach Boehringer war Asklepios die Gottheit, »die sich am längsten hielt und dann auch eine gewisse Verschmelzung mit Christus erfuhr. So gibt es zum Beispiel Nachrichten darüber, daß Priester in Ägypten die Auflage bekamen, nach dem christlichen Gottesdienst nicht auch noch Asklepios anzurufen. Er war der gütige Arzt und Helfer, der Retter, der Heiland. Daher die Verwandtschaft mit Christus.« [22]

Traumdeutung und Handauflegung

In der Beschwörung von Krankheitsdämonen bei den Assyrern und im Heilkult des Asklepios begegnen uns Priester, die zugleich Ärzte waren. In den Kulturen ihrer Zeit, aber auch in vielen anderen galt und gilt bis heute der Traum als göttliche Botschaft, die von Priestern oder berufsmäßigen Traumdeutern ausgelegt wurde. Für die Priester im Asklepieion war der Traum die Botschaft des »göttlichen

Arztes«, die sie zu deuten suchten, um in seinem Auftrag zu heilen. Von dieser »Frühform der Psychoanalyse«, wie Boehringer sagt, führt ein weiter Weg zur modernen Psychoanalyse. Dabei ist interessant festzustellen, welche heute noch gültigen Elemente des Traumes bereits in alten Zeiten erkannt und beschrieben worden sind.

Von besonderer Bedeutung sind auf diesem Gebiet die Auffassungen des berufsmäßigen Traumdeuters Artemidoros aus Daldis (Ephesos), der zur Zeit des Kaisers Hadrian hohes Ansehen genoß.[23]

Während Platon um 400 v. Chr. noch im Traum vor allem Hinweise der Götter auf zukünftiges Geschehen erblickt hatte, verstand sein Schüler Aristoteles um 350 v. Chr. den Traum als eine Fortsetzung der seelischen Tätigkeit im Schlafzustand. Das im Traum vermittelte Wissen wurde »natürlich« erklärt und, wie wir heute sagen würden, auf die im Schlaf gesteigerte Innenwahrnehmung zurückgeführt.

Rund 500 Jahre später übernimmt Artemidorus diese Anschauung, aber wie einst Homer – und, nebenbei bemerkt, nicht unähnlich der Auffassung C. G. Jungs – unterscheidet er unter anderem zwei Arten von Träumen: den in die Zukunft weisenden Traum als göttliche Offenbarung und den gewöhnlichen Traum, der sich auf Vergangenes und Gegenwärtiges aus dem Leben des Träumers bezieht. Seine eigenen Beobachtungen und Ausführungen über die Traumsymbole überraschen und beeindrucken auch heute noch. So nimmt er etwa an, daß manche Träume durch körperliche und seelische Bedürfnisse ausgelöst werden oder daß solche Bedürfnisse im Traum nach Befriedigung drängen. Auch hat Artemidoros Einfälle des Träumers, die aus der Wirklichkeit oder – wie wir heute sagen würden – aus der Bewußtseinssphäre stammten, und alles, was den Träumer vor dem Einschlafen beschäftigte, als notwendiges Ergänzungsmaterial für eine Auslegung der Träume betrachtet. Doch war der berufsmäßige Traumdeuter jener Zeit geneigt, sich dabei mehr auf seine eigenen Assoziationen als auf die des Träumenden zu stützen. Damit ging Artemidoros, so modern seine Ansichten uns anmuten, an dem wesentlichen Kern der heutigen Trauminterpretation in der Psychoanalyse vorbei, für die erst die Assoziationen des Träumers den Schlüssel liefern [24].

Allerdings gibt uns heute die Vorstellung des Artemidoros von den prophetischen Eigenschaften des Traumes erneut zu denken, da eine Reihe von Psychotherapeuten über anscheinend telepathische Träume berichtet. Eines aber zeigt uns dieser flüchtige Überblick deutlich: Der psychische Ursprung des Traumes, den die moderne Tiefenpsychologie entdeckte, war bereits von den Priestern des Asklepios und von Traumdeutern wie Artemidoros vorausgeahnt worden.

Heilung durch Auflegen der Hände ist eine nicht nur im Altertum, sondern auch noch bis in die Neuzeit der abendländischen Welt weitverbreitete Praktik. Sie sei hier kurz erörtert, weil sie, wie wir sehen werden, einen auch in der heutigen Psychotherapie bedeutsamen Faktor enthält. Obgleich sich die Ideen, die dem Heilen durch Handauflegen zugrunde liegen, von Kultur zu Kultur unterscheiden, so haben sie doch alle wiederum den Glauben an die heilende Kraft miteinander gemein, die durch den körperlichen Kontakt von der Person eines übermenschlichen oder königlichen Heilers in ein erkranktes Organ des Patienten übergeht.

Die Heilung muß nicht immer nur durch die Berührung mit den Händen erfolgen. Plutarch, der die Heldentaten von Pyrrhus, dem König von Epidaurus, schildert, berichtet auch, daß er Koliken und andere Krankheiten heilte, indem er die erkrankten Körperstellen mit den Zehen berührte. Ebenso wird von Kaiser Vespasian erzählt, daß er trotz seines Unglaubens Blinde und Lahme durch Berührung mit seinem Speichel zu heilen vermochte.

Der »Royal Touch«, wie er von den Königen der christlichen Welt praktiziert wurde, entspringt der gleichen Vorstellung. Noch klarer als seine Vorbilder im Altertum zeigt er die verborgene psychologische Bedeutung des Ritus: Der König stellt das Abbild des Schutz und Liebe spendenden Vaters dar. Seine heilende Berührung überträgt symbolhaft die Vorstellung von der liebenden väterlichen Fürsorge auf den Patienten, wodurch Assoziationen an die eigene Kindheit hervorgerufen werden. Es besteht kein Zweifel, daß die heilende Magie dieser Epoche einen Faktor enthält, der in der Psychiatrie unter dem Namen »Rapport«, in der Psychoanalyse als »Übertragung« bekannt ist. Was auch immer für Heilungen durch die »königliche Berührung« erzielt worden sind, sie lassen sich, rational betrachtet, auf die psychologische Wirksamkeit der alten magischen Riten zurückführen.

Berichte über solche Heilungszeremonien, die unter Beisein von zwei Geistlichen, etwa im Jahre 1672 unter König Karl II., stattfanden, behaupten, daß einige Kranke sofort nach der ersten, andere nach der zweiten Berührung geheilt worden sind. Auch Blinde, die vor Wochen ihr Augenlicht verloren hatten, sollen in Whitehall sofort wieder sehend geworden sein [25].

Gerade die Heilung durch Handlauflegen erinnert uns unwillkürlich an die Wunderheilungen in der Bibel, in jenem Buch, von dessen religiösem Gehalt Geschichte und Kultur der westlichen Welt geprägt worden sind. Doch bevor wir auf die Wunderheilungen in der Bibel eingehen wollen und ihre Beziehung zur Psychotherapie herzustellen versuchen, ist es notwendig, uns dem religiösen Glauben und dem durch ihn verheißenen Heil zuzuwenden.

Glaube und »Heil«

Religiöser Glaube und Verzicht auf die Allmacht

Indem der Mensch auf seinen Wunsch nach Allmacht, wie Freud annimmt, verzichten lernte, fand er sich bereit, diese auf Götter und Gottheiten, ja auf *einen* Gott zu übertragen und sich dieser Macht zu unterstellen. Als Belohnung für dieses »Opfer« erhielt er das Heil – die Heiligung – die Erlösung aus seiner Gebundenheit in der Welt.

Befand sich der primitive Mensch der animistischen Weltauffassung in seinem Streben auf der Suche nach seiner *eigenen* Allmacht, so tritt für den an Gott und Götter glaubenden Menschen an diese Stelle die Suche nach dem Heil.

Der monotheistische Glaube, wie er uns im Alten und im Neuen Testament entgegentritt, stellt eine persönliche Begegnung der endlichen Person des Menschen mit der unendlichen Person eines Gottes her. Gott erhält den Kosmos, bewirkt das Weltgeschehen und belohnt und bestraft den Menschen für Handlungen entsprechend ihren sittlichen Qualitäten. Das Verhältnis des Menschen zu ihm kennzeichnet Liebe und Vertrauen sowie kultische Verehrung.

Der Glaube hält sich an das Wort, an die Verheißung Gottes. Er hat jetzt schon, was er glaubt – freilich in verborgener Weise: den unsichtbaren Gott und das verborgene Heil (... *ideo habens verba per fidem habet omnia, licet abscondite* – Luther [26]). Religion, im weitesten Sinne gefaßt, schließt – wie aus dem bisher Gesagten hervorgeht – den magischen Glauben der Primitiven mit ein. Den primitiven Völkern, die überall in der Welt und Natur das Walten magischer Kräfte und Geister zu spüren vermeinen, geht es ebenso wie den Anhängern hoch entwickelter Religionen, denen ein komplexes metaphysisches Gedankengebäude zugrunde liegt, in ihrem religiösen Glauben letztlich um die *Erfassung und Erkenntnis der Realitäten des Lebens.* Aus den Erfahrungen ihres Alltages heraus bemühen sie sich, in eine Region vorzustoßen, die mit ihren Sinnen nicht mehr zu erfassen ist, also die Grenzen möglicher Erfahrung übersteigt. Diese Transzendenz ist das charakteristische Merkmal allen religiösen Denkens, das darin gipfelt, der Kraft auf die Spur zu kommen, »die die Welt im Innersten zusammenhält«. Aus den Bemühungen, die das ganze Weltgeschehen bewegenden Kräfte intellektuell zu erfassen und zu bewältigen, entfaltet sich die Phantasie des Menschen von einfachen Vorstellungen bis zu hoch entwickelten mythischen Dichtungen, die die Entstehung und Entwicklung der Welt und des Lebens zum Gegenstand haben.

Doch ebenso bedeutsam, wenn nicht noch wesentlicher als das religiöse Denken und Streben nach Erkenntnis und intellektueller Weltbewältigung ist der emotionale Anteil des religiösen Glaubens. Stets wird ja der Gedanke von einem entsprechenden Gefühl begleitet, das die Erkenntnis zu einem Gefühlserlebnis ausweitet. So ist die Erfahrung der Transzendenz zugleich von einer Empfindung umgeben, die für jedes Individuum ein einmaliges emotionales Erlebnis darstellt – sei es, daß es vor der Größe und Gewalt des Weltenherrschers erschauert oder daß es sich aus der menschlichen Gebundenheit löst und eins fühlt mit der Schöpfung Gottes. Der Nervenarzt und Psychotherapeut weiß aus dem Umgang mit seinen Kranken, daß den Emotionen eine große Macht innewohnt, die mit Argumenten kaum zu beeinflussen und zu ändern sind, sondern nur durch ein neues, tiefgreifenderes emotionales Erleben »überzeugt« werden können. So ist auch im religiösen Glauben der emotionale Erlebnisanteil eine stärkere Kraft als das Denken, als die Vernunft.

Genauso wie sich in der menschlichen Seele Denken und Fühlen, Verstand und Emotion umwandeln in ein Tun, dem ein Wollen vorausgeht, so führt auch der religiöse Glaube mit seinem Bemühen um ein rationales Erfassen des Sinnes der Welt und des Seins und seinem emotionalen Erleben zu einem gewollten Handeln, durch das er erst erfüllt wird. Hierin liegen der Wert und das Wesen religiöser Handlungen und kultischer Riten, gleichgültig, ob sie von der Magie oder vom Glauben an eine Gottheit bestimmt sind.

Neben dieser subjektiven Seite sind für den religiösen Glauben auch die Objekte, denen er sich zuwendet, kennzeichnend[27]. Die Vielfalt der Erscheinungen, in denen der menschliche Glaube an eine überirdische Macht offenbar wird, ist die Erklärung für die große Anzahl der Religionen. Götter und Göttinnen, zu denen der Mensch gebetet hat und noch betet, werden sich wohl niemals vollständig aufzählen lassen. Die gottesdienstlichen Handlungen und Riten, in denen der Mensch um Schutz und Segen der Götter fleht, reichen in ihrer Mannigfaltigkeit vom Erhabenen bis zum Schrecklichen. Eine wissenschaftliche Definition der Religion muß daher weit gefaßt sein. Ich möchte mich hier H. v. Glasenapp anschließen, der sagt: »Religion ist der im Denken, Fühlen, Wollen und Handeln betätigte Glaube an das Dasein übernatürlicher, persönlicher oder unpersönlicher Mächte, von denen sich der Mensch abhängig fühlt, die er für sich zu gewinnen sucht oder zu denen er sich zu erheben trachtet.«[28]

Alle Beobachtungen und Forschungen auf diesem Gebiet bekunden immer wieder, daß der Mensch in seinem Kern ein religiöses Wesen ist, für das die Beziehung zu einer höheren Macht ein Bedürfnis bedeutet, sei es, daß er sie anbetet, um Hilfe und Schutz anruft oder fürchtet. Meist kommt dazu noch der Glaube an die eigene Unsterblichkeit, an die Unsterblichkeit der Seele. Dann sieht der Gläubige oft das Heil in der Erlösung vom irdischen Dasein und in der Vereinigung mit der Gottheit.

Der Verzicht auf die Allmacht in dieser Welt bietet dem Menschen die Hoffnung auf eine mystische Vereinigung mit dem allmächtigen Gott. So erfüllt die Religion die Suche nach einem Ziel des Lebens, das die Grenzen der rationalen menschlichen Erfahrung übersteigt.

Alle Religionen suchen nach Antworten auf die großen Fragen des menschlichen Geistes, der sich mit dem Mysterium des Lebens auseinandersetzt. Sie spenden ihm Kraft und Stärke im Kampf um die Existenz in dieser Welt, die ihm keineswegs freundlich gesinnt ist. Sie wollen ihm ein Licht sein, das Helligkeit in das Dunkel bringt. Sie wollen ihm den Weg durch das dunkle Tor des Todes erleichtern. Um es psychologisch zu sagen – sie wollen dem Menschen in seiner Angst zur Seite stehen.

Die östlichen Religionen und die Befreiung vom Leiden durch Entsagung

Jede Religion hat, der Vielfalt der Formen entsprechend, ihre eigene Auffassung von seelischer Gesundheit und Krankheit, daher auch von der Seelenheilkunde. Ihr geht es primär nicht um die Erhaltung oder Erlangung körperlicher und geistiger Gesundheit, wenngleich ihr — was insbesondere die östlichen Religionen betrifft — eine solche Bedeutung nicht abgesprochen werden kann. Bei ihr liegt das Schwergewicht auf der »Sorge um die Seele« und nicht auf der Therapie eines kranken Menschen. Der Religion geht es allein um das theologische Äquivalent der geistigen Gesundheit, nämlich um das seelische Heil.

Vor allem die sogenannten Hochreligionen bieten dem Gläubigen die Möglichkeit, Schmerz und Angst, Leid und Leiden nicht nur leichter zu ertragen, sondern in zum Teil vorgeschriebener Weise zu sublimieren. Heilung von dem Leiden, das an das Sein gebunden ist, wird zur Heiligung, zur Befreiung und Erlösung von der Seelenangst. Während sich Magie gewissermaßen auf seelische »erste Hilfe« beschränkt, suchen die Religionen nach einer echten »Lösung«, die fast immer zugleich auch eine weitgehende Loslösung von irdischer Gebundenheit bedeutet. Solche Auffassungen finden wir sowohl in den christlichen als auch etwa in den hinduistischen und buddhistischen Lehren, und sie können als eine Überwindung des aus früheren Zeiten stammenden Zaubererbes aufgefaßt werden.

Wie später auch die christliche Mystik gibt der Hinduismus durch die Macht der Entsagung und Selbstverneinung eine Antwort auf die Probleme des Schmerzes und des Leidens. Selbstverneinung und Abtötung des Fleisches werden als ein Weg zum Heil proklamiert. Psychologisch gesehen, handelt es sich dabei um eine Form der Prophylaxe, keineswegs um den Prozeß einer Heilung.

In den Upanishaden, den zwischen 800 bis 300 vor Christi Geburt geschriebenen Geheimlehren, wird eine pantheistische Mystik verkündet. Ähnlich wie C. G. Jung vom göttlichen Archetypus spricht, so ist hier der innerste geistige Kern jedes Wesens, sein Selbst *(atman)*, identisch mit dem universalen Allgeist (*brahman*, neutrum). Der Glaube an eine Vielheit von Göttern, die dem Menschen seine Wünsche gewähren oder versagen, wird ersetzt durch das Streben, in der Versenkung in das eigene Innere das Absolute, das Brahman zu erfassen. Teilweise Entsagung der Welt, vor allem aber das von aller Selbstsucht freie, pflichtgemäße Handeln führen zur Befreiung von den Banden der Endlichkeit. Bewältigung seiner eigenen inneren Impulse – die wir heute als Instinkte bezeichnen und die Freud das Es nennt – sowie »Herrwerden« der Kräfte der Natur, ohne dabei zum Angriff auf die Welt der Objekte überzugehen, das ist das Ideal eines solchen »Tatmenschen«, der nichts für sich erstrebt, sondern wunschlos seine Pflicht tut. So wird neben die Askese das pflichtgemäße Handeln als »Heilsweg« gestellt. Mit solcher Haltung von Passivität, die bis zur totalen Selbstaufgabe führen kann, steht der Hindu im äußersten Gegensatz zum Allmachtsanspruch der Primitiven.

Auch Buddha erhebt die Selbstdisziplin und Entsagung zum Heilmittel gegen menschliche Leiden. Das sittliche Ideal im Sinne der »vier heiligen Wahrheiten« des Buddhismus soll nicht eine kraftvolle Lebensgestaltung verwirklichen, die das Leben lebenswert macht, sondern es führt zur inneren Loslösung vom Leben und jeder Liebe zum Leben.

Der Buddhismus ist eine Religion ohne Gott und ohne Seele. Er kennt darum keine Gebete, da niemand da ist, an den sie gerichtet werden könnten. An ihre Stelle tritt der Glaube an eine moralische Weltordnung. Manche Lehren von Buddha betonen anstelle eines völlig passiven Verhaltens den Wert eines goldenen Mittelweges zwischen Verwöhnung und Abtötung des Fleisches. Damit kommen sie näher an die Auffassungen von Lao-tse im Taoismus. In einer sensitiven Naturphilosophie wird seinen Gläubigen eine ruhige Begierdelosigkeit und ein stilles Sichversenken in den Urgrund der Dinge anempfohlen. Ohne krampfbewußte Bemühungen soll es möglich werden, unbewußt und spontan das Richtige zu tun. Diese Gedanken der Begierdelosigkeit erinnern uns auch an Platons Forderung zur Mäßigung und stimmen mit manchen Vorschlägen der stoischen Philosophie überein. Nicht zuletzt gemahnen sie an die Lehrsätze des Talmuds und an die Seligpreisungen der Sanftmütigen und Friedfertigen in der Bergpredigt.

Wenden wir uns nun dem christlichen Glauben und den Wunderheilungen der Heiligen Schrift zu, um zu einem besseren Verständnis der Zusammenhänge von christlicher Religion und Psychotherapie zu gelangen.

Wunderheilungen der Bibel

Die Bibel enthält in ihrem Alten und Neuen Testament geistige Aussagen über die primitivsten und erhabensten Bemühungen des Menschen zu einem höheren Wesen. Das teilt sie mit anderen großen Schriften der Religionen.

Das Alte Testament stellt Gott als den einzigen und wahren dar, der nicht möchte, daß die Menschen sich ein Bildnis und Gleichnis von ihm machen. Wichtiger als Kultus und Opfer, Tempel und Riten oder gar Gesetze ist ihm, daß die Menschen untereinander das Rechte tun und sich lieben. Gott spricht zu den Menschen über die Propheten. Sein Wort ist Offenbarung. Er gibt seine Gebote, stiftet Gemeinschaft und gründet den Kultus.

Der Kultus der Christen des Neuen Testaments gründet sich auf Gottes Handeln in der Einsetzung des Abendmahls. Gott kam selbst auf die Welt und nahm Knechtsgestalt an, damit er den Menschen als Gekreuzigter erlösen kann. »Das Wort ward Fleisch und wohnte unter uns.« (Joh. 1, 14)

»Der griechische und der alttestamentarische Monotheismus haben gemeinsam den abendländischen Gottesgedanken geführt«, schreibt Karl Jaspers, und er fährt fort: »In der griechischen Philosophie erwächst der Monotheismus als Gedanke, wird aus ethischen Maßstäben gefordert ... prägt nicht Menschenmassen, sondern einzelne. Sein Ergebnis sind Gestalten hoher Menschlichkeit und eine freie Philosophie ...«[29] Die biblische Religion dagegen schuf *einen* lebendigen Gott als überweltlichen Schöpfer, der »alles in allem«, allgegenwärtig ist.

Die Bibel berichtet von Gott und den Menschen in einer leidenschaftlichen Sprache, die einzigartig ist. Gott erscheint im flammenden Busch, im Gewitter und im Erdbeben, um sein Volk zu retten. Er ist der »Allmächtige, Schöpfer Himmels und der Erden«. Jaspers deutet auf eine Reihe von Gegensätzlichkeiten in der Bibel hin. Als »widerstreitende Kräfte bilden (sie) je ein polares Ganzes, durch das das Wahre wirkt«. Auch die »Gegensätzlichkeit von magischer Religion und ethischer Religion des vernünftigen Schöpfungsgedankens« trägt nach Jaspers dazu bei, »Grundspannungen« zu erzeugen, die letztlich »das Abendland bis heute in Bewegung gehalten haben«[30].

Auf dem Boden dieser Gegensätzlichkeit müssen wir auch die Wunderheilungen in der Bibel verstehen. Wenn wir in ihnen magische Elemente antreffen, so bedeutet das nicht, daß es sich im alttestamentarischen und christlichen Glauben etwa um die gleiche Magie handelt, die wir bei den Primitiven kennengelernt und untersucht haben. Denn anstelle der animistischen Weltauffasssung begegnen wir im Alten Testament einem monotheistischen Glauben.

Eine Betrachtung der Wunderheilungen der Bibel verleitet uns zwar, Parallelen zu unserer heutigen Heilkunst, insbesondere zur Psychotherapie, zu ziehen. Dabei lassen sich Ähnlichkeiten, die uns ganz »modern« anmuten, mit psychischen Phänomenen entdecken, wie etwa mit der Suggestion. Dennoch sollten wir stets davon ausgehen, daß die Heilige Schrift kein Naturgeschehen im Sinne des ärztlichen Denkens beschreibt, sondern daß sie auch dann, wenn sie von Heilungen spricht, stets ein Heilsgeschehen meint, das ausschließlich im religiösen Bereich stattfindet. Als religiöse Schrift ist sie der rationalen Medizin völlig entrückt, für die im strengen Monotheismus des alten Judentums noch kein Platz war. Krankheit, Tod und Heilung lagen allein in den Händen des allmächtigen Gottes, der sich zumeist in Aussagen und wunderbaren Handlungen heiliger Propheten offenbarte. In den Propheten begegnen uns Vertreter der göttlichen Allmacht, ohne deren Fürbitte es keine Heilungen gibt. Somit ist Heilung niemals Menschenwerk, also ärztliche Kunst, die ohnmächtig wäre, sondern nur möglich durch Vermittlung der Propheten und durch den Glauben.

Im Folgenden wollen wir versuchen, einmal die magischen Elemene aufzuzeigen, bei denen mana-geladene Gegenstände sowie das Wort des Heilenden die entscheidende Rolle spielen; zum anderen wollen wir uns vergegenwärtigen, daß diese magischen Elemente mit einer ganz anderen Einstellung des Menschen zu dem einen, allmächtigen Gott verbunden sind, mit dem sie in eine Erfahrungs-Beziehung eintreten.

So erfahren wir im 2. Buch der Könige (2. Könige 20,1–7 [31]), wie der Prophet Jesaja eine kranke Drüse (Eitergeschwür) heilt, indem er einen magischen Ritus zugleich mit einem »natürlichen« Heilmittel, einem Feigenpflaster, anwendet.

Eine Vermischung von magischen Elementen und durchwegs rationalen Maßnahmen der körperlichen Hygiene finden wir im 3. Buch Moses, wo in allen Einzelheiten hygienische Vorschriften zur Verhütung des Aussatzes beschrieben werden (3. Mose 14, 33–53): In den ersten sieben Versen verkündet Gott, wie der Aussätzige »gereinigt« werden soll. Der Kranke wird aufgefordert, zum Priester zu kommen. Dann soll er »zum Sündopfer für das Haus nehmen zwei Vögel, Zedernholz und scharlachfarbene Wolle und Ysop, und den einen Vogel schlachten in ein irdenes Gefäß über frischem Wasser. Und soll nehmen das Zedernholz, die scharlachfarbene Wolle, den Ysop und den lebendigen Vogel, und in des geschlachteten Vogels Blut und in das frische Wasser tauchen, und das Haus siebenmal besprengen. Und soll also das Haus entsündigen mit dem Blut des Vogels und mit dem frischen Wasser, mit dem lebendigen Vogel, mit dem Zedernholz, mit Ysop und mit scharlachfarbener Wolle. Und soll den lebendigen Vogel lassen hinaus vor die Stadt ins freie Feld fliegen, und das Haus versöhnen, so ist's rein.« Aus dieser Reinigungsvorschrift des Aussatzes läßt sich deutlich erkennen, daß den verschiedenartigsten Gegenständen wie dem Zedernholz, der Ysop-Pflanze, die zum Besprengen benutzt wurde, der scharlachfarbenen Wolle und den reinen Vögeln, wohl in besonderem Maß dem Wasser und Blut Mana-Kräfte innewohnen, durch deren Berührung die Heilung vor sich geht.

Die wohl eindrucksvollsten Schilderungen von Heilungen im Alten Testament finden wir im 1. und 2. Buch der Könige, in denen die beiden Propheten Elia (1. Könige 17, 17–24) und Elisa (2. Könige 4, 18–37) zwei analoge Handlungen vollbringen, indem sie einen toten Jüngling wieder zum Leben erwecken [32]. In beiden Berichten suchen die Propheten eine körperliche Berührung mit dem Kranken, indem sie sich über ihn ausstrecken: Er maß sich über dem Kinde (1. Könige 17, 21), er legte sich auf das Kind und legte seinen Mund auf des Kindes Mund und seine Augen auf seine Augen und seine Hände auf seine Hände und breitete sich also über ihn, daß des Kindes Leib warm ward (2. Könige 4, 34). Damit wollten sie dartun, daß sie ihre Lebenskraft – ihre »Seele« – von Körperteil zu Körperteil unmittelbar auf das Kind übertrügen.

Der Knabe war mit seinem Vater aufs Feld gegangen und war vom Hitzschlag getroffen worden. Auf dem Schoße der Mutter war er schließlich gestorben. Sie zog auf den Berg Karmel, um den »Mann Gottes« zu holen. »Und da Elisa ins Haus kam, siehe, da lag der Knabe tot auf seinem Bett. Und er ging hinein und schloß die Tür zu für sie beide und betete zu dem Herrn und stieg hinauf und legte sich auf das Kind und legte seinen Mund auf des Kindes Mund, und seine Augen auf seine Augen und seine Hände auf seine Hände und breitete sie also über ihn, daß des Kindes Leib warm ward. Er aber stand wieder auf und ging im Haus einmal hierher und daher und stieg hinauf und breitete sich über ihn. Da schnaubte der Knabe siebenmal; danach tat der Knabe seine Augen auf« (Vers 32–35).

Es ist in diesem Bericht kaum zu übersehen, daß es nicht der Prophet ist, der die Heilung vollbringt, sondern Gott allein ist der Heilende (»Ich bin der Herr, dein Arzt«, 2. Mose 15, 26), der ja auch für die Krankheitsursache verantwortlich ist. Wirkungen Gottes mit menschlichen, also nicht-göttlichen (ärztlichen) Handlungen entgegenzuwirken, widerspräche zweifellos der alt-israelitischen Religiosität. »Sehet ihr nun, daß ich's allein bin und ist kein Gott neben mir! Ich kann töten und lebendig machen, ich kann schlagen und kann heilen, und ist niemand, der aus meiner Hand errette« (5. Mose 32, 39).

Im Gegensatz zu der Magie der Primitiven finden wir das magische Element im Alten Testament niemals als bloße Zauberformel, der automatisch eine heilende Wirkung zu folgen hätte. Vielmehr wird hier das Magische in einer Weise in den Glauben an Gott mit einbezogen, die dem Gläubigen die Nähe und Gegenwärtigkeit Gottes fast greifbar vor Augen führt.

Dies wird uns noch einmal deutlich in dem Bericht über Moses und Aaron (2. Mose 7, 10–12), als sie vor Pharao ihre Stäbe nach Zauberer Weise in Schlangen verwandelten, »wie ihnen der Herr geboten hatte«. Auch die ägyptischen Zauberer wurden dazu von Pharao aufgefordert, und »durch Beschwörung« gelang ihnen das gleiche. Doch ihre Stäbe wurden von Aarons Stab verschlungen. Das Gebot Gottes, das Aaron und Moses erfüllten, erhob also denselben zauberischen Akt der Beschwörung zu einer Glaubenshandlung für Gott. Einen ähnlichen Vorgang berichtet uns auch das Neue Testament (Apg. 19, 13–16). Als die sieben Söhne des Hohenpriesters Skevas böse Geister durch Beschwörung »bei Jesus, den Paulus predigt« austreiben wollten, gelang es ihnen nicht, weil sie den Namen Jesu als bloße Beschwörungsformel gebrauchten. Der Geist fragte sie: »Wer seid ihr aber?« Sie waren nichts anderes als jüdische Beschwörer, die vorgaben, daß sie mittels geheimer, von Salomo stammender Künste Besessene heilen könnten, und keine Gläubige.

Auch und gerade im Neuen Testament gibt es eine Anzahl von Wunderheilungen, bei denen das magische Element, also der mit Mana geladene Gegenstand, im Heilungsvorgang von Bedeutung ist. Ob es die Berührung des Gewandes Jesu, sein Speichel, sein Atem oder seine Hände sind, oder ob das heilende Wort wie ein Zauberspruch aufgenommen wird, immer ist es eine Kraft, die an dem Gegenstand haftet und von der die Wirkung ausgeht. Diese Kraft wird sogar als eine substantielle Kraft der Seele erfahren, wie wir sie bereits (siehe Kapitel 1) als Lebenskraft, nämlich Leib-Seele-Einheit nach der biblischen Auffassung dargestellt haben. Bei der Heilung der blutenden Frau (Mark. 5, 25–34), die Jesu Kleid von hinten anrührte, fühlte Jesus »an sich selbst die Kraft, die von ihm ausgegangen war«. Dies könnte andeuten, daß Jesus die heilende Kraft als eine (körperliche) Substanz empfand, die von ihm auf den Kranken übertrat.

In dem angeführten Beispiel von der blutenden Frau, aber auch in den Heilungen des Leprakranken (Mark. 1, 40–45), des Blinden von Bethsaida (Mark. 8, 22–26), sowie des Mannes mit der verdorrten Hand (Mark. 3, 1–6) und in manchen anderen Wunderheilungen Jesu findet der Psychotherapeut von heute neben dem magischen noch ein anderes Element wieder, das ihm als suggestive Kraft vertraut ist. Auch die psychotherapeutische Heilung beruht oftmals auf der Suggestion; aber sie ist keineswegs das alleinige Mittel der modernen Psychotherapie, sondern oft nur Begleiterscheinung. Die Worte »Steh auf, nimm dein Bett und wandle«, »sei gereinigt«, oder die Frage, ob der Blinde etwas sähe, sie alle suggerieren eine Heilung, an die der Kranke zu glauben aufgefordert wird. Immer wird der Glaube des Kranken an den Heiland vorausgesetzt. Besonders charakteristisch dafür ist das Beispiel von der Heilung des epileptischen Jungen (Mark. 9, 14–29). Es verdeutlicht zugleich, daß es auch auf den Glauben anderer Personen, wie hier zum Beispiel auf den Glauben des Vaters ankommt: »Und sie brachten ihn her zu ihm. Und alsbald, da ihn der Geist sah, riß er ihn; und er fiel auf die Erde und wälzte sich und schäumte. Und er fragte seinen Vater: Wie lange ist's, daß es ihm widerfahren ist? Er sprach: Von Kind auf. Und oft hat er ihn in Feuer und Wasser geworfen, daß er ihn umbrächte. Kannst du aber was, so erbarme dich unser und hilf uns! Jesus aber sprach zu ihm: Wenn du könntest glauben! Alle Dinge sind möglich dem, der da glaubt. Und alsbald schrie des Kindes Vater mit Tränen und sprach: Ich glaube, lieber Herr; hilf meinem Unglauben! Und da nun Jesus sah, daß das Volk zulief, bedrohte er den unsaubern Geist und sprach zu ihm: Du sprachloser und tauber Geist, ich gebiete dir, daß du von ihm ausfahrest und fahrest hinfort nicht mehr in ihn!

Und da schrie er und riß ihn sehr und fuhr aus. Und er ward, als wäre er tot, daß auch viele sagten: Er ist tot. Jesus aber ergriff ihn bei der Hand und richtete ihn auf; und er stand auf.«

Im Beispiel der Heilung des Gichtbrüchigen (Mark. 2, 1–12) läßt sich eindeutig die Verbindung von Krankheit mit Sünde erkennen. Als der Gichtkranke, vom Dachboden her in den Raum, in dem sich Jesus befand, heruntergelassen worden war, sprach Jesu, als er den Glauben – nicht allein den des Kranken, sondern der Menschen sah, die dies taten: »Mein Sohn, deine Sünden sind dir vergeben ... Welches ist leichter: zu dem Gichtbrüchigen zu sagen: dir sind deine Sünden vergeben, oder steht auf, nimm dein Bett und wandle?«

Jesus suggeriert dem Kranken »deine Sünden sind dir vergeben« oder »dein Glaube hat dich gesund gemacht«, und wendet sich damit nicht an den Verstand. Kritik und Logik werden vielmehr ausgeschaltet. Diese »Eingebung« (lat. *suggere* – eingeben, einreden) ist gänzlich an das Emotionale oder, in der tiefenpsychologischen Sprache ausgedrückt, an das Unbewußte gerichtet. In diesem Bereich – so wissen wir es seit Freud – gibt es nichts, das logisch verstanden werden könnte. In ihn kann nur emotionale Einsicht gewonnen werden, wenn es gilt, das Unbewußte bewußtwerden zu lassen. Durch die eingebenden Worte Jesu, mit denen er sich an das »Innerste« des Menschen wendet, will er ihm bewußtwerden lassen, daß die im Wort enthaltene Kraft Gottes von innen her erfaßt werden und zur Kommunikation mit Gott führen kann. Aus der unbewußten »Berührung« durch den Heiland kommt es zu einer bewußten Entscheidung des Kranken, im Glauben an den Heiler das Heil an seinem Körper und an seiner Seele zu erfahren. Hier erkennen wir deutlich, daß das magische Element – die im Wort enthaltene Kraft – nur als Träger der Suggestion benötigt wird und daß im Bewußtwerden echter Glaubenshingabe Magie und Glaube integriert werden. Der Glaube an die magische Kraft wird in einen Glauben verwandelt, der in die Beziehung des Menschen zu Gott, seinem Schöpfer und Vater, übertritt. Gott selbst *ist* diese Kraft, die das Heil verkörpert. Wenn in der Abendmahlsfeier dem Brot und Wein diese Kraft körperlich innewohnt (inkorporiert ist), dann vermischt sich hier noch einmal anschaulich der magische Managlaube mit dem gegenständlichen Glauben an den Heiland und Erlöser, der körperlich »einverleibt« wird, um an seiner Gnade teilzuhaben [33].

Glaube und Zweifel

Wir haben nun in einer bescheidenen Auswahl verschiedene Aspekte von Religion und Magie erörtert. Dabei konnten wir feststellen, wie eng magisches Denken, das uns am reinsten in der animistischen Weltanschauung begegnet, sowie magischer Glaube, ärztliches und priesterliches Handeln über die Jahrhunderte hinweg miteinander verbunden waren. Ebenso haben wir am Beispiel der Wunderheilungen in der Bibel die Integrierung der Magie in den Glauben zu zeigen versucht.

In alledem läßt sich meines Erachtens aber noch eine andere Entwicklungstendenz erkennen, so vielfältig und verworren manchmal die Wege sind, denen sie folgt. Die treibende Kraft dieser Entwicklung scheint mir der Zweifel zu sein. So war wohl bereits in der animistischen Epoche neben dem Glauben an die Magie auch der Zweifel an ihr lebendig. Aus diesem Zweifel mögen einmal der Wunsch und die Sehnsucht nach dem Glauben an eine höhere Macht entsprungen sein; andrerseits verhalf dieser Zweifel dem Hunger nach Wahrheit, Erkenntnis und Wissen zum Durchbruch. So möchte ich mich Freud anschließen, der in dem religiösen Glauben eine folgerichtige Entwicklung sah, die der Zweifel an der Magie und damit an der Allmacht des Menschen herbeigeführt hat.

Vermutlich waren es die genialen, »unabhängigen«, revoltierenden Männer, die zuerst zu zweifeln *wagten* und sich zutrauten, aus der eigenen Erfahrung, aus den Beobachtungen an Mensch und Umwelt eigene Schlüsse zu ziehen, bis sie dem Glauben an den Zauber ein Wissen gegenüberstellen konnten. Letzlich sind sie es – ob in einem vergangenen Zeitalter oder in der Gegenwart –, denen es vornehmlich um wahre Erkenntnis in allen Naturbereichen geht, und denen wir die Erarbeitung von Natur- und Geistesgesetzen verdanken. So können wir vermuten, daß auch unter den Primitiven die ersten Ansätze zu einem wissenschaftlichen Weltbild zu finden sind.

In einer über Jahrtausende sich erstreckenden Entwicklung des menschlichen Geistes entstanden aus der gleichen Suche nach Wahrheit die Hochreligionen wie auch die Wissenschaften. Der Mensch lernte sich nicht nur als ein geistiges und körperliches Wesen verstehen, das er erforschen konnte, sondern er suchte auch, wie bei der Erörterung der Religion näher ausgeführt wurde, in komplexen metaphysischen Gedankengebäuden die Welt und den Sinn seines Daseins in ihr zu erfassen.

Ungern mag der Mensch etwa den alten Glauben aufgegeben haben, daß die Sonne als Gottheit das Himmelsgewölbe durchläuft oder daß jeder Blitz von der Hand eines Donnergottes geschleudert wird. Aber seine Erfahrungen und Erkenntnisse zwangen ihn dazu. Ebenso muße der Mensch daran zweifeln, daß Krankheit eine Strafe der Götter oder das Werk böser Geister war, wenn er im Körper selbst die Antwort auf die Frage nach der Ursache der Krankheit zu entdecken suchte. Jede neue Erkenntnis der Natur mußte aber auch – wie sich leicht verstehen läßt – anfangs als Ketzerei und Überheblichkeit erscheinen.

So haben religiöser Glaube und wissenschaftliche Erkenntnis den Menschen auf seiner Suche nach der Wahrheit begleitet. Im Folgenden wollen wir nun den mühsamen, wohl nie endenden Weg der Wissenschaft und insbesondere der Psychiatrie von ihren Anfängen bis in die Gegenwart skizzieren.

DIE ÜBERWINDUNG DER MAGIE UND DIE RÜCKKEHR ZUM MYTHOS (WISSENSCHAFT-PSYCHOANALYSE)

Der Weg zum Wissen von der Seele (Wissenschaft)

Die Geburt der Wissenschaft aus dem Geist der Religion

Wir haben gesehen, welche Bedeutung der Magie in der Seelenheilkunde zukommt, und dabei die entscheidende Rolle erkannt, die der Glaube des primitiven Menschen an die Allmacht der Gedanken spielt, nicht nur an die des Medizinmannes, sondern auch an seine eigenen. Die Allmacht selbst zu besitzen war für den religiösen Menschen des Fernen Ostens sowie für den Christen kein erstrebenswertes Ziel mehr. Vielmehr war er bereit, diese Allmacht an eine höhere Gewalt, entweder an Götter, meist aber nur an einen Gott abzutreten. Als Preis für dieses Opfer erhoffte er sich das Heil seiner Seele.

Doch der religiöse Mensch hatte sich vorbehalten, die Götter durch mannigfache Beeinflussungen nach seinen Wünschen zu lenken. So erliegt auch heute noch der christliche Mensch mitunter einem Mißverständnis des Gebetes, das in seiner wahrsten Bedeutung nur Gespräch, also Kommunikation mit seinem Gott, darstellen soll, nicht selten aber zu einer Manipulation Gottes mißbraucht wird. Die Entwicklung der Religionen hat uns gelehrt, wie schwer es dem Menschen gefallen ist, völlig auf seine Allmacht zu verzichten. Indem er sich aber seine Kleinheit gegenüber Gott zugestand, mußte er den totalen Verzicht auf seine eigene Allmacht als eine wachsende Notwendigkeit empfinden. So lernte er, sich bewußt, aber auch resignierend dem Tode sowie den Gesetzmäßigkeiten der Natur zu unterwerfen, die er als von Gott gegeben hinnehmen und anerkennen mußte. Vielleicht liegt in diesem Schritt die Geburt der Wissenschaft begründet, die dem Menschen von nun an ermöglichen sollte, seinen Drang nach der Erforschung der Natur, ja des Seins überhaupt, zu erfüllen. Die von einem allmächtigen Wesen erschaffene und beherrschte Natur in ihrer konsequenten Gesetzmäßigkeit wollte der Mensch erkennen und beherrschen lernen.

So könnten wir sagen, daß die Wissenschaft aus dem Geiste der Religion geboren wurde. Sie war die logische Folgerung des Verzichtes auf die eigene Allmacht im magischen Denken und die Anerkennung einer göttlichen Ordnung in der Natur und darüber hinaus in einem Weltsystem, an deren göttlichen Ursprung der Mensch glaubt und in die er sich hineingestellt weiß. Religion und Wissenschaft stehen von nun an nebeneinander. Beide hatten sich auf ihre Weise mit der Magie auseinanderzusetzen.

Die *rationale* Durchdringung der Magie mußte naturgemäß verschieden sein von der *religiösen* Ablehnung, weil Wissenschaft und Religion von anderen Voraussetzungen ausgehen. Die Religion, die im Gottesglauben verankert ist, erreichte die Abkehr von der Magie durch den Verzicht des Gläubigen auf seinen Allmachtswunsch. Für die Wissenschaft dagegen war die absolute Befreiung des Menschen aus den Verstrickungen der Magie das erstrebenswerte Ziel. Während die Religion an die Stelle der Erlangung der Allmacht des Menschen die Erlangung des Heiles setzt, die dem Gläubigen über die Kommunikation und mystische Vereinigung mit dem allmächtigen Gott zuteil wird, proklamiert die Wissenschaft ein Ziel, das letztlich nach *Erkennung und Beherrschung* alles Seins strebt. Daß im Vertrauen auf die Macht des Menschengeistes auch in der Wissenschaft noch ein Stück des primitiven Allmachtglaubens weiterlebt, wird uns noch weiter zu beschäftigen haben.

So unterscheidet sich auch die wissenschaftliche Seelenheilkunde – die Psychiatrie – grundsätzlich von der magischen Heilkunst und den religiösen Wunderheilungen durch ihre reale und objektive Einstellung, mit der sie ihr Ziel verfolgt. Im Gegensatz zum Zauberer der alten Epochen gewinnt der Psychiater seine Heilmethoden aus der wissenschaftlichen Forschung. Um ein Objekt in der Natur zu erforschen und zu erkennen, fragt der Wissenschaftler, *was* es darstellt und woraus es sich zusammensetzt. Ferner interessiert ihn, *wozu* es da ist und welchen Sinn es erfüllt, damit er es am Ende für einen Zweck nutzbar machen kann. Auf dieselbe Weise möchte auch der wissenschaftlich vorgehende Seelenarzt den psychischen Zustand seiner Kranken erfassen. Er möchte wissen, *wie* die Psyche beschaffen ist und unter welchen normalen und pathologischen Bedingungen der seelische »Apparat« des Menschen »funktioniert«. Darüber hinaus möchte er auf empirischer Basis Methoden erwerben, Einfluß auf die kranke Psyche zu nehmen, um damit seelische Krankheiten zu heilen.

Sigmund Freud hat die Entwicklungsstufen der Seelenheilkunde mit den Entwicklungsstadien des einzelnen Menschen verglichen. Zeitlich wie inhaltlich entspräche die *animistische* Phase der nach der Allmacht strebenden Magie dem *Narzißmus*, das heißt jener Phase, in der das Kind seine Liebe, sein Denken und Fühlen noch ganz dem eigenen Ich zuwendet. Die *religiöse* Phase mit der Übertragung der Allmacht auf ein göttliches Objekt stelle dagegen die *Objektfindung* dar, welche durch die Bindung an die Eltern charakterisiert ist. Die *wissenschaftliche* Phase hingegen hat ihr präzises Gegenstück in jenem *Reifezustand* des erwachsenen Individuums, das unter Anpassung an die Realität sein Objekt in der Außenwelt sucht und findet [1].

Menschen vieler Kulturen und kultureller Epochen haben dieser Entwicklung zugestrebt, wenn auch mit verschiedenem Erfolg. Einige haben niemals eine bedeutsame Höhe erreicht und damit versagt, aus dem Wirkungskreis der Magie herauszukommen. Andere Zivilisationen, einschließlich der unsrigen, haben sich einem wachsenden Rationalisierungsprozeß unterworfen, der auf dem Gebiet der Natur- und Geisteswissenschaften nichts mehr unentdeckt lassen will. Dazu sei am Rande vermerkt, daß C. G. Jung und seine Schüler in dieser zunehmenden Rationalisierung bereits eine Krankheitserscheinung mit verhängnisvollen Folgen sehen, da durch die Überdifferenzierung der bewußten Denkvorgänge die unbewußten Funktionen vernachlässigt werden.

Antike Heilkunde

So könnte man die Geschichte der Heilkunst als einen Niederschlag von unermüdlichen Bestrebungen beschreiben, aus dem Zaubertrank der primitiven Magie eine Medizin von beständig zunehmender wissenschaftlicher Reinheit zu destillieren.

Die ersten Schritte zu einer solchen Entwicklung bestanden darin, in grundlegenden Erfahrungen und Erkenntnissen Werkzeuge zu entwickeln, die für eine solche Aufgabe unerläßlich sind. Solche Erkenntnisse wurden – wenn wir von den chinesischen und indischen Heilkundigen absehen – von den großen Denkern des klassischen Altertums, insbesondere von Sokrates, Platon und Aristoteles, formuliert.

Platons Gedankensystem konzentrierte sich auf die Welt der Ideen und die Natur der Seele. Er war der spekulative Philosoph und hatte nur wenig Sinn für die objektiven Aspekte der Verhaltensweisen der Seele. Aber einige seiner Erkenntnisse, vor allem diejenigen über die Instinkte und Triebe sowie über die Natur der Träume und der »unbewußten Erinnerungen«, haben einen bedeutenden Einfluß auf unser abendländisches Denken gewonnen, wurden sie doch von Freud wieder zu neuem Leben erweckt.

Als Zeitgenosse von Perikles und Hippokrates, als Schüler des Sokrates und als Lehrer von Aristoteles erreichten in Platon die Ideen der alten griechischen Zivilisation ihren Höhepunkt. Zweifellos aber haben auch die Religionsphilosophien eines Buddha und Laotse seine Anschauungen geformt.

In den klassischen Dialogen des Platon können wir den Beginn des wissenschaftlichen Denkens erblicken. Im Gespräch mit Hermogenes beschreibt Sokrates die Seele als »das, was bei dem Leibe ist« und sieht in ihr »die Ursache seines Lebens«. Seele ist nach ihm die Kraft, die das Leben leitet und das Sein hält. Der Leib schließt die Seele ein wie ein Gefängnis, als ob sie – wie die Orphiker meinen – Strafe leiden müsse [2].

Neben diesem Primat der Seele beschäftigte sich Platon zugleich mit der Therapie *(therapeia)* dieser Seele. Er benützte dafür nicht den Begriff *diakonos,* der später als christlicher Dienst am Hilfsbedürftigen gelten sollte und der das Dienen im Sinne sklavischer Dienstbeflissenheit meint. »Therapeia« hat eine Beziehung zum Gottesdienst und bedeutet zugleich Rücksichtnahme, Teilnahme und hochachtungsvolle Verehrung. Seelentherapie ist darum ein echt platonischer Begriff.

Im 41. Kapitel des »Timaios« unternimmt Platon den Versuch, ein systematisches Bild von den Geisteskrankheiten zu entwerfen. Er schildert die affektiven Erkrankungen von Manie und Depression, wie sie kaum besser in einem heutigen Lehrbuch der Psychiatrie beschrieben werden könnten. »Ist ein Mensch überheitert oder im Gegenteil depressiv, so bemüht er sich, das eine unmäßig zur Unzeit zu ergreifen, das andere zu fliehen, und er vermag nicht richtig zu hören und zu sehen, er rast und ist nicht imstande, am vernünftigen Denken – dies am allerwenigsten – teilzunehmen.« Platon nimmt für dieses *seelische* Leiden eine *körperliche* Ursache an, nämlich eine überreichliche Spermaproduktion, die zu gesteigerten Lüsten und Begierden führt. Weil so infolge eines körperlichen Leidens die Seele erkrankt und »unvernünftig« *(aphron)* wird, wird der Kranke »zu Unrecht moralisch getadelt. Denn niemand«, so fährt Platon fort, »ist aus freien Stücken schlecht, aber infolge krankhaften Verhaltens des Körpers oder mangelhafter Erziehung wird das Schlechte schlecht, und dies geschieht ihm mißhellig und wider Willen. Und wiederum infolge dieser Verzweiflungen bekommt die Seele infolge des Körpers viel Schlechtigkeit.« [3]

In diesen Ausführungen des «Timaios» nehmen wir zum ersten Mal von einem somatischen Determinismus Kenntnis. Er steht ganz im Gegensatz zu der Eigenverantwortlichkeit des Menschen, die – in steter Sorge um die Erziehung der Seele – das eigentliche Thema des Sokrates [4] war. Aus keiner anderen Stelle begegnet uns in den Schriften Platons nochmals ein solcher Determinismus, der von dem Grundsatz ausgeht, daß niemand aus freien Stücken schlecht sei.

Für Platon sind zum ersten Mal Leib und Seele zu einer Einheit verschmolzen. Darum sind Gesundheit und Krankheit nur noch im Zusammenhang mit dieser psycho-somatischen Einheit zu sehen.

Auch bei Aristoteles wird der psycho-somatische Zusammenhang deutlich. Er nahm an, daß »alle Erfahrungen der Seele nur in Verbindung mit einem Leibe zustande kommen« und vermutete, daß in den psychischen Symptomen wie »Entschlossenheit, Nachgiebigkeit, Furcht, Mitleid, Mut, auch Freude, sowie Lieben und Hassen ... auch mit dem Leibe etwas vorgeht«. Aristoteles beobachtete aber auch, daß Angstgefühle infolge körperlicher Zustände auftreten können, ohne daß dem Menschen etwas Furchtbares widerfährt. »Wenn es aber so ist«, so folgerte er, »dann enthalten offenbar diese Eigenschaften schon in ihrem Begriff etwas Stoffliches« [5].

Aristoteles' Begriff von der *psyche* sollte nicht nur die Seelenheilkunde, sondern die gesamte Medizin bis fast in die Neuzeit hinein prägen. Für ihn war die Seele etwas, was geübt und bis an die Grenze der Vollkommenheit weiterentwickelt werden kann. Ihre Tugenden lassen sich sowohl durch körperliche Übungen wie Gymnastik, als auch durch Musik und Kunst ausbilden. Bei ihm lernen wir zum ersten Mal etwas von Psychagogik kennen – ein Begriff, unter dem wir heute die moderne »Seelenführung« verstehen.

Hippokrates – im Gegensatz zu Platon – war ein Arzt, der auf eine klinische Erfahrung zurückgreifen und sich dabei auf methodische Beobachtungen stützen konnte. Wenn wir ihn heute den »Vater der Medizin« nennen, dann wohl vor allem deshalb, weil er den ersten Versuch unternahm, die Wissenschaft von der Philosophie und dem magisch religiösen Glauben zu trennen. Obgleich er sein Denken in der Hauptsache auf die körperlichen und dispositionellen Aspekte der Krankheit richtete, so erreichte er zugleich einen hohen Grad des psychologischen Verständnisses der Geisteskrankheiten, wie ihn nur wenige vor ihm hatten.

In den Blut- und Hirntheorien entwickelte Hippokrates zwei entgegengesetzte Theorien über die Lokalisation der seelischen Störungen. Einmal beziehen sich diese auf das Blut, das für den Verstand »alles« bedeutet, zum anderen sah er zum ersten Mal im Gehirn das konstituierende Organ der Seele. Das Gehirn vermittelt das Bewußtsein und nimmt alle Sinneseindrücke auf. Darum ist es auch der Sitz der Ursache von Störungen der Sinneswahrnehmungen sowie des Bewußtseins:

»Die Menschen müssen ferner wissen, daß uns von nirgendsanders her Freude und Frohsinn, Lachen und Scherzen kommen als daher, woher auch Trauer und Kummer, Mißmut und Weinen herrühren. Durch dieses (Organ) erhalten wir in erster Linie die Sinnesempfindungen, durch dieses denken, sehen, hören und beurteilen wir das Häßliche und Schöne, das Böse und Gute, das Angenehme und Unangenehme, indem wir dies teils dem Herkommen nach unterscheiden, teils an seiner Nützlichkeit erkennen. Je nach den Umständen unterscheiden wir damit das Erfreuliche und Unerfreuliche, und deshalb gefällt uns nicht ein und dasselbe. Durch eben dieses (Organ) geraten wir aber auch außer uns und delirieren. Angst und Schreckbilder treten teils nachts, teils am Tage bei uns auf, ebenso Träume, unzeitige Irrtümer, unbegründete Sorgen, Unkenntnis über den gegenwärtigen Zustand, Ungewohntes und Unerfahrenheit. *All dies widerfährt uns durch das Gehirn, wenn es nicht gesund ist,* sondern wenn es entweder wärmer oder kälter, oder aber feuchter (durchtränkter) oder trockener geworden ist, als es seiner Natur entspricht, oder wenn es in irgendeinen anderen naturwidrigen Zustand, den es nicht gewohnt ist, geraten ist.« [6]

Von Galen bis Paracelsus

Mit dem Verfall der griechisch-römischen Zivilisation kam auch der Fortschritt der Medizin des Hippokrates zu einem Stillstand. Doch hatte im zweiten Jahrhundert der spätgriechische Arzt Galen,

(131–203), der als Leibarzt Mark Aurels im kaiserlichen Rom lebte, dafür gesorgt, daß die ärztlichen Gedanken der Antike bis weit ins Mittelalter hinein die medizinische Lehrgrundlage bildeten. Seine zusammenfassenden Darstellungen der antiken Heilkunst wurden zum klassischen Lehrbuch, das nahezu kirchenrechtliche Immunität genoß, nicht zuletzt deshalb, weil sich Galens philosophische Schriften mit der christlichen Lehre vereinbaren ließen. Galen erklärte die Philosophie als unerläßliche Voraussetzung aller Wissenschaft, besonders der Medizin, die nur aus dem Wissen um die körperlich-seelischen Zusammenhänge erfolgreich wirken könne. Aber auch in der Krankheitsbestimmung und -voraussage waren seine Leistungen ebenso grundlegend wie in der Arzneimittel- und Körperbaulehre.

Es sei hier vorwegnehmend bemerkt, daß die christliche Kirche und Theologie in ihren Anfängen kaum Anteil an der beginnenden Entwicklung der medizinischen Wissenschaft genommen hatte. Vielmehr traten im Christentum des Mittelalters unabhängig vom Stand der ärztlichen Heilkunst zunehmend wieder magische und abergläubische Züge auf, was dazu führte, daß die Geistlichkeit die Rolle des Priester-Arztes übernahm und, statt Kranke zu heilen, Teufel austrieb und Besessene verbannte. Damit hatte man sich erneut den primitiven Vorstellungen vom dämonischen Ursprung der Geisteskrankheiten verschrieben.

So wie sich Galen an die Erkenntnisse des klassischen Altertums anlehnte, wurden diese später noch einmal durch eine Reihe von Gelehrten, vorwiegend der arabischen und jüdischen Welt, wiederbelebt.

Avicenna (980–1037) [7], der arabische Arzt, Wissenschaftler, Philosoph und Dichter, verdient deshalb unser Interesse, weil er Platons und Aristoteles' Begriffe über die Seele in das medizinisch-wissenschaftliche Denken einführte. Seine eigenen Schriften umfassen eine umfangreiche Enzyklopädie der Medizin. Seine Betonung der Einheit der Seele und der Rolle des Bewußtseins geht über die traditionellen Auffassungen des Aristoteles weit hinaus.

Auch Moses Maimonides (1135–1204) war Philosoph und Arzt, aber er war zugleich auch ein bedeutender jüdischer Theologe seiner Zeit. Neben der Niederschrift einer allgemeinen Gesundheitslehre befaßte er sich vorwiegend mit den seelischen Stimmungslagen. Für den Psychotherapeuten ist jene Stelle aus einem Sendschreiben an den depressiven Sohn des Sultans Almalik zu Fostal interessant, die zunächst die ausführliche Beschreibung einer reaktiven Depression ist.

Dann gibt Maimonides den Hinweis, wie die Ärzte die »seelischen Bewegungen« beobachten und erforschen und danach trachten sollten, dem Kranken seine depressiven Affekte zu nehmen. Die Stimmungslage zu heben, ist »das erste bei der Heilung eines jeden Kranken, und ganz besonders bei seelisch Erkrankten, wie zum Beispiel bei den Leuten mystischer Stimmung und Melancholikern, denn das Beobachten der seelischen Erregungen bei dieser Art ist sehr wichtig. Ebenso bei jedem, dessen sich ein Wahn und eine fixe Idee bemächtigt, oder ein Angstempfinden vor etwas, wovor man nur möglicherweise Angst haben könnte, oder ein Versagen der Freude über das, womit man sich gewöhnlich freut, ja bei allen diesen soll der Arzt nichts vor der Hebung ihrer Seelenzustände vornehmen, indem er eben diese Erregungen beseitigt ...« [8]

In der Scholastik begegnet uns die Hl. Hildegard von Bingen, die in den »Causae et curae« auf der Humoralpathologie des Hippokrates basiert und eine enge psychosomatische Beziehung der seelischen Zustände aufzeigt. Der Mensch habe seinen Bestand aus den vier Elementen. Die rechte Ordnung der Elemente ist Gesundheit; Krankheit dagegen ist diskordante Funktionsstörung. Die Störung dieser Harmonie der Elemente führt sie zu einer psychosomatisch begründeten Psychopathologie: »Der Mensch aber, der solches Durcheinander und solche Widersprüchlichkeit in seinem Körper auszustehen hat, wird hirnwütig werden. Da nämlich seine inneren Säfte sich dermaßen widereinander auflehnen, muß jener Mensch wider sich rasen und würde sich selber umbringen, wenn er nicht in Stricke gelegt würde. Dies sein Verhalten dauert so lange, bis sich das Schaumige und Lauwarme ausgetobt haben und bis sie wieder zur alten Ordnung finden; ein solcher Mensch aber wird nie alt ...« [9]

Für den Psychoanalytiker von heute ist die Darstellung der Hl. Hildegard von Weinen und Lachen von besonderer Bedeutung. Indem sie nämlich im Weinen und Lachen eine sexuelle Abreaktion sieht, begründet sie damit eine Sexualtheorie, die der Libidotheorie Freuds voranging.

Die »Passiones animae» des Thomas von Aquino [10] sind die erste zusammenhängende Darstellung einer systematischen Ordnung und Lehre von den Leiden der Seele. Der Begriff *passio* entspricht dem aristotelischen *pathos*. Subjekt der »passio« ist nicht die Seele an sich, sondern sie ist es nur in der Verbindung mit dem Körper. Diese »passiones« sind actus compositi, wie bei Artistoteles *pathe* Bewegungen der Seele darstellen, aber so, daß die Seele nicht selbst Bewegung, sondern deren Prinzip ist. Die Auffassung der Verbindung von Körper und Seele als »Form« und als »bewegendes Prinzip« enthält die Ansätze für die heutige psychosomatische Medizin und Lehre von der Psychodynamik. [11]

Noch einmal setzte sich gegen Ende des Mittelalters und zu Beginn der Renaissance die Vorstellung durch, daß Kranke des Geistes von Dämonen besessen seien. Geisteskranke (heute würden wir eher von Hysterikern sprechen) wurden zu Tausenden als Hexen auf den Scheiterhaufen der Inquisition verbrannt. Doch es wäre falsch, aus solchen Verirrungen zu schließen, im Mittelalter gebe es nur solche Entgleisungen und Aberglauben. Das katholische Sakrament von der Buße und Reue war ein wichtiger Schritt zur seelischen Gesundheit, zeigen sich doch Ansätze für die zukünftige »kathartische« Form der Psychotherapie. Auch die Ordensgründungen in der katholischen Kirche gegen Ende des 13. Jahrhunderts zeugen von einer liebevollen Fürsorge und einem aufrichtigen Verständnis für die Kranken.

Wir wollen uns hier aber ins Gedächtnis zurückrufen, daß selbst Martin Luther in den Geisteskrankheiten Dämonen am Werk sah. »Wo ein melancholischer Kopf ist, da hat der Satan seine Badestätte«, schrieb er. Er selbst glaubte daran, daß der Teufel ihm Krankheiten geschickt habe, wie z. B. die Ohnmachten, an denen er um 1531 litt. Auch über die Krankheit Melanchthons äußert er sich im gleichen Sinne, daß sie ein buchstäblich höllisches Feuer darstelle. So glaubt Luther noch an »Spezialteufel« im biblischen Sinne, die er von den antiken Luft- und Wassergöttern übernimmt. [12]

Doch es war ein Zeitgenosse Luthers, der aus der Schweiz stammende Arzt und Naturforscher Paracelsus (1493–1541), der auch hinter den körperlichen Krankheiten seelisch-geistige Ursachen erkannte. Im Geiste der Renaissance, die die alte klassische Tradition wiederentdeckte und somit mit den mittelalterlichen Auffassungen und Dogmen brach, setzte er die Beobachtung an die Stelle der sklavischen Abhängigkeit vom Dogma. Er schob die alten hippokratisch-galenischen Anschauungen beiseite, die die Ursachen der Krankheiten in angeborenen körperlichen Faktoren suchten. Er sah die Geistesstörungen einmal als natürliche Krankheiten im engeren Sinne, zum anderen aber in einer christlich anthropologischen Schau. In beiden Auffassungen spiegelt sich entsprechend dem neuplatonischen Weltbild seiner Zeit eine neuartige Konzeption von den seelischen Erkrankungen. Niemals sah Paracelsus eine Sache isoliert an, sondern immer im Zusammenhang mit einer Fülle von gesetzmäßigen Beziehungen mit dem Gesamtkosmos. Damit hielt er die Verbindung mit der antik-hellenischen Tradition aufrecht. Doch indem er mit den anderen Traditionen bricht und sich auf seine eigenen Beobachtungen und Forschungen verläßt, reicht er über seine Zeit weit hinaus.

Paracelsus war zugleich Alchemist und Astrologe. Durch die Anwendung chemischer Arzeneien wurde er zum Begründer der neuen Heilmittellehre und wies den Alchemisten ein lohnenderes Ziel, als es die Goldsuche war. Die körperlichen Faktoren, in denen Galen die Ursachen der Krankheiten erkannte, ersetzte er durch solche, die unbewußte und unabwendbare Beziehungen zu den Sternen haben. Er wußte, daß die Sterne des Schicksals in der eigenen Brust verankert sind. Damit forderte er den überholten Glauben an die Vorsehung heraus. Für ihn waren die Ursachen der Geisteskrankheiten nur teilweise durch körperliche Agentien bedingt. Einige schienen dem klaren Beobachter von funktioneller Natur. Er glaubte an die Möglichkeit einer psychologischen Veränderung, obgleich er sich mehr in mystischen und alchemistischen als in psychodynamischen Begriffen ausdrückte. Er war ein Magier und Psychotherapeut zugleich.

Seine Schriften nehmen immer wieder zu der Haltung des Arztes und dessen Ethos Stellung, indem er die Barmherzigkeit als Ausdruck der Liebe zum Kranken preist: »... auf das so wissent, das sich der arzt zur lieb treiben und nötigen sol. auf das leg ich im für die krankheit caducum, das er sich dieselbigen lass bewegen, die also erschröcklich vor unsern augen ligt und betrachte in im selbst sein ampt das im der gesunt zu machen zustehet, das got den im für die augen gelegt hat, das er durch den kranken got loben sol und preisen in seinen werken. nit das er mit dem verzweifelten sathan sag, es ist unmüglich. der Arzt sol got ein grössers und merers vertrauen und wissen, das got allen krankheiten ir arznei geschaffen und gegeben hat, die du lernen und erfaren soltest ...« [13]

Von der Aufklärung zur Psychiatrie

Seit Renaissance und Reformation können wir in der Entwicklung der Naturwissenschaften beobachten, wie alles, was vom Erbe der Magie übrig geblieben war, nun zum Gegenstand eines graduellen

Prozesses der Rationalisierung wurde. So wie die Religion zunehmend säkularisiert wurde, wurde auch die Magie »säkularisiert« und durch die Wissenschaft der Erforschung ausgesetzt. Mit wissenschaftlichen Methoden wurden die magischen Kuren und Wunderheilungen untersucht und Erkenntnisse gewonnen, die schließlich zur wissenschaftlichen Behandlung der Seele führten. Dabei ist es nicht verwunderlich, daß immer wieder offenkundige Rückschläge neue Versuche hervorgerufen haben, den Brückenkopf zu erweitern und zu sichern, den die Wissenschaft in einem Universum gewonnen hatte, das mit den Mysterien und Gefahren aus dem Unbekannten und Unbewußten angefüllt war. Ähnlich wie die Gewalttätigkeit der mittelalterlichen Hexenverbrennungen, die gegen die drohende Rückkehr der Magie gerichtet waren, erkennen wir auch in der Gegenwart Entwicklungen, die immer wieder auf eine Renaissance der Magie schließen lassen, wovon später noch zu sprechen sein wird. Doch letztlich begann mit dem Zeitalter der Aufklärung jene Form des rationalen Denkens, die die wissenschaftliche Erkenntnis und Bewältigung der Natur endgültig an die Stelle der Magie setzt.

Wiederum beschäftigen sich vorwiegend Philosophen mit dem Leib-Seele-Problem, und nicht die Ärzte. In der Philosophie von Descartes und Spinoza wurde das Verhältnis von Geist und Seele von dem unüberbrückbaren Gegensatz von Immateriellem und Materiellem, zwischen Geist und Materie beherrscht. Die Vereinigung von Leib und Seele war für sie entweder ein Wunder oder eine ewige göttliche Handlung [14].

Bei Leibniz (1646–1716) sind diese Gegensätze zum ersten Mal in einem neuen Kraftbegriff aufgelöst. Kraft ist ein metaphysisches Prinzip. Seele ist dauernd in Bewegung, gleich ob wir wachen oder schlafen. Träume sind der Ausdruck der Bewegung, und wir träumen immer, auch wenn wir die Träume vergessen. So öffnen Leibniz' philosophische Gedanken das Tor für alle späteren Theorien über das Unbewußte und bilden die Grundlage für die Psychoanalyse und tiefenpsychologischen Schulrichtungen der Gegenwart [15].

Kant unternahm bereits den Versuch, ohne praktische Kenntnisse und ohne experimentelle Grundlagen eine allgemeine Psychopathologie zu formulieren. Dieses Bedürfnis entsprach dem Menschen seiner Zeit, der sich als ein der Vernunft begabtes Wesen seinen eigenen Zweck setzte. Kant wollte den im Gehirn zurückbleibenden Spuren von Sinneseindrücken nachspüren und damit die Anthropologie zur

Welterkenntnis erweitern, sie pragmatisch abhandeln. Er wollte also untersuchen, was der Mensch als frei handelndes Wesen aus sich selber macht. Dem Abschnitt vom »Bewußtsein seiner selbst« stellt Kant folgenden Satz voraus: »Daß der Mensch in seiner Vorstellung das Ich haben kann, erhebt ihn unendlich über alle anderen auf Erden lebenden Wesen«. [16] Wie wir später sehen werden, ist es erst der Weiterentwicklung der Psychoanalyse und der in ihr verankerten Ich-Psychologie gelungen, Kantsche Vorstellungen vom Ich und Über-Ich psychologisch zu erfassen.

Schließlich aber hat mit den französischen Ärzten Philippe Pinel und Esquirol die klinische Psychiatrie ihren Anfang genommen. Pinels (1745–1826) [17] berühmtes Werk über die Geisteskrankheiten unterstreicht die Notwendigkeit einer »deskriptiven Methode« unter Ausschluß der Symptomatik. Seine Betonung des engen Zusammenhanges vom allgemeinen Geschehen menschlichen Geistes und medizinischer Wissenschaft läßt den neuen Zeitgeist erkennen, der seiner Betrachtungsweise innewohnt. Auch Esquirols (1772–1840) [18] Lehrbuch von der allgemeinen Psychopathologie ist das Werk eines Wissenschaftlers, der in den seelischen Störungen Krankheiten des Geistes sieht, die in den Forschungsbereich der Medizin gehören. Unter Pinel wurden die Geisteskranken aus ihren Gefängniszellen befreit und in Krankenhäusern untergebracht, während von Esquirol das »Irrenwesen« organisiert wurde, so daß die auf Vorurteilen beruhenden barbarischen Behandlungsmethoden allmählich weichen konnten. Psychische Symptome wurden klinisch beobachtet und zu Krankheitsbildern vereinigt.

So war das ganze neunzehnte Jahrhundert gekennzeichnet durch die Erforschung der Krankheiten des Geistes, bis am Ende dieses Jahrhunderts und zu Beginn der Jahrhundertwende eine klar umrissene Einteilung organischer und funktionell bedingter seelischer Störungen bekannt war, die mit dem Namen großer deutscher Forscher verbunden ist.

Wilhelm Griesinger (1817–1868) stand am Anfang einer deutschen Psychiatrie, die ihren Höhepunkt mit Kraepelin erreichte. Für ihn stellten Psychiatrie und Neurologie »*ein* Gebiet dar, wo alles eine Sprache spricht und von denselben Gesetzen regiert wird«. Mit dem Satz, daß mit jedem Schritt, den die Hirn- und Nervenpathologie nach vorn tut, auch die Psychiatrie gefördert wird, dokumentierte er sein organpathologisches Denken, das seine Zeit beherrschte. Seine

Vorlesungen an der Berliner Charité fanden ihren Niederschlag in einem ersten umfassenden Lehrbuch über »Die Pathologie und Therapie der psychischen Krankheiten für Ärzte und Studierende« [19].

Vor allem aber sind es drei Männer, die mit der Erforschung des Krankheitsbildes der Dementia praecox eng verbunden sind. So beschrieb Hecker im Jahre 1871 erstmalig die Hebephrenie als eine Sonderform dieser Erkrankung, indem er sich auf eine Aufstellung Kahlbaums bezog, während der letztere drei Jahre später die Katatonie als Symptombild umfassend darstellte. Aber erst Emil Kraepelin (1856–1926), dem Münchener Psychiater, verdanken wir die Gesamtdarstellung der Dementia Praecox, die eine Ordnung in das klinisch-psychiatrische Chaos durch seine scharfe Beobachtung und Klassifikation brachte, indem er diese Krankheit von der manisch-depressiven Geistesstörung trennte.

Auf dieser grundlegenden psychiatrischen Forschung aufbauend, führte schließlich der Schweizer Psychiater Eugen Bleuler (1857–1939) im Jahre 1911 für das Krankheitsbild der Dementia Praecox den Begriff der Schizophrenie ein, der dem Wesen der Krankheit – dem Gespaltensein – Rechnung trug und bis heute Gültigkeit hat [20]. In seinem Werk über die Schizophrenie [21] versucht Eugen Bleuler die seinerzeit gültigen schulpsychiatrischen und psychoanalytischen Ideen miteinander in Einklang zu bringen. Damit stellte er die erste Verbindung mit der neuen Richtung der Tiefenpsychologie Freuds her, die für die Psychiatrie wie für die gesamte Medizin entscheidend werden sollte. So hielt Bleuler die intrapsychischen Komplexe, wie sie Freud beschrieben hatte, auch für die schizophrenen Erscheinungsformen verantwortlich, und suchte nach einer Theorie, mit deren Hilfe diese Symptomatologie mit organischen Ursachen in Zusammenhang gebracht werden konnte. Das Ergebnis ist allerdings bis auf den heutigen Tag enttäuschend geblieben [22].

Doch zunächst war in der »klassischen« psychiatrischen Lehre nicht viel Raum für eine *seelische* Beeinflussung seelischer Krankheiten geblieben. Man war froh, die spekulativen Elemente aus der Medizin verbannt zu haben, und erinnerte sich nur mit Unbehagen an einen Mesmer (1734–1815), der in der bekannten »magnetischen Technik« jene Harmonie erzeugt haben wollte, die in der Arzt-Patienten-Kommunikation so wesentlich war [23].

Immerhin waren es einige französische Ärzte wie Pierre-Marie, Bernheim, Charcot und Janet, die sich an Mesmer und seinen »tierischen Magnetismus« erinnerten. Mesmer hatte geglaubt, daß durch ein unbekanntes Fluidum Wirkungen von einem Menschen auf den anderen übergingen, weil er wahrgenommen hatte, wie er Kranke durch einfaches Auflegen der Hände in merkwürdige tranceartige Zustände versetzen konnte. Manchmal hatten diese »magnetischen« Einflüsse auch zu Aufsehen erregenden Heilungen von angeblich organischen Krankheiten wie Blindheit, Lähmungen, oder »Stauungen« der Milz und Leber geführt. So war sich Mesmer zwar bewußt, daß es auf den »Rapport« zwischen Arzt und Therapeut ankam, wohl aber blieb ihm verborgen, daß sich hinter diesem »animalischen Magnetismus« eine Bindung von grundsätzlich psychologischer Natur verbarg, in der die moderne Psychotherapie eine unbewußte Suggestion erblickt.

Charcots Studium der Hypnose und der Krankheitsbeeinflussung durch »Ideen« sowie Bernheims Befreiung der Hypnose von allem »magnetischen« und mysteriösen Beiwerk führte schließlich zu der Entdeckung eines rein psychisch bedingten Krankheitsbildes und der Erfahrung, durch Suggestion auf eine solche Krankheit einzuwirken. Für die »Hysterie« und ähnliche Zustandsbilder gebrauchte Bernheim erstmalig den Begriff der »Psychoneurose«. Wahrscheinlich ahnte er schon, daß manche Handlungen der Psychoneurotiker frei von »bewußter« Absicht, aber auch ohne »bewußte« Ursache sind.

Charcots und Bernheims Forschungen führten zwei Schüler an die Salpêtrière von Paris: Janet, der die Grundlage für eine erklärende Psychopathologie legen sollte, ohne allerdings in die Tiefe der neurotischen Krankheiten vorzudringen, und den Arzt und Neurologen aus Wien, Sigmund Freud (1885), der – wie nur wenige Forscher vor und nach ihm – das Bild vom Menschen umwälzend verändert hat [24].

Hatte mit Pinel die erste eigentliche psychiatrische Revolution stattgefunden, die den Geisteskranken aus den Ketten der Gefängnisse befreite, so führten Freuds Entdeckungen zu einer zweiten, der die Erkenntnis zugrunde lag, daß sich von nun an die Erkrankungen der Seele psychologisch erforschen ließen [25].

Der Weg ins Unbewußte (Psychoanalyse)

Die Entdeckung des Unbewußten aus dem Studium der Neurose

Das Werk Sigmund Freuds [26] ist das Resultat einer geschichtlichen Entwicklung, an der wir heute noch teilnehmen. Zweifellos gehört es zu den großen epochemachenden Leistungen, die einen Meilenstein in der Geschichte des menschlichen Strebens und der Kultur darstellen und mit den Entdeckungen eines Kopernikus und Galilei verglichen werden können.

An der Gestaltung des Menschen unseres Jahrhunderts hat Freud zweifellos einen großen Anteil. Er war einer der großen Anreger der Menschheit, die Auswirkungen seines Werkes sind noch völlig unübersehbar. Was er zutage förderte, war vielfach erschreckend, und oft klang seine Stimme düster und glaubenslos. Er schuf eine neue rationale Mythologie, die die kindliche Sexualität aufdeckte und forderte, alles was jenseits unseres Bewußtseins, jenseits unserer Verantwortung liegt, ernst zu nehmen. Er führte den Menschen zurück zum Mythos des Altertums und bewirkte damit einen Aufruhr, den kaum ein Gelehrter vor ihm hervorgerufen hatte.

Wenn sich auch heute sein Werk infolge seiner unbeirrbaren Offenheit durchgesetzt hat und Gemeingut aller ernsthaft denkenden Menschen geworden ist, so bedeutet das nicht, daß der Kampf um seine Lehre abgeschlossen ist. Vielmehr erscheinen heute Freuds Theorien kaum mehr als Lösungen, sondern als einleitende Versuche, ein äußerst kompliziertes Erfahrungssystem weiterzuentwickeln und auszubauen. Die kritische Auseinandersetzung mit seinem Werk hat erst begonnen und die Psychotherapie in Bewegung gebracht.

Freuds frühe Experimente mit der Hypnose und Hypnotherapie stützen sich ganz auf Liébaut, Bernheim und Charcot. Doch sein Hauptwerk – die Psychoanalyse – sowohl als Heilmethode zur Therapie seelisch bedingter Erkrankungen als auch als Theorie über das menschliche Erleben und Verhalten, ist ohne Vorbild. Dem französischen Psychiater Pierre Janet, der ihm voraus war, einen ersten Einblick in unbewußte Faktoren zu gewinnen, die als sogenannte psychologische Automatismen in ursächlichem Zusammenhang mit der Hysterie stehen, gelang es jedoch nicht, die Rolle der Sexualtriebe und deren Verdrängung im Entstehen dieser Krankheit zu erkennen. Theoretisch drang Freud in ein Gebiet vor, das früher schon von dem Philosophen Eduard von Hartmann und dem Psychologen Th. Lipps erforscht worden war. Auch waren einige seiner Hauptschlußfolgerungen durch den deutschen Arzt und Romantiker C. G. Carus ein halbes Jahrhundert vorweggenommen, während Frederick Myers, der Gelehrte und Gründer der englischen Gesellschaft für Psychologische Forschung, fünfzehn Jahre vor Freud zu der Konzeption des »sublimal self« gelangt war, ohne jedoch dessen weitreichende klinischen Möglichkeiten zu erfassen. Der bekannte Wiener Arzt Josef Breuer war zu Beginn Freuds Mitarbeiter und Mentor in der hypnotischen Behandlung hysterischer Patientinnen. Doch Freuds unbeirrtes und zielsicheres Hinsteuern auf die sexuellen Probleme seiner Kranken führte bald zu der Trennung beider Forscher, wie er sich auch von vielen anderen früheren Lehrern und Mitarbeitern entfernte.

Im Gegensatz zu anderen großen Forschern und Gelehrten, die ihre großen Entdeckungen in der Isolation machten, hat sich Freud nicht in den Elfenbeinturm scholastischer Philosophen und Theoretiker vergangener Epochen zurückgezogen. Seine Theorien und seine neuen Behandlungsmethoden gründen sich ausschließlich auf zahlreiche umsichtige und scharfe Beobachtungen sowie therapeutische Experimente, in denen sich Fall an Fall reiht. So stehen uns die veröffentlichten Krankengeschichten der Emmy von N. [27], der Miss Lucy R. [28], von Dora [29], dem kleinen Hans [30], Herrn Schreber [31] und vielen anderen zur Verfügung. Sie sind das Ausgangsmaterial für seine tiefenpsychologischen Theorien über das menschliche Verhalten sowie für seine Heilmethode.

In diesem historischen Zusammenhang gesehen, ragt Freuds Werk aus der weiten Ebene und Hügelkette vorangegangener Jahrhunderte wie ein gigantischer Berg empor. Die folgende kurze Zusammenfassung seiner Entdeckungen und Erkenntnisse vermag kaum seinen Beitrag zur Seelenheilkunde zu würdigen.

Zwei grundlegende Erkenntnisse der Psychoanalyse – wie er seine Forschungsrichtung nannte – mußten in einer Zeit, da man in der streng naturwissenschaftlich vorgehenden Medizin alle lebendigen Vorgänge auf exakte mechanische Erklärungen zurückführte und dabei umwälzende Fortschritte erzielt hatte, wegen ihres revolutionären Charakters in offenen Widerspruch zur Wissenschaft geraten. Die *eine* Entdeckung Freuds bezog sich auf die ungeahnte Reichweite des

Seelischen von den bis dahin bekannten *bewußten* seelischen Prozessen bis in die tiefe Welt der *unbewußten* seelischen Vorgänge sowie deren Zusammenhänge mit dem Körperlichen. Diese Wiederbelebung Platonischer Ideen stellte die bislang gültige Trennung in Physisches und Psychisches erneut in Frage. Mit dieser Konzeption aber schuf Freud zugleich die »Psychologie der tieferen Schichten« oder *Tiefenpsychologie,* die versucht, jene seelischen Prozesse zu erforschen, die dem Bewußtsein nicht direkt zugänglich, aber dennoch für Erlebnisse und Verhaltensweisen bestimmend sind.

Die *zweite* Entdeckung, die sich aus der intensiven Beschäftigung mit dem neurotischen Kranken ergab, war die Erkenntnis von der entscheidenden inneren Strukturierung des Menschen in den ersten fünf Lebensjahren. Die seelische Entwicklung des Kindes in diesen Jahren und seine Auseinandersetzung mit der »kleinen« Welt formt – nach den Erfahrungen der Psychoanalyse – seinen Charakter hinreichend genug, um sagen zu können, daß die Würfel bereits gefallen sind, ob ein Mensch als Gesunder oder als Anfälliger die »große« Welt meistern oder an ihr scheitern wird, wenn sich ihm ungünstige Lebensbedingungen entgegenstellen. Auf diesen *psychischen Determinismus,* wie diese Konzeption in der Fachsprache genannt wird, werden wir noch mehrmals zurückkommen.

Freud war als Arzt und Psychotherapeut davon ausgegangen, wie neurotische Symptome zu behandeln seien. Und da auf dem Gebiet der Seelenheilkunde ärztliches Handeln – also Therapie – immer mit wissenschaftlicher Forschung einhergeht, so gelang ihm im Behandlungsverlauf, die den Symptomen zugrunde liegenden Fehlentwicklungen im Kindesalter als Folgen früherer, nicht gelungener Konfliktbewältigungen zu erkennen und zu erforschen. Diese Arbeit nahm ihren Anfang im Studium von grob sinnfälligen, seelisch bedingten Störungen, wie sie in der Hysterie Bernheims – zum Beispiel der psychisch verursachten Lähmung eines Gliedes oder der psychogenen Erblindung – vorliegen, und setzte sich fort in der Erforschung jener Grenzgebiete, wo sich Körperliches und Seelisches miteinander verbinden oder verbünden. Daraus entwickelte sich nicht nur die *Psychosomatik* als ein neuer Zweig der Medizin, sondern das tiefenpsychologische Befassen mit dem Seelischen führte auch zur psychologischen Erschließung der bislang als völlig unzugänglich geltenden Geisteskrankheiten. Darüber hinaus aber gelangte Freud zu einer *Gesamtpsychologie des Normalen,* die nicht nur das Seelenleben des Individuums, vom ursprünglichen Triebe bis zu den höchsten kulturellen menschlichen Leistungen vom Beginn im Neugeborenen bis zur Reife und zum Abbau im Alter umfaßt, sondern die sich auch auf dasjenige der Gesellschaft der Primitiven wie der Kulturvölker erstreckt.

Freud war von der Erkenntnis ausgegangen, daß die Handlungen des Menschen nicht nur von bewußten Gedanken her gesteuert, sondern daß sie auch durch Regungen, Gefühle und Wünsche motiviert werden können, deren er sich nicht bewußt ist. Dieses *unbewußte* Vorhandensein solcher Bewegkräfte führte er auf eine Wächter-Instanz zurück, die den Menschen von ihrem Gewahrwerden schützen möchte. Warum? Freud glaubte, eine ganze Reihe von Gründen entdeckt zu haben, weshalb wir bereits oder gerade schon in unserer Kindheit solche Wünsche und Regungen aus dem Bewußtsein »verdrängen« müssen; ihr Gewahrwerden müßte Schuld und Angst vor Bestrafung verursachen. Einen der wichtigsten Gründe sah er in der Furcht des Kindes, die Liebe und Anerkennung seiner Eltern und Freunde zu verlieren. Aber mit der Verdrängung aus dem Bewußtsein waren solche Regungen noch keineswegs endgültig verschwunden und aus dem Wege geschafft. Vielmehr existieren sie als »Untergrundbewegung« im Unbewußten weiter und verlangen hartnäckig, in irgendeiner Form wieder auftauchen zu können. Schließlich gelingt es ihnen, durch eine Hintertür in maskierter und verkleideter Unkenntlichkeit auf der Bildfläche wieder zu erscheinen, so daß unser bewußtes Denken versagt, in ihnen die alten, aufgegebenen Wünsche wiederzuerkennen.

Auf diese Weise erklärte sich Freud das *neurotische Symptom.* Er theoretisierte, daß mächtige Triebregungen und Wünsche, die durch jenen Wächter vom Bewußtwerden zurückgehalten und verdrängt worden sind, nun im Symptom in einer bis zur Unkenntlichkeit verkleideten Form ihren neuen Ausdruck finden. Auf diese Weise nimmt der Mensch »nur« das Leiden wahr, das ihm das Symptom verursacht; unbewußt aber bleibt ihm die Befriedigung dieser »unerlaubten«, ja verbotenen Wünsche, die – wäre sie bewußt erlangt worden – zu Liebesverlust und Strafe geführt hätte. Damit erkannte Freud zum ersten Mal im neurotischen Symptom die Umwandlung von Kräften, die im Menschen verankert sind. Zugleich aber sah er in dem Symptom eine Ausdrucksform voll tiefer Bedeutung, die zu entschlüsseln und zu enträtseln ihm als Seelenarzt zur wichtigsten Aufgabe wurde.

Aus seinen Beobachtungen über das menschliche Erleben und Verhalten gelangte Freud zu einer Heilmethode seelisch bedingter Krankheiten. Therapie besteht für ihn aus dem Rückgängigmachen jenes Schadens, der durch die kummulierende Wirkung harmvoller Lebenserfahrungen meist aus der frühen Kindheit hervorgerufen wurde. Der Therapeut hilft dem Patienten, seine Vergangenheit noch einmal zu durchleben, und das in einer Weise, die ihm ermöglicht, jene falschen Reaktionen aus den kindlichen Auseinandersetzungen mit Eltern, Geschwistern oder anderen nahestehenden Personen umzugestalten und neuzuorientieren. In seiner Beziehung zum Analytiker wiederholt der Patient noch einmal diese frühen Schwierigkeiten in seinen zwischenmenschlichen Beziehungen. Das ist es, was Freud unter psychoanalytischer Übertragung versteht. Diese Konzeption der Übertragung ersetzt nun jenen Begriff des mysteriösen »Rapports«, von dem Mesmer gesprochen hatte. Nach Freud und seinem Schüler, dem ungarischen Psychoanalytiker Sandor Ferenczi, ist der hypnotische Zustand selbst nichts anderes als ein besonderer Fall von Übertragungssituation, in der sich der Hypnotisierte der Kontrolle einer freundlichen oder autoritären Elternfigur ausliefert.

Diese analytische Interpretation des hypnotischen Zustandes bedeutete einen entscheidenden Schritt in der Geschichte der Seelenheilkunde. Es hatte den Anschein, als ob mit ihr das letzte Element der Magie aus der Behandlung seelischer Leiden entfernt worden ist. Der Weg war für eine rationale Methode der seelischen Behandlung frei geworden, die sich auf der Technik der freien Assoziationen, der Interpretationen von Träumen und der graduellen Integration verdrängter seelischer Inhalte in die Persönlichkeit des Patienten aufbaut.

So brachte Freud Schritt für Schritt mit seiner Denk- und Beobachtungsmethode die Psychotherapie in den Bereich der Wissenschaft hinein. Er sah in dem »psychischen Apparat« einen Gegenstand, der denselben Gesetzen von Ursache und Wirkung unterliegt, die die Natur regieren. In einem solchen System ist nichts dem Zufall überlassen. Jede Fehlleistung der Sprache, jedes Traumbruchstück und jedes neurotische Symptom kann daher nur auf dem Hintergrund der persönlichen Erlebnisse und Erfahrungen des Patienten gesehen werden, bewußt oder unbewußt.

Ziel einer solchen wissenschaftlich orientierten Psychotherapie ist: den kranken seelischen und körperlichen Zustand eines Patienten zu beschreiben, zu erklären und wieder in gesunde Bahnen zu lenken, dies alles aber durch ein dynamisches Verstehen seiner Symptome, seiner Persönlichkeit und seiner Beziehung zu seinen Mitmenschen.

Der Mythos des Ödipus
(Freud und seine Schüler)

Über eine solche Form der Psychotherapie gelangte Freud zu einer Reihe von Entdeckungen, die den Weg in die weiteren Tiefen des Unbewußten freigaben.

Im *Traum* erkannte Freud den *»goldenen Weg« ins Unbewußte.* Wie im neurotischen Symptom und im Versprechen sah er in den Inhalten der Träume den Ausdruck unbewußter Wünsche, deren Bewußtwerden wir uns selbst nicht erlauben und die wir darum über den »Wächter« aus dem Bewußtsein fernhalten. Während des Schlafes wird diese bewußte Kontrolle schwächer, so daß diese Wünsche erwachen und ihren lebendigen Ausdruck wiederfinden können. Doch da sie sich auch hier verkleidet haben, um den Schläfer nicht zu beunruhigen, bleiben sie unerkannt und unbewußt. Aus der Analyse der Träume gelangte Freud zu der Annahme, daß sie aus einer halluzinatorischen Erfüllung dieser irrationalen Wünsche bestehen, wobei er dem Traum die Aufgabe eines Hüters des Schlafes zuschreibt.

So sieht Freud in den motivierenden Bewegkräften unseres Traumerlebens dieselben irrationalen Wünsche, die er auch für das neurotische Symptom verantwortlich macht. Aus seinen praktischen Erfahrungen und der Analyse der Träume neurotischer Patienten gewinnt er die Überzeugung, daß diese Wünsche noch in der Kindheit wach waren, dann aber ein Untergrunddasein führten, bis sie im Traum zu neuem Leben erwachen können. Im Traum erscheint also das »irrationale« Kind mit allen seinen unverhüllten Triebregungen und Wünschen, zum Teil schon nach den Erfahrungen mit jenen Verboten der Gesellschaft, die zu Verdrängungen führten.

Für Freud besitzt das Kind viele irrationale Impulse, die der Ordnung der Erwachsenen-Gesellschaft geradezu ins Gesicht schlagen und darum als asozial bezeichnet werden müssen. An Erwachsenen-Maßstäben gemessen, ist darum das Kind ein asoziales und unmoralisches Wesen, was besonders auf seine sexuellen Impulse zutrifft. Freud hatte die Gabe zu erkennen und den Mut zu bekennen, daß alle Triebregungen des Kindes, die – sollten sie später beim Erwachsenen auftreten, als Perversionen bezeichnet werden müßten – beim Kind Teil seiner normalen sexuellen Entwicklung sind. Diese Triebenergie oder *Libido* – wie er sie nennt – konzentriert sich beim Kind zunächst um den Mund, durch den dem Säugling der größte Teil seiner Befriedigung zuteil wird, später steht sie im Zusammenhang mit der Stuhlentleerung, und schließlich zentriert sie sich auf die Genitalien. Das Kind hat deutlich wahrnehmbare sadistische und masochistische Regungen, es ist ein Exhibitionist und auch ein kleiner Voyeur. In narzistischer Weise liebt es zunächst nur sich selbst, ist eifersüchtig und voll destruktiver Impulse gegen seine Rivalen. Das Triebleben des kleinen Jungen und Mädchen wird in einer bestimmten Entwicklungsphase überragend beherrscht von inzestuösen Empfindungen gegenüber dem Elternteil des anderen Geschlechtes, dem sich das Kind anhänglich fühlt, während es den gleichgeschlechtlichen Elternteil haßt. Nur die Furcht vor der Vergeltung des gehaßten Rivalen läßt das Kind diese inzestuösen Wünsche verdrängen. Indem sich der Knabe schließlich mit den Geboten und Verboten des Vaters identifiziert, überwindet er seinen Haß gegen ihn und ersetzt ihn durch den Wunsch, ihm gleich zu sein. Die Entwicklung des daraus resultierenden Gewissens ist das Ergebnis dieses *Ödipuskomplexes.*

Freud erkannte in dem Problem der Verliebtheit in die Mutter und der Eifersucht auf den Vater ein allgemeines Ereignis der frühen Kindheit. Er sah in der »inzestuösen Objektwahl« die Voraussetzung für die Gestaltung der »infantilen Sexualität« in die reife Form des Erwachsenen, wobei allerdings erst in der Überwindung und im Untergang des Ödipuskomplexes aus dem Kind, das der Verführung erlag, ein selbständiges Wesen wird, das sein eigenes Schicksal frei gestalten kann.

In seiner »Traumdeutung« schreibt Freud bereits 1901: »... Es muß eine Stimme in unserem Innern geben, welche die zwingende Gewalt des Schicksals im Ödipus anzuerkennen bereit ist ... Sein Schicksal ergreift uns nur darum, weil es auch das unsrige hätte werden können, weil das Orakel vor unserer Geburt denselben Fluch über uns verhängt hat wie über ihn. Uns allen vielleicht war es beschieden, die erste sexuelle Regung auf die Mutter, den ersten Haß und gewalttätigen Wunsch gegen den Vater zu richten; unsere Träume überzeugen uns davon. König Ödipus, der seinen Vater Laïos erschlagen und seine Mutter Jokaste geheiratet hat, ist nur die Wunscherfüllung unserer Kindheit. Aber glücklicher als er, ist es uns seitdem, insofern wir nicht Psychoneurotiker geworden sind, gelungen, unsere sexuellen Regungen von unseren Müttern abzulösen, unsere Eifersucht gegen unsere Väter zu vergessen. Vor der Person, an welcher sich jener urzeitliche Kindheitswunsch erfüllt hat, schaudern wir zurück mit dem ganzen Betrag der Verdrängung, welche diese Wünsche in unserem Innern seither erlitten haben. Während der Dichter in jener Untersuchung die Schuld des Ödipus ans Licht bringt, nötigt er uns zur Erkenntnis unseres eigenen Innern, in dem jene Impulse, wenn auch unterdrückt, noch immer vorhanden sind. ... Wie Ödipus leben wir in Unwissenheit der die Moral beleidigenden Wünsche, welche die Natur uns aufgenötigt hat, und nach deren Enthüllung möchten wir wohl alle den Blick abwenden von den Szenen unserer Kindheit.«[32]

Die Tragödie endet an jener Stelle, wo Ödipus die Strafe für sein Verbrechen erleiden muß, das er unwissend begangen hat, obgleich er sich bewußt bemüht hatte, gerade dieses Verbrechen zu vermeiden. Damit findet Freud in diesem Mythos seine Ansicht bestätigt, wie unbewußte, inzestuöse Triebe und der resultierende Haß gegen den Vater-Rivalen im Knaben gefunden und, wenn sie zum Bewußtsein kommen, bestraft werden.

Freud stellt den Ödipuskomplex in den Mittelpunkt seiner psychoanalytischen Psychologie, und zwar dorthin, wo sich die Trieblehre später mit der Ich-Psychologie begegnen sollten. Indem er die kindlichen Träume vom Tode der Eltern in Zusammenhang mit der Ödipus-Sage bringt, war er *über die Traumdeutung zum Mythos* gelangt.

Wie der Traum, so bietet der Mythos für Freud eine Geschichte, die in symbolischer Sprache den Erlebnissen und Erfahrungen der Seele, aber auch religiösen und philosophischen Gedanken Ausdruck verleiht. Er verhalf dazu, die Bedeutung des Mythos in seiner symbolischen Sprache auf der Grundlage seiner Traumdeutung zu verstehen. Für die Mythologie war das kein direkter Beitrag, denn Freud neigte leider dazu, im Mythos – wie im Traum – nur den Ausdruck der irrationalen, antisozialen Impulse zu sehen, nicht aber die Weisheit früher Zeiten, die sich in der Symbolsprache ausdrückt.

Wenn die Konzeption des Ödipuskomplexes, die Freud schön dargestellt hat, zum Eckpfeiler seines psychologischen Systems wurde, dann drückt sich damit aus, wie überzeugt er und auch seine Schüler von der Bedeutung dieser Phase in der Entwicklung des Kindes sind. Bis zum Ende seines Lebens beharrte er darauf, daß der Ödipuskomplex die Ursache einer psychopathologischen Entwicklung und schlechthin der Kern der Neurose ist.

Otto Rank [33], einer der ersten Schüler Freuds, hat in seiner großen Arbeit »Das Inzestmotiv in Dichtung und Sage« (1912) nachzuweisen versucht, wie oft die Dichter ihre Motive aus der Ödipussituation geholt haben und welche Umformungen und Abweichungen der Komplex in der Weltliteratur durchgemacht hat. Er selbst kommentiert die Ödipusdeutung Freuds in seiner Schrift »Der Mythos von der Geburt des Helden« (1909) [34]. Er glaubte, daß hinter der Ödipussage die mysteriöse Frage nach dem Ursprung und Schicksal des Menschen steht, die Ödipus zu lösen wünscht, nicht intellektuell, sondern indem er in den Mutterleib wieder zurückkehren möchte. Das geschieht natürlich ebenfalls nur in symbolischer Form, indem die Blindheit im tiefsten Sinne die Rückkehr in das Dunkel des Mutterleibes darstellt. Schließlich drückt sein Verschwinden durch die Felsenspalte in die Unterwelt noch einmal denselben Wunsch aus, zur Mutter Erde zurückzukehren.

Auch Alfred Adler modifizierte den Ödipuskomplex in seinem eigenen Sinne um. Für ihn war er keine fundamentale Erkenntnis, sondern einfach das böse, unnatürliche Ergebnis einer mütterlichen Verwöhnung.

C. G. Jung stand anfänglich der Freudschen Ödipuskonzeption sehr nahe. Auf ihn geht zum Beispiel die Bezeichnung Elektrakomplex zurück, in der sich die analoge Affektion des Mädchens ausdrükken soll. Doch später wird für Jung der Komplex zu einem bloßen Symbol für »höhere Ideen«: Die Mutter verkörpert darin das Unerreichbare, dem der Mensch im Interesse der Kulturentwicklung entsagen müsse. Der Vater, der im Ödipusmythos getötet wird, ist – laut Jung – der »innerliche« Vater, von dem der Mensch sich frei zu machen sucht, um selbständig zu werden.

Erich Fromm [35] interpretiert wesentlich später und im Hinblick auf die Soziologie den Ödipuskomplex nicht nur aus dem ersten Teil der Ödipustrilogie, sondern zieht noch die anderen beiden Teile – »Ödipus auf Kolonos« und »Antigone« – hinzu. Dabei formuliert er folgende Hypothese: Er versteht den Mythos nicht als Symbol der inzestuösen Liebe zwischen Mutter und Sohn, sondern als Symbol von der Rebellion des Sohnes gegen den Vater in der patriarcha-

H. G. PREUSS

Illusion und Wirklichkeit

An den Grenzen von Religion und Psychoanalyse

Wissenschaft und Religion, Medizin und Theologie — das scheinen unvereinbare Gegensätze zu sein, wie Wirklichkeit und Illusion. Der Psychoanalytiker H. G. Preuss möchte in seinem Buch beweisen, daß dies nicht der Fall ist. Er zeichnet zunächst die Entwicklung nach, die beide Formen menschlichen Denkens seit den Uranfängen genommen haben, seit dem animistischen Zeitalter, da sie noch eine Einheit bildeten. Nachdem sich ihre Wege dann über viele Jahrhunderte getrennt hatten, beginnen sie, seit der Entdeckung der Psychoanalyse, wieder einander näher zu kommen. So ist heute vor allem die Angst — die existentielle und die pathologische — ein Problem für die Wissenschaft ebenso wie für die Religion, ihre Bewältigung eine gemeinsame Aufgabe. Der Dialog, das Gespräch als Therapeutikum, spielt hierbei eine wichtige Rolle — wie es schon in den Anfängen der Medizin der Fall war. Der Verfasser beschäftigt sich schließlich mit den Spannungen, die zwischen Psychoanalyse und Religion vielfach bestehen, beleuchtet sie kritisch und weist nach, wieviel die Psychoanalyse zum Verständnis religiösen Verhaltens leisten kann. So bleibt die Grenze zwischen beiden Disziplinen zwar bestehen, über sie hinweg aber ist ein Zusammenwirken möglich.

ERNST KLETT VERLAG STUTTGART

lischen Familie. Die Ehe des Ödipus mit der Jokaste ist für ihn nur ein sekundäres Element, nur eines der Symbole des Sieges des Sohnes, der den Platz seines Vaters, und damit alle seine Privilegien einnimmt.

Machtstreben oder Selbstwerdung *(Adler – Jung)*

Freud kam es bei seiner Erforschung des kranken und normalen Seelenlebens in erster Linie auf die *kausal-genetischen* Zusammenhänge an. Er stellte stets die Frage nach den Ursachen, den Entstehungsbedingungen und den auslösenden Faktoren aller psychischen Erscheinungen, die er beobachtete.

Alfred Adler [36] gehörte wie Jung zum kleinen Kreis von Freuds Schülern in Wien. 1911 trennte er sich jedoch von Freud und gab seiner Lehre den Namen *Individualpsychologie.* Für ihn waren nicht mehr die Sexualtriebe der entscheidende Antrieb im Seelenleben, sondern ihm erschien der *Wille zur Macht* die treibende Kraft in den Neurosen. Er legte die Betonung auf den *finalen* Gesichtspunkt und stellte damit die Frage nach dem Zweck der seelischen Störung, ihrer Tendenz und ihrem »Arrangement«, nämlich: was kann mit Hilfe der neurotischen Reaktion erreicht werden? Der Ausgangspunkt seiner Theorie war das Minderwertigkeitsgefühl, das sich aus einer Organminderwertigkeit, zum Beispiel einem körperlichen Defekt oder Funktionsfehlern bei Kindern, entwickeln kann und schließlich zum *Minderwertigkeitskomplex* führt. Dieser wiederum treibt zu Kompensationsversuchen. Sein klassisches Beispiel ist Demosthenes, der seinen Sprachfehler so weitgehend überkompensierte, daß er zum größten Redner des Altertums wurde. Die Kompensationstendenz führt – nach Adler – auf jeden Fall in die Neurose, die er als einen Versuch des Kranken betrachtet, sich von seinem Minderwertigkeitsgefühl zu befreien und ein Gefühl der Überlegenheit zu erlangen. C. G. Jung [37], dem wohl bedeutendsten Schüler Freuds aus der psychiatrischen Schule Eugen Bleulers, der ebenfalls von ihm wegen seiner Überbetonung der sexuellen Problematik abfiel, schien der Spannungsreichtum der Seele so groß, daß das Ich offenbar nicht alles Erlebte in der Person verarbeiten kann. Dafür bedurfte es der Annahme eines anderen Raumes. Für Jung hatte dieser Raum nicht mehr die Enge des Inzestes und Ödipuskomplexes, sondern er weitete sich zum mythischen Raum aus. »Die Mythen sind ursprünglich Offenbarungen der vorbewußten Seele, unwillkürliche Aussagen über unbewußtes seelisches Geschehen, und nichts weniger als Allegorien physischer Vorgänge. Solche Allegorien wären ein müßiges Spiel eines unwissenschaftlichen Intellekts. Mythen hingegen haben eine vitale Bedeutung. Sie stellen nicht nur dar, sondern sind auch das seelische Leben des primitiven Stammes, der sofort zerfällt und untergeht, wenn er sein mythisches Ahnengut verliert, wie ein Mensch, der seine Seele verloren hat. Die Mythologie eines Stammes ist seine lebendige Religion, deren Verlust immer und überall, auch beim zivilisierten Menschen, eine moralische Katastrophe ist. Religion aber ist eine lebendige Beziehung zu den seelischen Vorgängen, die nicht vom Bewußtsein abhängen, sondern jenseits davon, im Dunkel des seelischen Hintergrundes sich ereignen.« [38]

Für Jung liegt das Schwergewicht in seiner analytischen Psychologie auf den überpersönlichen Bindungen des Menschen. Das Interesse an den ursächlichen Zusammenhängen und der psychologischen Entwicklung war ebenfalls einer nach dem Ende zu strebenden Betrachtungsweise gewichen. Ihm ging es um die Erfassung eines tieferen rück-verbindenden, also religiösen Sinnes, das heißt jenes sinnvollen Ausdruckes, der im Zerrbild der neurotischen Symptomatik verankert ist. Für ihn ist Neurose das Leiden der Seele, die ihren Sinn nicht gefunden hat.

Jung glaubte, eine Verbindung vom Mythos und psychotischen Erleben entdeckt zu haben, indem er als Psychiater auffällige Übereinstimmungen zwischen den Inhalten von Mythen, aber auch Märchen, und den Phantasien oder Halluzinationen Geisteskranker erkannte. Auch er war – wie Freud – von der Ähnlichkeit der Mythen mit manchen Träumen überrascht, ja fühlte sich veranlaßt, von »Kollektivträumen der Menschheit« zu sprechen. Schließlich versuchte er, mit dem Begriff vom *Kollektiven Unbewußten* darzustellen, daß jedes Individuum über das persönlich Unbewußte hinaus an einem Unbewußten teilhat, das seiner Existenz weit vorausliegt. In der Psychoanalyse neurotischer Patienten gelangen oftmals Erinnerungen aus frühgeschichtlicher Zeit ins Bewußtsein, die weder durch Erfahrung noch durch Hörensagen hätten aufgenommen werden können. Jung schloß daraus, daß der Mensch »Urerlebnisse« und »Urbilder« in seinem Unbewußten trage, die irgendwie von Generation zu Generation weitervererbt werden. Solche kollektiven Symbolinhalte nannte er *Archetypen*, wie zum Beispiel der des »Schatten«, des »Alten Weisen«, der »Erdmutter« (*Magna mater*), Symbolfiguren, die das Fühlen der Menschheit unterschwellig beeinflussen und nach denen der Mensch auf der Suche ist. Er war der Überzeugung, daß Archetypen empirisch nachweisbare Entsprechungen zu den religiösen Dogmen sind. Doch wird diese Dogmatik von ihm gelegentlich psychologisch korrigiert.

Jungs Psychotherapie will dem Patienten nicht einfach seine Krankheit abnehmen, indem sie den Krankheitsherd beseitigt. Das will allein die Psychoanalyse Freuds. Jung geht es vielmehr darum, zusätzlich hinzuzufügen, was dem Menschen zu einer Reife verhilft, die selbst der »Normale« nur in den seltensten Fällen besitzt. Dieser Vorgang, den er *Individuation* nennt, soll dadurch in Gang gesetzt werden, daß sich Teilaspekte der bewußten und unbewußten Psyche in einer Synthese vereinen. Hatte Freud gefordert, daß durch seine Analyse aus dem unbewußten Es bewußtes Ich werden sollte (»wo Es war soll Ich werden«), so erwartet Jung in seinem Individuationsprozeß, daß das Ich zu einem Selbst wird. Unter dem Selbst versteht er die Gesamtheit der Psyche, die sich aus dem geistigen, überbewußten, wie aus dem triebhaften unbewußten Bereich zusammensetzt.

Diese Selbstwerdung soll dadurch erreicht werden, daß sich das Ich Schritt für Schritt in einer Kette von »Wandlungen« mit den Archetypen des Unbewußten auseinandersetzt. Während im ersten Teil des Individuationsprozesses – zugleich in der ersten Lebenshälfte – »Weltwerdung« mit »Bewußtwerdung« des Ichs gleichbedeutend ist, wobei das in vielen Schöpfungsmythen nachweisbare Motiv der Zerstückelung eines Ungeheuers symbolhaft für die Tötung des Unbewußten durch das Bewußtsein steht, beginnt erst in der zweiten Lebenshälfte die Auseinandersetzung mit dem Selbst. Diese wird nun ihrerseits versinnbildlicht mit dem Abstieg in unbewußte Bereiche, in die »Unterwelt« oder »Hölle«, oder – wie im Mythos der Nachtmeerfahrt – in den Rachen eines Ungeheuers. »Dort in der Tiefe ... soll aus dem schöpferischen Schoß der Mutter die ›verborgene Kostbarkeit‹, der ›Schatz‹ – Bezeichnungen des Selbst – mit Hilfe eines starken Bewußtseinslichtes gefunden und zur Höhe des Tages emporgehoben werden.« [39]

Indem Jung den Wahrheitsgehalt der archetypischen Strukturen überbewertet, entsteht mehr eine Eigendogmatik, die einen Urraum und ein Urmodel des Menschen annimmt. Die Erfahrung hat leider gezeigt, daß dieser Ansatz die Gefahr eines Religionsersatzes in sich birgt, wobei Religion zu einer psychotherapeutischen Waffe wird. Es ist nicht schwer zu sehen, daß sich Jung mit dieser Form der Psychotherapie vom Boden der Wissenschaft entfernt hat.

Renaissance der Magie?

So haben wir aus dem Mosaik der Seelenheilkunde von den frühen Anfängen bis zur Psychoanalyse das Bild gewonnen, daß der Psychiater unseres Jahrhunderts die Medizinmänner und fraglichen Wundertäter vergangener Epochen verdrängen wollte. Als Mann der Wissenschaft will er durch die Anwendung wissenschaftlicher Methoden seelische Krankheiten heilen und damit ein Ziel erreichen, das mit den Errungenschaften auf anderen Gebieten der Wissenschaft und Technik Schritt hält.

In den großen »Nervenkliniken« überall in der Welt ist eine Generation von Psychiatern herangewachsen, die bestrebt ist, die Launen der Intuition und die Irrwege des Rätselratens aus ihren Methoden herauszunehmen. Sie haben sich nicht nur zusammengeschlossen mit Psychoanalytikern, Psychologen und Verhaltensforschern, sondern auch mit Chirurgen und Internisten, mit physiologischen Chemikern und Neurophysiologen, um die physikalisch-chemischen Vorgänge in den Nervenzellen zu studieren und zu erforschen. Operative Eingriffe in die Nervensubstanz sowie medikamentöse Beeinflussungen selektiver Hirnregionen sind Praktiken geworden, um das emotionale Erleben des Menschen zu ändern und zu »bessern«. So scheinen die Nervenärzte immer zuversichtlicher zu werden, seelische Störungen bereits im Experiment »analysieren« und beeinflussen zu können, und vergessen dabei, ob uns restlos gedient sein wird, wenn wir von elektrischen Ladungen und Entladungen gewisser Hirnregionen oder chemischen Veränderungen in den Nervenzellen zu viel oder gar alles erwarten.

Kritische Stimmen machen sich bereits überall bemerkbar, wo Menschen über den Menschen nachdenken und wo der physische Bereich den metaphysischen Raum berührt. Auch unter den Psychoanalytikern selbst war von Anfang an die Kritik an Freud, und besonders an seiner deterministischen Denkweise heftig. Hier wie in der naturwissenschaftlichen Psychiatrie mußte den Forschern unweigerlich bewußt werden, daß die rationale wissenschaftliche Methode allein nicht in der Lage sein kann, allen Aspekten der Persönlichkeit und jener inneren Kräfte und Spannungen Rechnung zu tragen, die den Menschen zu einem zerbrechlichen, gehetzten, verzweifelten – also kranken –, aber auch zu einem sich aufbäumenden, überwindenden und genialen Wesen machen. Wir haben keine Zweifel mehr darüber, daß das gesamte Spektrum der menschlichen Seele über das dem bloßen Auge Sichtbare und das hinausreicht, was mit Instrumenten der Physiker registriert und durch die Reaktionen der Chemiker nachgewiesen werden kann, daß aber auch die Psychoanalyse und ihre Schulen nicht das letzte Wort in der Entwicklung einer wissenschaftlichen Psychotherapie haben wird.

In der zweiten Hälfte des zwanzigsten Jahrhunderts fragen wir uns, welche Antwort die Wissenschaft in ihrer Suche nach Erkenntnis und Bewältigung des Seins auf die Frage nach der Erhaltung und Wiedergewinnung der seelischen Gesundheit zu geben vermag. Dank ihrer zunehmenden Erkenntnisse hat sie das Vertrauen gewonnen, daß die einst »unversöhnlichen« Naturgewalten, die den animistischen Menschen bedroht und in Gefahr gebracht hatten, wenn erforscht und richtig verstanden, auch gemeistert und den Bedürfnissen des Menschen untertan gemacht werden können. Ebenso haben sich die innerseelischen Kräfte erforschen lassen, die im Menschen schlummern und seine seelische Gesundheit bedrohen; können sie doch letztlich auf jene »Naturgewalten« zurückgeführt werden, die Gegenstand derselben Gesetze sind, die den Kosmos regieren. Nachdem einmal diese Gesetze – die Prinzipien der Psychodynamik – erkannt sind, stehen auch die Wege offen zu einer Heilung der kranken Seele, vergleichbar dem, was bereits auf dem Gebiet des technischen Fortschrittes erreicht worden ist.

Noch ist die Psychiatrie hinter dem Fortschritt der Wissenschaft zurück. Zwar wendet auch der Psychotherapeut die exakten Methoden der Wissenschaft an. In seinem Bestreben, die seelischen Verhaltensweisen durch wissenschaftliche Methoden zu erforschen, sucht er zugleich nach Möglichkeiten, Einfluß auf sie zu nehmen, Wege einer Therapie zu finden. Doch hat die moderne Seelenheilkunde noch längst keine Ergebnisse erbracht, mit denen wir uns zufriedengeben können. Diese Tatsache entmutigt den Wissenschaftler aber nicht, sondern vermag ihn nur anzuspornen. Manchmal wird er sich wieder in eine ähnliche Lage versetzt finden, wie einst der primitive Medizinmann, der das Wetter vorauszubestimmen und zu beeinflussen suchte. Nicht fähig, dieses Ziel zu erreichen, mag er leicht der Versuchung erliegen, mit magischen Mitteln schneller an sein Ziel zu kommen, und damit auf die Tradition der primitiven Medizinmänner zurückfallen.

Jeder Arzt erlebt auch heute noch – oder wieder? – in seiner täglichen Praxis, wie seine rein naturwissenschaftliche Einstellung zu den Heilmethoden nicht verhindern kann, daß einige seiner Patienten von der Übertragung magischer Kräfte im Heilungsprozeß überzeugt sind. Nicht zuletzt sind es gerade die hohen wissenschaftlichen Aufwendungen und die mannigfachen technischen Errungenschaften mit ihren komplizierten medizinischen Apparaturen, in denen die Kranken magische Kräfte vermuten. So haben häufig schon technisch aufwendige Untersuchungen mit Röntgenstrahlen oder radioaktiven Elementen, aber auch Probelaparatomien zu rein diagnostischen Zwecken therapeutischen Charakter, indem sich die Patienten danach erheblich wohler fühlern oder gar »geheilt« sind.

Können diese Vorgänge einfach dadurch erklärt werden, daß vom Arzt oder auch schon von seinen technischen Apparaten suggestive Wirkungen ausgehen, denen der Mensch schlechthin ausgeliefert ist und denen er sich, ähnlich wie den suggestiven Einflüssen einer Beatband, die zu massen-hysterischer Ekstase führen kann, nicht zu entziehen vermag?

Freud hat in der Empfänglichkeit für Suggestionen Zusammenhänge mit der Übertragung in der Psychoanalyse festgestellt, unter der er die emotionelle Einstellung des Patienten zum Arzt oder auch die Stellung verstand, in die der Analysand aus seiner frühen, emotionalen Erfahrungswelt heraus den Therapeuten unbewußt hineindrängt. Dabei spielen Überlegenheit und Autorität auf seiten des Therapeuten, Gehorsam, Demut und Unterwerfung auf der Seite des Patienten eine eindeutige Rolle. Doch eine Erklärung für die Suggestion vermögen sie nicht zu geben, weil die Ursachen der Empfänglichkeit für sie in tieferen, wahrscheinlich religiösen Bereichen des Menschen zu suchen sind. Gerade in der seelischen Behandlung der Kranken mußte der Arzt erkennen, daß das Urbild des Heilbringers von dem Hilfesuchenden unbewußt auf ihn projiziert und er in seiner Position überhöht wird, wie sich umgekehrt die Persönlichkeit des Arztes selbst ein Ansehen schuf, »das sich direkt von der göttlichen Macht ableitete, da die Heilkunst in ihren Anfängen in den Händen der Priester war«. [40]

Die suggestive Wirkung kann aber auch von Medikamenten ausgehen. In der Art und Weise, wie sie dargereicht werden, welchen Namen sie tragen, ja sogar wie sie verpackt und in der Reklame angepriesen werden, verbergen sich suggestive Elemente, die ihre Wirkung nicht verfehlen. Nicht selten kommt ein solches »Wundermittel« aus einem fremden Land, weil alles, was von weither kommt, mit größerer suggestiver Kraft beladen sein muß.

So hat wohl der Hamburger Psychosomatiker Jores [41] recht, wenn er meint, daß unsere Arzeneitherapie von vielen Menschen heute magisch erlebt wird. Doppelblindversuche mit Medikamenten zeigen eindeutig, daß die Wirkung der Heilmittel ganz von der inneren Haltung und Einstellung des Menschen abhängig ist. Sie kann durch sie gefördert, gehemmt oder sogar in ihr Gegenteil verkehrt werden. Eine große Zahl von Kranken, die bei solchen Experimenten statt des Medikamentes mit der bekannten Wirkung Tabletten von gleicher Größe, Farbe und gleichem Geschmack (Placebo [42]), aber ohne den spezifischen Wirkstoff erhielten, reagierte genausogut auf solche Placebos wie auf die betreffende Arzenei. Damit war erwiesen, daß die aus der Erwartung des Kranken entsprungene Suggestion zum heilenden Therapeutikum werden kann.

Jores folgert aus diesen Beobachtungen, daß sich im Grunde genommen gegenüber dem, was bei Primitiven der Arzt – der Zauberer – vollzieht, und dem, was der Placeboversuch enthüllt, kein Unterschied besteht. In beiden Fällen kommt es auf die Gläubigkeit des Patienten und seine möglichst völlige Unterwerfung unter die angewandten Methoden an. Je intensiver diese Unterwerfung ist, desto plötzlicher ist die Heilung; das sind dann die Wunder, die sich in den Sprechstunden der Kurpfuscher oder der Außenseiter so oft vollziehen und in unseren Krankenhäusern so selten sind. Daß ein solcher »magischer Effekt des Arztes und der Arzenei« heute nicht mehr in größerem Umfange geschehe, liegt nach Jores an dem Zweifel der Menschen, der ein besonderes Kennzeichen unserer Zeit sei.

Für die Haltung des Glaubens besteht kein Unterschied, ob es der Glaube des Menschen an ein neues Heilmittel, an die übernatürlichen Kräfte eines Heilers oder auch an Gott ist. Immer ist es die Unterwerfung des Gläubigen unter einen höheren Willen, der Verzicht auf sein eigenes Ich. Wenn wir bedenken, daß seelische Krankheit nicht selten auf einer Ich-Verstrickung beruht, dann müssen wir Jores recht geben, daß – wenn immer ein gläubiger Mensch bereit ist, auf sein eigenes Ich zu verzichten – sich Heilung »wie ein Wunder« vollziehen kann.

Aber auch heute noch – oder vielleicht heute gerade wieder – ist der Mensch bereit, an irdische Wunder zu glauben, seitdem er sie selber hervorzubringen scheint. In einer Zeit, in der der Traum des Menschen von der Eroberung des Mondes Wirklichkeit geworden ist, glauben immer mehr Menschen daran, daß der modernen Technik schlechthin alles möglich sei und daß sie vielleicht eines Tages die Schöpfung überlisten werde. Was gestern noch vermessen schien, wird vielleicht morgen schon Wirklichkeit sein und übermorgen zum Alltag gehören. So werden einer neuen Leichtgläubigkeit Türen und Tore geöffnet, weil unsere technischen Errungenschaften nahezu an Zauberei grenzen.

Gibt es, so fragt Jores, über die wohl unbestreitbare Notwendigkeit der Glaubenshaltung hinaus noch eine direkte Einwirkung von Unbewußtem zu Unbewußtem, von Geist zu Geist, oder kommt den magischen Praktiken noch eine unmittelbare Wirkung zu? Er läßt diese Frage ebenso offen, wie er auch die Frage nach den *Glaubensheilungen in der Gegenwart* nicht beantwortet, die wohl zu einem Teil nur auf diese suggestiven Wirkungen zurückzuführen sind.

An den Grenzen der Heilkunde

Für Freud waren die Wunderheilungen keineswegs Hirngespinste. Er nahm sie zwar als Tatsache hin, mußte sie aber zwangsläufig vom Verstande, und nicht vom Glauben her deuten. »Es wäre bequem, aber sehr unrichtig, wenn man diesen Wunderheilungen einfach den Glauben verweigern und die Berichte über sie durch Zusammentreffen von frommem Betrug und ungenauer Beobachtung aufklären wollte«, schreibt er im Jahre 1905. Doch sieht sich Freud nicht genötigt, zu ihrer Erklärung »andere als seelische Mächte heranzuziehen. Wirkungen, die für unsere Erkenntnis als unbegreiflich gelten könnten, kommen unter solchen Bedingungen nicht zum Vorschein. Es geht alles natürlich zu; ja die Macht der religiösen Gläubigkeit erfährt hier eine Verstärkung durch mehrere echt menschliche Triebkräfte.« In der Massenwirkung, der Macht der Menge, die sich an einem Gnadenort versammelt, vermutet Freud die Ursache für eine Steigerung des Glaubens. Jeder einzelne in einer solchen Menge möchte zu den Auserwählten gehören, denen sich die göttliche Gnade zuwendet. »Der in jedem einzelnen schlummernde Ehrgeiz kommt der frommen Gläubigkeit zu Hilfe. Wo so viele starke Kräfte zusammenwirken, dürfen wir uns nicht wundern, wenn gelegentlich das Ziel wirklich erreicht wird.« [43]

Auch Jung vermutet [44], daß eine recht große Anzahl von sogenannten Wunderheilungen auf psychischen Zusammenhängen beruhen, wobei er zwischen Wunderheilungen unterscheidet, die nur dem Laien als wunderbar erscheinen, und solchen, die es auch für den Eingeweihten sind. Aus seiner Lehre von den Archetypen und den Synchronizitätsphänomenen, die sich aus der Berührung der Sphären der Archetypen ergeben, erscheint es ihm fast »natürlich«, irgend etwas zu erwarten, »das ans Wunderbare grenzt oder schlechthin wunderbar ist, weil wir beim besten Willen die Wege und Mittel eines synchronistischen Resultates nicht herausfinden können«. Solche Synchronizitätsphänomene beziehen sich auf Ereignisse, die in keinem ursächlichen Zusammenhang miteinander stehen, bei denen aber dennoch eine Verbindung hergestellt ist, die von innen und außen durch eine sinngemäße Gleichzeitigkeit zustande kommt. Solche Vorgänge, die keine Ursache haben, sind uns neuerdings aus der Physik bekannt, wobei ich nur auf den Zerfall von Radium hinweisen möchte [45].

Unter den heutigen Psychoanalytikern hat sich vor allem der in Basel lebende Freud-Schüler Heinrich Meng mit den Wunderheilungen, insbesondere mit den Erscheinungen von Lourdes befaßt. Auch er muß bekennen, daß wir nur in Ausnahmefällen die Faktoren wissenschaftlich verstehen können, die in Wunderheilungen vorhanden sind. Kranke, die nach Lourdes oder zu anderen Heiligenschreinen pilgern, mögen religiös oder auch nicht religiös sein. Immer ist eine Erwartung vorhanden, die oft mit Angst vermischt ist. Der Kranke ist bereit, seelisch einzuwilligen, sich selbst dem Heiligenaltar und was er darstellt hinzugeben. Seine Neigungen, bewußt oder unbewußt, positiv oder negativ, sind gesteigert. Mit intensivierter, gefühlsmäßiger Ambivalenz, besonders bei emotionell Kranken, kommt ein Übertragungsmechanismus hinzu. Die therapeutische Kraft seiner positiven und negativen Haltung ist im Sinne von Ja oder Nein während dem Anschauen des Heiligenaltars aktiviert. Und dies wiederum hängt von seiner unbewußt geleiteten Übertragungssituation ab, bei der eine langdauernde Abhängigkeit von Vater, Mutter oder Gott in einer neuen Situation wiederbelebt wird. Und auf die Psychodynamik eingehend, vermutet Meng, daß die »Wunderheilungen« theoretisch so verstanden werden könnten, daß vielleicht die Psyche eines Patienten eine Anzahl destruktiver Stimuli überwinden konnte, die aus der äußeren Umgebung und aus der inneren Welt stammten; das Ich war gekräftigt worden, um die aktiven Triebe im Unbewußten mit dem Über-Ich in die äußere Welt und die intensivierten sozialen Forderungen zu integrieren [46]. Auch Meng kann nicht verleugnen, daß die Grenzen, die dem Glauben als Heiler gesetzt sind, sich auch heute nicht bestimmen lassen. Ihm scheint der Glaube an einen Gott und Schöpfer außerhalb von uns selbst wirksamer zu sein, als der Glaube an den Schöpfer *in* uns. Vielleicht ist die Heilung, mit unseren Apparaten und Sinnesorganen festgestellt, ein Spiegelbild eines Vorgangs, der von dem »Schöpfer in uns« ausgelöst wird. Wir kennen heute noch nicht die Grenzen und die Weiten seiner schöpferischen Potenz. Vielleicht bringt er etwas hervor, zu dem wir beim heutigen Stand unseres Wissens keinen Zugang des Verstehens haben. Wir sagen »heute«. Vielleicht müssen wir uns damit begnügen, daß wir nur ein Spiegelbild wahrnehmen [47].

Bereits im ersten Kapitel nahmen wir Stellung zu der Frage der Heilungen durch den Glauben und kamen zu der Ansicht, daß gerade die psychotherapeutische Beziehung von Patient zu Arzt leicht den Charakter eines magischen Vertrauens annehmen kann. Wenn sich aber im Verlaufe einer psychotherapeutischen Behandlung – wie wir es nicht selten erleben – eine Heilung vollzieht, die einem »Wunder« gleichkommt, dann ist dieses Wunder nicht mehr zu trennen von jenen psychodynamischen, also letztlich den Naturgesetzen folgenden Vorgängen, die sich aus dem therapeutischen Prozeß entwickeln. Wir werden im letzten Kapitel darauf eingehen, wie sich dieser Behandlungsprozeß in einer Auseinandersetzung mit dem Therapeuten vollzieht, indem die Begegnung von Arzt und Patient zu einem therapeutischen »Erlebnis« wird. Solche Erlebnisse sind in ihrer Einmaligkeit immer »wunderbar«, setzen sie doch ein gläubiges Vertrauen voraus. Das natürliche Wunder ist – um mit Viktor von Weizsäcker zu sprechen – gewiß nicht bloß ein Kind des Glaubens und am wenigsten sein liebstes, sondern das Wunder kann Mutter des Glaubens sein, wie jeder Mensch nur eine, *seine* Mutter hat, so auch nur *sein* Wunder [48].

Zu der Frage, ob die Verbindung der Psychotherapie mit der Magie möglich sei, nimmt Jores eine ablehnende Stellung ein. Er verneint sie deshalb, weil die Psychotherapie auf die aktive Mitarbeit seines Patienten angewiesen ist, während die Magie die Passivität des Kranken voraussetzt. Die Magie lasse den Kranken im Unbewußten verharren, während die analytische Psychotherapie die im Unbewußten schlummernden Vorgänge ins Bewußtsein hebe, also bewußt mache. Er leugnet nicht, daß in der Übertragung auch ein Stück Auslieferung und Hingabe, also etwas wie kontagiöse Magie vorliege. Doch dies geschehe ja nur im Anfang des analytischen Prozesses. Die Hingabe in der magischen Heilung sei Überwältigung, die in der Psychotherapie dagegen Hingabe, wie die des Kindes an seine Eltern, und ziele im Fortgang der nun einsetzenden Reifung auf Partnerschaft ab [49].

Trotzdem müssen wir bekennen, daß die heutige Heilkunde in ihrem Bestreben um eine wissenschaftliche Psychotherapie die Magie der animistischen Epoche noch nicht ganz überwunden hat. Wer sich die Mühe macht, alle gegenwärtigen psychotherapeutischen Richtungen und Methoden zu studieren, wird erkennen müssen, daß eine präzise Trennung von der Magie noch immer ein entferntes Ziel der Psychotherapie ist.

Wie wir gesehen haben, ist es nicht verwunderlich, wenn Befürchtungen laut werden, das magische Element könnte sich seinen, an den rationalen Geist verlorengegangenen Platz wieder zurückerobern. Würde das bedeuten, daß der Psychiater wieder Wege freizumachen hat für den Magier oder Glaubensheiler der Vergangenheit, oder daß Freuds »Traumdeutung« dem alten Orakelspruch weichen müsse?

Natürlich sind solche Zweifel unberechtigt. Der Drang zu einer rationalen Einstellung der menschlichen Natur, der Natur schlechthin gegenüber, ist beständig und irreversibel. Doch kann es sehr wohl möglich sein, daß die Wiederbelebung des Interesses an der Magie, wenn auch in der Version des zwanzigsten Jahrhunderts, aber auch das Interesse der Religion an der modernen Psychiatrie zu einem neuen Anfang in der Geschichte der Seelenheilkunde wird. Doch das »Okkulte« wird nicht mehr »bewundert« oder verdrängt, sondern zum Gegenstand methodischer wissenschaftlicher Erforschung gemacht. So gibt es heute in Deutschland einen Lehrstuhl für Parapsychologie an der Freiburger Universität, den Professor Hans Bender innehat [50]. Die »unbekannten Mächte« werden zum Zielobjekt zahlreicher klinischer und experimenteller Versuche und Testverfahren. Magie, die in dieser Weise »angegriffen« wird, hört auf, Magie zu sein. Was sich unserem Gesichtskreis bisher entzogen hat, beginnt so, den wissenschaftlichen Methoden zum Opfer zu fallen. Alles aber hängt von dem Wissenschaftler ab, der seinen Gesichts- und Wirkungskreis in solcher Weise erweitern möchte, daß er in die Lage versetzt wird, den Anforderungen der bisher vernachlässigten Aspekte des menschlichen Geistes und der Seele innerhalb eines revidierten und erweiterten Erkenntnisbereiches gerecht zu werden.

Wie es in der Psychoanalyse darum geht, das Unbewußte bewußt zu machen, so könnte man auch sagen, daß es der Wissenschaft obliegt, alles das, was einst in das geheimnisvolle Dunkel verbannt war, in das Bewußtsein der Erkenntnis – den Bereich des Wissens – zu heben. Es ist eine der bedeutendsten Aufgaben der modernen Psychiatrie, in diesen Bereich vorzustoßen, der für Jahrhunderte geächtet war und auch heute nur am Rande der akademischen Wissenschaft liegt. Das Ziel ist das Verständnis des gesamten Menschen, ohne das es niemals möglich sein wird, eine erfolgreiche Psychotherapie zu betreiben.

Doch Magie, Religion und Wissenschaft werden immer nur Versuche des Menschen bleiben, die Angst aus seinem Dasein zu eliminieren. Angst ist ein Bestandteil des Daseins und gehört zum Erleben des Menschen. So wollen wir uns nun den verschiedenen Aspekten der Angst zuwenden, mit denen sich nicht nur die Psychoanalyse, sondern auch jene Geistesrichtungen beschäftigen, die jenseits von ihr stehen.

VIERTES KAPITEL

DIE ASPEKTE DER ANGST

»Das Zeitalter der Angst«

Sowohl die Anstrengungen, das Religiöse aus dem menschlichen Dasein zu verdrängen, als auch die wachsende Vorherrschaft des Verstandes und der Wissenschaft haben eines nicht vermocht: die Angst aus dem Leben zu verbannen. Immer eindeutiger hat die Menschheit erkennen müssen, daß sie nicht auf die Vernunft und Wissenschaft sowie auf die Unvermeidlichkeit des Fortschrittes bauen kann, um Sicherheit und Befreiung von Furcht und Angst zu erlangen. Die Selbstgefälligkeit der Gründerjahre wurde – wie die Selbstanmaßung des Tausendjährigen Reiches – durch zwei Weltkriege hinweggefegt; aber auch die Lehre eines Newton wurde durch die Quantentheorie erschüttert. Die Physiker der Gegenwart sorgen weiter dafür, daß wir uns in keinem Gedankengebäude sicher fühlen können.

Sören Kierkegaard sprach bereits hundert Jahre vor der Atombombe von dem »Zeitalter der Angst«, in dem der Mensch nichts unversucht läßt, um durch Ablenkungen und laute Janitscharenmusik einsame Gedanken zu verscheuchen. Doch aller Lärm ist vergeblich. »Kein Großinquisitor hat so furchtbare Foltern in Bereitschaft wie die Angst, und kein Spion weiß so geschickt den Verdächtigen anzufallen, gerade in dem Augenblick, da er am schwächsten ist, oder weiß so die Schlinge zu legen, darin er gefangen werden soll, so verstrickend, wie die Angst es weiß; und kein scharfsinniger Richter versteht es so, den Angeklagten zu examinieren, ja zu examinieren wie die Angst, die ihn niemals losläßt, nicht in der Zerstreuung, nicht im Gelärm, nicht bei der Arbeit, nicht am Tage, nicht in der Nacht.« [1]

Angst ist eine allgemeine menschliche Erfahrung und eine gewöhnliche Begleiterscheinung des Lebens in einer Welt, die die Existenz häufig bedroht und in der die innere und äußere Auseinandersetzung mit der Umwelt zu den täglichen Aufgaben des Menschen gehört. Wenn die Angst so universal ist wie Liebe und Tod, so wird es schwierig sein, sie zu messen oder gar einzuordnen. Ist die Angst heute wirklich größer als je zuvor, anders als die Angst eines Hiob? Es ist kaum anzunehmen. Und wenn er das meint, dann ist der Mensch vielleicht nur das Opfer einer verkehrten historischen Vision, die immer das Gegenwärtige größer und schlechter sieht als das Vergangene.

Frühere Zeiten waren auch turbulent und unsicher: die großen Zeiten der Völkerwanderungen nach dem Untergang des römischen Reiches, die Zeitalter der Kreuzzüge und Entdeckungen, das Vorgreifen eines Kopernikus und Galilei in das Universum, indem sie die Erde und den Menschen aus dem Zentrum herausrückten, die industrielle Revolution. Doch erscheint dem heutigen Menschen das zwanzigste Jahrhundert als der Höhepunkt allen Strebens. Es konfrontiert ihn nicht nur mit der Forderung, die Konzeption eines neuen Universums anzunehmen, sondern dieses Universum weiter zu explorieren.

Die Angst und das Nichts

Die christliche Religion – aber nicht sie allein – hat den Menschen zu der Einsicht geführt, daß Angst und Schuld Bestandteile seiner irdischen Natur sind und daß er als ein zeitlich begrenztes und »gefallenes« Wesen Grund genug hat, Schuld zu empfinden. Seine Verantwortlichkeit im doppelten Sinne, sowohl das Gute als auch das Böse zu tun, brachte ihn an den Rand der ewigen Verdammnis und mußte Angst und Schuld erzeugen. Die einzigen Mittel, den Menschen aus dieser Verstrickung zu lösen, waren Gottes barmherzige Gnade und der Glaube des Menschen an seine Erlösung.

Als im Zeitalter der Aufklärung die Vorstellung vom Sündenfall des Menschen aufgegeben wurde, wurde der Mensch auf sich selbst zurückgeworfen. Vorübergehend schien die Vernunft ein geeigneter Ersatz für die Sicherheiten zu sein, die im Glauben verborgen lagen. So konnte Spinoza schreiben: »Wer von der Furcht geleitet wird und das Gute tut, um das Schlechte zu vermeiden, der wird nicht von der Vernunft geleitet.« [2]

Doch es wurde bald klar, daß Vernunft allein niemals ausreicht, alle Fragen des Menschen zu beantworten und ihm das zu geben, wonach er sich verzweifelt sehnt: Ordnung und Sinn in der Welt. So erfand der Mensch Ersatz-Gottheiten: die Geschichte, den Staat, die Welt, die ihn umgibt. Doch am Ende führten sie ihn alle wieder zurück zu der unerträglichen Botschaft, daß der Mensch allein ist in einem sinn- und bedeutungslosen Kosmos, indem er den blinden Mächten der Evolution ausgesetzt und nur für sich selbst verantwortlich ist. Dostojewskij läßt Kiríllow in Anlehnung an Nietzsche sagen: »Wenn es keinen Gott gibt, dann bin ich Gott.« [3]

Die Entdeckungen der unbewußten Tiefen des menschlichen Geistes und der Seele durch Leibniz, Schopenhauer und Freud schienen einen Ausweg anzubieten. Im »Unbewußten« gab es einen dunklen, mysteriösen Bereich, ebenso irrational wie sich der Mensch selbst für rational hielt, in den er die Verantwortung für sein Verhalten und Tun abschieben konnte. Aber auch das gelang nur unvollkommen, denn schließlich führte der Weg ins Unbewußte – wie bald klar wurde – den Menschen wieder zurück zu sich selbst und seinen eigenen Quellen. Viele freuten sich, daß der Mensch befreit worden war von der Angst der Dämonen, ohne sich zu vergegenwärtigen, daß es schlimmer sein kann, Angst vor sich selber zu haben. Andere glaubten sich von der Angst vor dem Höllenfeuer befreit, ohne zu erkennen, statt dessen zur *Angst vor dem Nichts* verdammt zu sein.

Die Erklärung der Angst als einer Reaktion auf die Bedrohung des Nichts nahm ihren Ursprung aus der Philosophie der zweiten Hälfte des 19. Jahrhunderts. Nach der Krise der Hegelschen Dialektik und dem folgenden Materialismus strebte die Philosophie nach einer Synthese der mannigfaltigen Ergebnisse der einzelnen Wissenschaften. Einem Philosophen und Psychologen wie Wilhelm Wundt (1832–1920) kam es darauf an, für die Existenz des Menschen und seine Verhaltensweisen eine Begründung zu finden, der eine »einheitliche Gesamtauffassung der Welt« zugrunde liegt [4]. Diese Weltanschauung der Philosophie sollte den Anforderungen »der Vernunft und des Gefühls« entsprechen.

Neben der Philosophie erheben auch andere Geisteswissenschaften den Anspruch, wie die Naturwissenschaften ihre selbständige und eigene Methodik zu begründen. Für Wilhelm Dilthey (1833–1911) bedeutete Geschichte als Geisteswissenschaft nun nicht mehr eine bloße Aufzählung von Tatsachen aus der Vergangenheit, sondern Erhellung ihres Wesens durch erklärende Darstellung mannigfaltiger Phänomene wie des Verstehens, des Ichs und der Beziehung der Menschen untereinander. Über das Studium der Lebenszusammenhänge verschiedenster sozialer Strukturen versuchte er, Welt und Geschichte, aber auch die Beziehung zwischen Ich und Nicht-Ich in ihrem Wesen zu bestimmen. Diese Analyse läßt zum ersten Mal Ansätze für eine existentialistische Deutung der Realität erkennen[5].

Doch erst Edmund Husserl (1859–1938) wurde zum eigentlichen Begründer der *Phänomenologie*, die einmal der Philosophie gegenüber den Naturwissenschaften zur Selbständigkeit verhelfen und zum anderen den Forderungen entsprechen wollte, dem Menschen eine Grundorientierung zu geben, – eine Forderung, die die Einzelwissenschaften nicht befriedigen konnten.

Husserl bezog sich auf seinen Lehrer Franz Brentano, der – nachdem er sich vom Kantschen Idealismus losgesagt hatte, – sich den psychologischen Phänomenen, das heißt den Bewußtseinsinhalten zuwandte. Wie dieser glaubte Husserl, daß nur über diese Phänomene »eine absolute Gewißheit« erreicht werden könne.

Durch eine Verknüpfung der Lehre Bolzanos von den »Wahrheiten an sich« mit Brentanos Begriff der Phänomene gelang Husserl aber eine Befreiung der Phänomene aus ihrem psychologischen Zusammenhang. Denn ihm ging es ja um die Erklärung des Wesens der Phänomene, deren Sinnzusammenhang die Psychologie bereits voraussetzt, ehe sie diese anwendet. So entstand die Lehre von der Phänomenologie. Über die »phänomenologische« Reduktion der Inhalte des Bewußtseins auf ihr Wesen und deren Analyse erreichte Husserl eine Bestimmung des Wesens unserer Bewußtseinsinhalte, Handlungen und Haltungen, die ermöglichen sollte, unser Denken und Urteilen darauf aufzubauen[6].

Erst sein Schüler Martin Heidegger (geb. 1889) gelangte über Husserls Idee einer reinen Phänomenologie zur Analyse des Daseins, zum *Existentialismus*. Ihm stellte sich die Frage nach dem Wesen der rationalen Bewußtseinsinhalte anders als Husserl, nicht in ihrer Reduktion, die sie als »rationale Objekte« voraussetzte. Der Existentialismus will die Bewußtseinsinhalte in ihrer Bedeutung erfassen. Er will erkennen, wie sie sich in ihren vielgestaltigen und wesenshaften Beziehungen darstellen, aus denen unser Dasein, unsere Existenz, unser Hier-und-jetzt-Sein besteht. Nicht mehr in den rationalen Gegenständen war der Grund für die Bewußtseinsinhalte, die Haltungen und Handlungen des Menschen zu suchen, sondern für Heidegger lag die Bedeutung ihres Wesens in einem dynamischen Prozeß, einer Auseinandersetzung mit den Kräften und Mächten der Wirklichkeit, die er als Prozeß der Selbstverwirklichung bezeichnete. In ihm vollzieht sich die Analyse der Existenz.

In der Existentialanalyse begegnete Heidegger dem *Phänomen der Angst,* in der er ein *Ur*phänomen der Existenz sieht. Für dieses Phänomen ist das Problem des Nichts von Bedeutung, das im Gegensatz zum Sein steht. In seinem Versagen, Irren und Scheitern erlebt der Mensch das Nichts unmittelbar und nicht nur einmal. In jedem solchen negativen Aspekt des Daseins – so philosophiert Heidegger – wird dem Menschen auch das Sein offenbar, weil es »aus der Offenbarkeit des Nichts« hervorgeht. Dieses Gewahrwerden des Nichts entspringt jenem Zustand, den wir als Angst bezeichnen. In ihr wird weder das Sein gänzlich vernichtet, noch vollziehen wir eine Verneinung des Seienden [7].

Der Mensch des zwanzigsten Jahrhunderts hat – den Gedanken Heideggers folgend – in der Angst eine Reaktion seines Menschseins auf die Begrenztheit seiner Möglichkeiten sehen gelernt, – auf sein Hineingestelltsein in eine gefühllose und feindliche Welt, die für ihn gar nicht geschaffen ist und deren letzter Sinn und Ursprung über seinem Fassungsvermögen liegt.

Die letzten Kriege und die Möglichkeit der Auslöschung allen Lebens auf unserem Planeten haben den Krisenaspekt unserer Existenz erhöht. Leiden wir alle – so fragen wir uns – unter der Angst, weil wir nicht imstande sind, unsere innere Welt so zu zergliedern und abzuspalten, daß wir das aus dem Kosmos und der Kultur stammende Unbehagen aus unserem Bewußtsein verdrängen können?

Auch von dem Theologen Reinhold Niebuhr [8] wird diese Urangst analysiert. Er glaubt, daß sie aus dem Doppelcharakter des Menschen entspringt: einerseits unterliegt der Mensch, genauso wie das Tier, den Zufälligkeiten und Gefahren der Natur. Doch im Gegensatz zum Tier besitzt er die Fähigkeit, seine zukünftigen Möglichkeiten zu sehen und den Gefahren zuvorzukommen. Er hat die Freiheit und das Verständnis für seine Lage. Angst ist für ihn der Begleiter der Freiheit und Begrenztheit. »Indem der Mensch sowohl gebunden als auch frei, begrenzt und grenzenlos ist, hat er Angst.«

Diese Angst wird zusätzlich noch gesteigert durch die Forderung des abendländischen Menschen auf seinen Anspruch auf persönliches Glück [9]. Sie erreicht ihren Höhepunkt in einem Gefühl der Trennung von Gott.

Zudem haben die Beiträge der Existentialisten zur Re-Humanisierung des Menschen durch die Wiedereinführung des Elementes der radikalen Tragödie eine besondere Bedeutung gewonnen. Uns allen ist die politische und ökonomische Ent-Menschlichung in der Gegenwart eine grausame Realität, die in der systematischen Auslöschung der Juden durch die Nationalsozialisten ihren Höhepunkt gefunden hat. Aber selbst die Medizinische Wissenschaft, die humanitären Prinzipien folgt, läuft Gefahr, in hohlen Begriffen den Menschen das spezifisch Menschliche zu rauben, trotz der ärztlichen Bekenntnisse von der Würde des Patienten. Das ist nicht überraschend, denn jeder Arzt hat während seines medizinischen Studiums der »Dehumanisierung« wohl kaum entrinnen können [10].

Paul Tillich und die existentielle Angst

Einem anderen Versuch der Theologie soll nun unsere Aufmerksamkeit gelten, weil er sich aus existential-philosophischer wie auch psychotherapeutischer Sicht dem Begriff der Angst nähert. Er wird uns noch einmal zu beschäftigen haben, wenn wir die Psychotherapie der Seelsorge gegenüberstellen werden. Ich meine die Bemühungen des Theologen Paul Tillich (1886—1965), mit dem der Autor Jahre hindurch Gelegenheit hatte, im Psychiater-Kreis der Harvard-Universität über die Probleme von Angst und Schuld zu diskutieren.

Auch im Denken Tillichs erzeugt nicht das abstrakte Wissen vom Nichtsein Angst, sondern erst das »Gewahrwerden ..., daß das Nichtsein ein Teil des eigenen Seins ist.«. Angst entsteht erst im Menschen, wenn seine »Einsicht in die universale Vergänglichkeit«, ja die Erfahrung des Todes, »auf das immer latente Gewahrsein unseres eigenen Sterbenmüssens« einwirkt. Die Erfahrung des Todes anderer vermag dies nicht. Diese Grundangst, so folgert auch Tillich, gehört darum zur Existenz. Sie ist »die Angst des endlichen Seins vor der Drohung des Nichtseins« [11]. Sie zu beseitigen wäre nicht nur unmöglich, sondern auch undenkbar.

Entsprechend den drei Richtungen, in denen die Selbstbejahung vom Nichtsein bedroht wird, unterscheidet Tillich grundsätzlich drei Typen der existentiellen Angst: Die Angst des Schicksals und des Todes, die Angst der Leere und der Sinnlosigkeit, und die Angst der Schuld und der Verdammung.

In der *Angst des Schicksals und des Todes* begegnet dem Menschen die Bedrohung der ontischen Selbstbejahung aus dem Nichtsein. Überall trifft er den Tod an, auch wenn er nicht selbst bedroht ist.

Jede Krankheit, jede Schwachheit seines Körpers, jede Unsicherheit in einer ungewohnten Situation gemahnt ihn an seine Vergänglichkeit. Nicht die Dinge, vor denen er sich zu fürchten meint, erzeugen dieses Angstgefühl. Es kommt vielmehr aus seiner menschlichen Situation heraus, weshalb er jede Bedrohung seines Lebens als Angst des Schicksals empfindet.

In der *Angst der Leere und der Sinnlosigkeit* sieht Tillich eine Bedrohung der geistigen Selbstbejahung des Menschen aus dem Nichtsein. Er weist darauf hin, daß Freud die Reaktion auf die Sinnlosigkeit der immer wieder nach Befriedigung drängenden, aber nie befriedigten Libido mit der essentiellen Natur des Menschen gleichsetzt. Doch ist diese nur ein Teil jener Angstreaktion, von der Tillich spricht. Für ihn ist sie der Ausdruck einer existentiellen Selbstentfremdung des Menschen, die bis zur Auflösung seines geistigen Lebens in Sinnlosigkeit führen kann. Er beschreibt diese Bedrohung »als Zweifel in seiner schöpferischen und destruktiven Funktion im geistigen Leben« [12]. So erklärt sich, daß der Mensch, um sein geistiges Leben – seinen Sinn – zu retten, von seinem Selbst davonläuft oder – wie Erich Fromm [13] sagt – seiner Freiheit entflieht, um der Angst vor der Sinnlosigkeit zu entrinnen.

Letztlich bedroht das Nichtsein die sittliche Selbstbejahung des Menschen als *Schuld* und als *Verdammung*. Von seinem Sein, das dem Menschen nicht nur gegeben ist, fühlt er sich herausgefordert und verantwortlich, darauf zu antworten. Der Richter in seiner Brust sagt ihm ständig, was er daraus gemacht hat. Diese Situation erzeugt die Angst der Schuld, die sich bis zur Angst der Selbstverwerfung oder Verdammung steigern kann.

Tillich glaubt, diese drei Formen der existentiellen Angst nicht allein im Individuum, sondern auch als soziale Manifestation in besonderen Epochen der abendländischen Geschichte anzutreffen. So habe am Ende der antiken Kultur mit der Vernichtung der Staaten und Reiche und der Ausrottung früher aristokratisch-demokratischer Gesellschaftsstruktur die Angst als Folge der Bedrohung von Schicksal und Tod vorgeherrscht. Als Folge der jüdisch-christlichen Botschaft habe gegen Ende des Mittelalters die Angst der Schuld und der Verdammung als »Zorn Gottes« gewirkt und den Menschen dazu getrieben, durch Pilgerfahrten und Askese die göttliche Gnade und Vergebung der Sünden zu erlangen. Nach dem Zusammenbruch des Absolutismus, in der Entwicklung des Liberalismus und der Demokratie, dem Entstehen einer technischen Zivilisation und in dem Beginn ihrer Auflösung sieht Tillich schließlich die soziologische Voraussetzung für die dritte große Epoche der Angst, in der die Leere und Sinnlosigkeit herrscht. Wir stehen unter der Drohung des geistigen Nichtseins [14].

»Neurose« und die pathologische Angst

Wir fragen uns heute mit Recht, ob sich der Mensch dieses Jahrhunderts seiner Angst immer mehr bewußt geworden ist. In seiner täglichen Praxis erlebt der Psychotherapeut, daß es der Mensch von heute für falsch und »krankhaft« erachtet, sich ängstlich und schuldbeladen zu fühlen. Er wird bedrängt von der Schuld über die Schuld und von der Angst vor der Angst.

Von den Philosophen haben wir – und nun beziehe ich mich besonders auf die Psychiater und Theologen – gelernt, in der Angst einen Bestandteil der menschlichen Existenz zu sehen, ohne den wir nicht Mensch wären. Doch Schuld und Angst können wie der Schmerz sein; sie können »schlecht« sein und ein Unbehagen erzeugen, mit dem sich der Mensch nicht mehr selbst zu helfen weiß. Er wird aufhorchen. Dieses Unbehagen ist ebenso wichtig für das Überleben, wie der Schmerz eines Organes vor der Gefahr warnt, gegen die etwas unternommen werden muß und oft auch kann. Angst und Schuld lassen den Menschen auch die Verantwortung für seinen Nächsten spüren. Das seltene Individuum, das weder Schuld noch Angst empfindet, ist ein Ungeheuer, – ein »Psychopath« ohne Gewissen.

Die Grundangst Tillichs als das existentielle Gewahrwerden des Nichtseins oder die Urangst, die Niebuhr als die Voraussetzung der Sünde sieht, bedrängt den Menschen im »normalen« Ausmaß kaum mehr als die rationale Furcht vor einer Gefahr, die ihn täglich umlauert. Im Gegensatz zu ihr ist die *pathologische Angst* eine irrationale Furcht, – die Antwort auf eine Gefahr, die er nicht kennt und darum auch nicht er-kennt. Sie ist in ihm selbst und bleibt daher unberührbar und unfaßbar, also irreal. Eine solche Angst ist die Furcht, die nach einer Ursache *sucht*.

Auch die Psychiater hatten und haben ihre Schwierigkeit, über das Verhältnis von Angst und Schuld definitive Aussagen zu machen. Sie sagen etwa so: Schuld ist Furcht wegen einer Übertretung in der Vergangenheit, ganz gleich ob diese wirklich stattgefunden hat oder ob sie nur beabsichtigt war. Angst dagegen betrifft ausschließlich das Mögliche und das Zukünftige. Der Ängstliche weiß nicht, wovor er Angst hat. Angst ist demnach ein vages Gefühl, Furcht dagegen weist immer auf eine bestimmte Gefahr oder Unannehmlichkeit hin.

Angst ist noch keine *Neurose,* doch ist sie ein Grundbestandteil in allen Formen der Neurose, in den meisten Geisteskrankheiten und psychosomatischen Erkrankungen. In diesen von Angst »besetzten« Leiden wird dem Psychiater, speziell dem Psychotherapeuten deutlich, daß die pathologische Angst das Ergebnis zufälliger Vorkommnisse im Leben des Menschen ist.

Alle Theorien, die bisher über die pathologische Angst formuliert worden sind, haben gemeinsam, daß sie die Angst in einen ursächlichen Zusammenhang mit ungelösten Konflikten bringen, die zwischen den einzelnen Bereichen der Persönlichkeitsstruktur ausgetragen werden. Diese Konflikte können sich abspielen zwischen den unbewußten Trieben – dem Es –, die vom bewußten Ich nicht angenommen werden, weil sie die eigene Gesetzesinstanz des Über-Ich verwirft. Aber auch zwischen den verschiedenen Trieben gibt es Konflikte und Kämpfe um die Vorherrschaft ihres Einflusses auf den Kern der Persönlichkeit. Daneben können Konflikte auch zwischen Ich und Außenwelt erlebt werden, zwischen der Vorstellung von der Welt (Phantasie) und der Welt, wie sie in Wirklichkeit ist (Realität). »Jenseits des Lustprinzips«, das nach Erfüllung der ersehntesten und geheimsten Wünsche drängt, steht das Realitätsprinzip, das sich diesen Wünschen oftmals widersetzt. So kann das Streben nach Größe und Macht, ja Allmacht und Vollkommenheit mit der Realität in Konflikt geraten, oder Wünsche nach Geborgenheit und Geliebtwerden können aus der realen Erfahrung frustriert werden. Solche Diskrepanzen können das Leben zu einer untragbaren Last werden lassen.

Alle Konflikte rufen – gleich ob sie aus dem Bewußtsein verdrängt, also nicht zugelassen werden, oder ob sie bewußt – aber ungelöst – geblieben sind, plötzliche oder dauernde Angstzustände hervor, die den Menschen krank machen. Der buchstäblich »in die Klemme« geratene Patient erlebt vielfach seine Schwäche als »Kränkung«. Er verschanzt sich hinter einer starren Wand, die ihn vor dem Einbruch der unerträglichen Angst beschützen muß und in der der

Arzt einen verborgenen »Sinn« der Krankheit erblickt. Aber diese Abwehrmauer der Symptome entwickelt sich schließlich zu einem destruktiven Faktor gegen den Kranken selbst, weil sie ihn von der Wirklichkeit weiter abschließt und ihn zu einem immer stärkeren, seine Festung belagernden Feinde macht. Damit wird die Abwehr der Angst zu einer weiteren Quelle krankhafter Angstzustände, wodurch sie zu einem Teufelskreis führt.

Die Kranken, die an der pathologischen Angst leiden, lassen sich bei vereinfachter Betrachtung in drei große Gruppen einteilen:

Zur ersten Gruppe gehören Menschen, die so geringfügige seelische Störungen wie Furcht vor dem Gewitter oder beispielsweise den Zwang, sich ständig die Hände waschen zu müssen, haben. Ihre Aggressivität, ihr Perfektionismus oder ihre Schüchternheit halten sich innerhalb »normaler« Grenzen, ohne übertrieben zu sein. Sie werden darum nur in den seltensten Fällen einen Arzt aufsuchen, weil sie unter diesen Erscheinungen kaum »leiden«. Ihre »Neurose« ist viel mehr eine gewohnte Lebensweise als eine Krankheit.

In der nächsten Gruppe befinden sich bereits Patienten, die unter psychogenen – seelisch bedingten – Symptomen leiden, aber dennoch ihre Angst und ihre Symptome »unter Kontrolle« halten. Sie arbeiten darum häufig in ihrem Beruf und Aufgabenkreis weiter, auch wenn sie gelegentlich einen akuten »Angstanfall« oder einen »Nervenzusammenbruch« erleiden und darum einen Nervenarzt und Psychotherapeuten konsultieren. Ihre Neurose wird vorzugsweise ambulant behandelt, um sie in der gewohnten Umgebung mit allen ihren Einflüssen in der Therapie erfassen zu können.

Der dritten Gruppe gehören schließlich alle jenen Kranken an, die vorübergehend Wochen oder gar Monate in einer Nervenklinik verbringen müssen, weil ihre Angst den Bezug zur Realität so wesentlich beeinträchtigt, daß sie sich dem Lebenskampf weder gewachsen fühlen, noch von sich aus Anstrengungen machen können, ihn irgendwie doch zu gewinnen.

Alle neurotischen Symptome, ob Haupt- oder Nebensymptome, haben denselben Ursprung: sie sind Abwehrbestrebungen – oder wie der Analytiker sagt – Abwehrmechanismen der Angst.

Die häufigsten unter ihnen sind die Phobien. Um Angst und Schuld von sich abzuschirmen, weil es unerträglich wäre, sie in ihrem Gehalt zu erkennen, entwickelt der Patient eine irrationale Aversion gegenüber einer Handlung (über die Brücke zu gehen, mit dem Flugzeug zu fliegen) oder einem Objekt (Pferd, Feuer), die scheinbar keinen Zusammenhang mit seiner Angst haben. So gibt es bereits namentlich einige hundert solcher Phobien. Häufig, aber im allgemeinen nicht so leicht als Abwehr gegen die Angst erkennbar, sind zwangshafte Verhaltensweisen und Süchte, aber auch die depressiven Verstimmungen, die ebenfalls leichter zu ertragen sind als Panik und »frei flottierende« Angst.

Psychoanalytische Konzeptionen der Angst

Wie wird ein Mensch so ängstlich, daß er eine Phobie oder einen Zwang entwickelt?

Psychiater und Psychoanalytiker stimmen heute grundsätzlich darin überein, daß Angst aus einem Gefühl der *Hilflosigkeit gegenüber einem Konflikt* entsteht. Sie ist eine Furcht, die sich im wesentlichen um einen subjektiven Faktor bewegt, wobei der überwältigenden Gefahr eine Hilflosigkeit gegenübersteht.

Freud hat das eigentliche Wesen der Angst erst nach Jahren intensiver Beobachtung seiner Patienten verstehen gelernt. In seiner ersten Theorie aus dem Jahre 1894 glaubte er, den subjektiven Faktor, der in der Angst steckt, in den eigenen Triebkräften gefunden zu haben. Er nahm an, daß nicht nur die Gefahr, die durch die Angst vorweggenommen wird, sondern auch das Gefühl der Hilflosigkeit gegen sie aus der explosiven Energie unserer eigenen Triebe stammt. In dieser Energie, die er *Libido* nannte, sah er vorwiegend verdrängte sexuelle Impulse, die zur Angst umgewandelt werden und später als frei flottierende Angst oder als ein Symptom wie die Phobie, der Zwang oder als Depression wiedererscheinen, welche alle ein Äquivalent der Angst sind. Hierbei handelt es sich um eine rein physiologische Interpretation, weil sie auf der Vorstellung basiert, daß sexuelle Energien, an ihrer Entladung gehindert, zu körperlichen Spannungen im Organismus führen, die in Angst umgewandelt werden. Das war, wie die Kritiker hervorgehoben hatten, eine Theorie des Mechanismus, aber keine Erklärung der Ursache der Angst.

Erst im Jahre 1923 machte Freud einen erneuten Versuch, die neurotische Angst zu erklären. Nun schien er in der Angst das Ergebnis einer Furcht vor denjenigen Trieben zu erkennen, deren Entdeckung oder Verfolgung eine äußere Gefahr nach sich ziehen würde [15]. Hier handelt es sich also um eine echte psychologische Erklärung, die sich nicht allein auf den Geschlechtstrieb bezieht, sondern auch auf die Aggression.

Freuds klassisches Beispiel war das des »kleinen Hans«, der – fünf Jahre alt – beim bloßen Gedanken, auf die Straße gehen zu müssen, von panischer Angst erfüllt war [16]. Warum?

Freud erklärt, daß der kleine Hans seine Mutter für sich, ausschließlich für sich begehrte. Diesem inzestuösen, ödipalen Wunsch entspricht eine feindliche Haltung dem Vater gegenüber, die in ihm Angst auslöst. Hans verdrängte aber diese Angst, um nicht ständig mit ihr leben zu müssen, und konvertierte sie in eine Furcht vor dem Pferd, das für ihn den Vater repräsentierte, also symbolhaft vertrat. Jetzt hatte er nur noch Angst, auszugehen, weil er sich fürchtete, von dem Pferd gebissen zu werden. Diese Furcht vor dem Pferdebiß entsprach aber der Angst vor der »vernichtenden« Strafe des Vaters, in der Freud eine Kastration erblickte. Diese umständliche Hypothese paßte in Freuds Beschäftigung mit der Kastrationsangst, die die Psychoanalytiker heute eher als Furcht interpretieren, die Liebe der Mutter und damit zugleich die Selbstachtung zu verlieren.

Otto Rank entwickelte den Begriff vom Geburtstrauma. Für ihn war die Geburt des Menschen und seine abrupte Trennung von der Mutter in einem Kampf um Sein oder Nichtsein die Quelle der Angst. Leben bedeutet einen unaufhörlichen »Individuationsprozeß« und besteht aus einer Serie von weiteren Trennungen – Entwöhnung von der Mutter, Schulzeit, Lehrzeit, Wanderjahre, Familiengründung usw. Für Rank ist Angst schlechthin Furcht vor solchen Trennungen.

Alfred Adler, der den Begriff des Minderwertigkeitskomplexes prägte, hatte zwar keine umfassende Theorie von der Angst entwikkelt. Doch war es ihm offensichtlich gelungen, eine vielsagende Einsicht in den Nutzen zu gewinnen, den der Neurotiker aus seiner Angst herausholt. Wenn die Angst die Aktivität des Kranken blokkiert, so erlaubt sie ihm zugleich, sich in einen früheren Zustand der Sicherheit zurückzuziehen *(Regression)* und dadurch Entscheidungen, Verantwortung und Gefahren aus dem Wege zu gehen. Auch kann Angst – wie es nicht selten geschieht – zu einer Waffe umgeschmiedet werden, mit deren Hilfe es gelingt, andere Menschen, oftmals in der eigenen Familie, zu dominieren, die viel leichter unvernünftigen Forderungen nachgeben, als daß sie in sich Schuldgefühle aufkommen lassen.

Weitere Anerkennung gewann die Angst als ein soziales Phänomen in den Vereinigten Staaten durch Erich Fromm, Karen Horney und Harry Stack Sullivan.

Für Fromm führt die mangelnde Abfuhr (Frustration) der Libido nur zur Umwandlung in Angst, wenn sie irgend einen Wert oder Sinn des Lebens betrifft, den der Betroffene für seine existentielle Sicherheit für lebenswichtig hält. Das kann beispielsweise schon das Prestige sein, eine schöne Frau zu »besitzen«. Karen Horney glaubte, daß Freud den Wagen vor das Pferd gespannt hat. Angst, so meinte sie, sei »im allgemeinen nicht so sehr das Resultat einer Furcht vor unseren Trieben, als einer Furcht vor unseren *unterdrückten* Trieben.« Erst unter der Geißel der Angst würden sich die Triebe aus den Instinkten entwickeln. Sie stellte die Frage, was seelisch in einem Menschen vor sich geht, wenn er einen Trieb unterdrückt [17].

Für Sullivan, der im Machtstreben das Motiv sieht, das den Menschen treibt, Sicherheit zu suchen, entwickelt sich die Angst aus der Furcht des Kleinkindes, abgelehnt zu werden. Er gewann die bedeutsame Einsicht, daß Angst erzeugende Erlebnisse nicht nur die Handlungen ihres Opfers einengen, sondern in der Tat auch sein Bewußtsein und darum seine Fähigkeit zu lernen begrenzen. Aus dieser Erkenntnis haben wir für unsere Schulkinder großen Nutzen gezogen.

Der weitere Versuch eines Psychoanalytikers, »Grundformen der Angst« aufzuzeigen, verdient noch erwähnt zu werden [18]. Er ist insofern beachtenswert, als er von der tiefenpsychologischen Struktur der Neurose ausgeht und die existentielle Angst in der Weise mit einbezieht, daß er sie durch die neurotische Angst hindurchscheinen sieht.

Fritz Riemann spricht von der *neurotischen* Angst als dem *Zerrbild* einer Angst, die er in vier Grundformen aufteilt. Hinter ihnen stehen allgemein menschliche Probleme, mit denen sich jeder in irgendeiner Weise auseinandersetzen muß. Aber jeder »Versuch, ihnen auszuweichen«, bezahlt der Mensch »mit vielen kleinen, banalen und unwesentlichen — den ... neurotischen Ängsten« [19]. Riemann sieht in ihnen »stellvertretende « Ängste, die nur noch lähmende und hemmende Wirkung haben, stellvertretend für die »eigentliche« Angst, die dahinter steht. Damit definiert er die Neurose als einen Fehlversuch des Menschen, sich der Lösung seiner Lebensprobleme zu stellen. Die resultierende Angst und deren Abwehrversuche schränken seinen Lebensradius so ein, daß er sich nicht mehr zu einer reifen Persönlichkeit weiterentwickeln kann.

Entsprechend den vier großen Neuroseformen, die mit den schizoiden, depressiven, zwanghaften und hysterischen Persönlichkeiten korrespondieren, schildert Riemann vier »normale« Grundtypen der Angst, die erst in der Neurose zu einem extremen Zerrbild werden. Sie stellen Antworten auf ein existentielles Gefordertwerden dar, zu dem sich der Mensch entweder distanzierend oder identifizierend einstellen kann.

Diese Grundformen sind: die Angst vor der Selbsthingabe, wie sie der Schizoide empfindet und die er als Verlust seines Ichs und als Abhängigkeit erlebt. Ihr steht die Angst vor der Selbstwerdung gegenüber, die der Depressive zutiefst erlebt als ein Herausfallen aus der Geborgenheit und ein Hineingetriebenwerden in die Isolierung. Die Angst vor der Wandlung charakterisiert den zwanghaft Strukturierten, der – je mehr er sich vor der Vergänglichkeit absichern will – um so heftiger von ihr erfaßt wird. Darum wird diese Angst vornehmlich als Unsicherheit erlebt. Ihr gegenüber steht die Angst vor der Notwendigkeit, vor dem Endgültigen und Unausweichlichen, die der hysterischen Persönlichkeit eigen ist. Sie wird als Einschränkung der Freiheit erlebt, aber die erstrebte Freiheit ist »mehr eine Freiheit *von* etwas als *für* etwas«.

Jeder Mensch hat – nach Riemann – die Möglichkeit, seine Antwort auf die Lebenssituation entweder »wie ein Gesetz« anzunehmen oder sie »den eigenen Wünschen entsprechend umzuwandeln«. Und er fährt fort: »Jede Aufgabe, Entscheidung, jede schicksalhafte Situation, jede menschliche Beziehung und Begegnung hat potentiell alle vier Antwortmöglichkeiten und Reaktionsweisen in sich. Alle vier zusammen ergäben erst gleichsam die ganze Wahrheit, die volle lebendige Wirklichkeit, Ganzheit.« [20]

Trotz mannigfaltiger Theorien über die pathologische Angst stimmen wir heute mit Freud überein, daß sich die Angst als dynamische Kraft entwickelt und daß sie sich in neue Energieformen umwandelt, die wir als Symptome einer spezifischen Krankheit erkennen. Über die Ursachen ihrer Entstehung werden wir weiterhin auf spekulativem Boden bleiben müssen.

Ich hoffe, daß es deutlich geworden ist, wie unscharf die Grenzen zwischen existentieller Angst und pathologischer Angst gezogen werden können, ja daß uns vielleicht klare Unterscheidungsmöglichkeiten fehlen. Auf die Bedeutung dieser Unterscheidung für die Psychotherapie und Seelsorge werden wir im letzten Kapitel zu sprechen kommen.

Wie ein Bagger Erdbewegungen tätigt und damit das Gesicht einer Landschaft völlig verändern kann, so haben Wissenschaftler und Techniker dieses Jahrhunderts das Gesicht der Menschheit umgestaltet. Die Angst, noch vor wenigen Jahrzehnten ausschließlich Gegenstand religiöser und philosophischer Betrachtungen, wurde nun — wie die menschliche Natur — zum Gegenstand kontrollierter und kontrollierbarer Messungen gemacht wie jedes andere Stück der Natur. Bestehen bleibt die amorphe Angst in ihrer, uns immer wieder in anderer Weise unheimlich anstarrenden Maske.

»Geschäftigsein« um seiner selbst willen ist heute zu einer neurotischen Abwehr der Angst geworden. Während es die oberflächlich gelegene Angst ableiten kann, so wie uns der Lärm des Alltags ablenkt, so verschlimmert es die tiefer gelegene Angst, die uns aus der Spannung um Sein oder Nichtsein erwächst. In der Hetze der täglichen Routine bleibt uns keine Zeit, um uns über die Ursachen der Angst Gedanken zu machen. Doch irgendwann einmal — vielleicht bei einer kurzen Verschnaufpause im Menschengewühl der Untergrundbahn oder im Wartezimmer des Arztes — ertappen wir uns, daß wir uns wundernd nach dem Sinn unseres Lebens fragen. Diese existentielle Frage scheint uns gegenwärtig die vorherrschende Ursache von Angst-Zuständen zu sein, die einen Patienten zum Psychotherapeuten führen.

Paul Tillich, dem wir viele Erkenntnisse über die Angst verdanken und dem wir darum in diesem Rahmen einen größeren Raum gegeben haben, sieht *das Krankhafte der Angst* des heutigen Menschen in seinem Unvermögen, sie in seine Selbstbejahung hineinnehmen zu können. Die krankhafte Angst könne darum nur geheilt werden, indem sie der Mensch mutig einzubeziehen weiß in sein Hineingestellt-Sein in die Welt.

Den Psychotherapeuten der Gegenwart stellt sich darum die Aufgabe *nicht* in der Beseitigung von Angst und Schuldgefühlen. Dies wäre — um mit dem Therapeuten Riemann zu sprechen — »eine unserer großen Illusionen«, denen der Psychotherapeut nicht erliegen sollte. Wenn wir in der Angst »eine Spiegelung unserer Abhängigkeiten« erblicken, dann muß der Psychotherapeut seinem Patienten helfen, »Gegenkräfte gegen sie zu entwickeln: Mut, Vertrauen, Erkenntnis, Macht, Hoffnung, Glaube und Liebe«. Nur im Verband mit diesen Gegenkräften gewinnt der Mensch seine eigentliche Freiheit [21]. Der Therapeut wird seinen Patienten die Angst und Schuld aufzuhellen versuchen, damit dieser sie besser verstehen kann und lernt, konstruktiv mit ihnen zu leben. Angstüberwindung und -bewältigung sind immer eng verknüpft mit der Entwicklung und Reifung des Menschen. Sie sind stets eine Leistung der Person, die zur Reifung der Persönlichkeit führt, und – aus der Sicht der Psychoanalyse gesehen – ein Stück Bewußtmachung vom Es und ein Stück Korrektur des Ich [22].

Die Bewältigung der Angst als Gegenstand der »Ich-Analyse«, wie sie Freud in den späten Jahren der Psychoanalyse beschäftigte, führt uns hin zu dem Problem der Verantwortlichkeit des Menschen. Im Folgenden wollen wir den Versuch unternehmen, die moralische Verantwortung des Menschen diesseits und jenseits der Psychoanalyse zu betrachten und dabei die Weiterentwicklung der Psychoanalyse zu verfolgen.

FÜNFTES KAPITEL

DIE WIEDERENTDECKUNG DER MORALISCHEN VERANTWORTUNG

Je weiter wir uns im Zeitalter der Wissenschaft mit ständig zunehmender Geschwindigkeit vorwärts bewegen, um so heftiger sehen wir uns einem Furcht erregenden Paradox gegenübergestellt: Der Mensch, der immer größere Kontrolle über die äußere Welt erlangt, fühlt sich mehr und mehr außerstande, sich selbst in Kontrolle zu halten und sein eigenes Leben zu meistern. Die »Desintegration der Persönlichkeit« ist eine endemische Erscheinung geworden. Selbst der Gesellschaft wird nachgesagt, daß sie krank sei. Während einige hoffen, daß der Mensch mit Hilfe der Wissenschaft alles für den Fortschritt tun kann, um seine Umwelt zu gestalten und beherrschen zu können, befürchten andere, daß es ihm niemals gelingen werde, »sich selbst zu bewältigen«.

Dieser Widerspruch ist keineswegs zufällig: Dieselben Voraussetzungen und geistigen Fähigkeiten, die uns ungeahnte Macht über die Natur gegeben haben, verursachen, wenn sie auf den Menschen übertragen werden, ein überwältigendes Gefühl von Hilflosigkeit und Resignation, ja Verzweiflung. Wir scheinen das unglückliche Opfer einer großen mechanischen und unpersönlichen Gewalt geworden zu sein, die wir Kosmos nennen. Durch dieselben Prinzipien und Grundsätze, die zur Erorberung der äußeren Welt geführt haben, verlieren wir unsere Selbstkontrolle und – wie Psychiater sagen – unsere Identität. Es ist kein Wunder, wenn wir uns schwach fühlen, verloren und ängstlich.

Da wir auch ein Teil der Natur sind, so gehorchen wir den strengen Prinzipien von Ursache und Wirkung. Und wenn es wahr ist, daß unsere eigenen Erlebnisse und Verhaltensweisen genau so streng »determiniert«, vorausbestimmt sind wie alle übrige Natur, so scheint unsere Hoffnung vom Sinn unseres Daseins und von unserer Verantwortlichkeit in dieser Welt dahinzuschwinden. Im Augenblick unseres bisher größten technischen Sieges, da der Mensch den Mond betreten und ein unglaublich scheinendes Wissen vom Kosmos und seinen Gesetzen erlangt hat, werden wir unsicher, verlieren Vertrauen, ja grübeln verzweifelt über die Auslöschung und totale Vernichtung alles Seins.

Im Dialog des Patienten mit seinem Psychotherapeuten spiegelt sich – abgeschlossen von der Welt »draußen« – diese Entwicklung wider. Der Kranke versucht einen Weg zu finden aus dem Dilemma seiner Abhängigkeiten, in die ihn die Krankheit gebracht hat, nicht zuletzt, weil er sich gegen die feindliche Umwelt vergeblich zur Wehr gesetzt hatte. Aber er trachtet auch nach Befreiung von den inneren Gebundenheiten, in die ihn seine Triebe verstrickt haben, weil er sie nicht als lebenssteuernde (und -bejahende) Kräfte annehmen konnte oder »durfte«. Unaufdringlich sucht der Analytiker in den therapeutischen Gesprächen mit seinen Patienten zugleich nach einem Ausweg aus dem Dilemma des psychischen Determinismus und der Unverantwortlichkeit des Menschen für sein Handeln, der uns aus dem gegenwärtigen Prädikament – nicht nur philosophisch sondern auch praktisch – zu befreien vermöchte. Von diesem Prädikament der moralischen Verantwortlichkeit des Menschen soll im Folgenden die Rede sein.

Das Dilemma der moralischen Verantwortung

Der vorreformatorische Katholizismus hielt den Menschen im doppelten Sinne für verantwortlich, nämlich sowohl das Gute als auch das Böse zu tun. Sein böses Verhalten wurde dem Menschen zum Schlechten angerechnet, während ihm das gute Betragen entschieden zur Ehre gereichte. Das führte zu einer Art moralischen Buchführung für jeden einzelnen. Heil oder Verdammung waren letztlich das Resultat einer Bilanz, deren Eintragungen nach Anzahl und Gewicht den Ausschlag gaben.

Die Quintessenz der Gedanken Luthers ist die Verantwortlichkeit des Menschen nur noch in *einer* Richtung: Indem der Mensch fähig ist, zwischen Gut und Böse zu wählen, ist er voll verantwortlich für das, was er tut. Doch ist der Mensch nicht in der Lage, allein aus sich heraus etwas für seine Erlösung zu tun, sondern er muß auf die Gnade Gottes hoffen.

Keiner wird heute mehr den Fortschritt der Reformation bezweifeln. Doch haben wir erst allmählich begreifen gelernt, wieviel uns dieser Fortschritt gekostet hat. Trotz der Vorteile, der positiven und starken Elemente im Protestantismus blieb als tragische Konsequenz die

Tatsache, daß er es dem Menschen nicht leichter gemacht hat, mit seiner persönlichen Schuld fertig zu werden. Es ist gerade dieses Versagen verantwortlich zu machen für das, was Paul Tillich als die »psychische Desintegration der Massen« bezeichnet hat. Die »tiefe Zweideutigkeit zwischen Gut und Böse«, die alles durchdringt, was der Mensch tut, läßt ihn einer Schuld gewahrwerden, die ihn bis zum Gefühl des Verdammtseins treibt. Der Mensch wird selbst zum Richter gegen sich, der alles, was er tut und ist, »mitweiß« *(conscientia)*, und fällt ein negatives Urteil, das er als Schuld erlebt. Er fühlt sich verdammt, nicht durch äußere Bestrafung, sondern durch die Verzweiflung, die eigene Bestimmung verfehlt zu haben. Verzweiflung ist der radikale Durchbruch der Angst des Menschen, der sich den Zufälligkeiten des Schicksals ausgeliefert sieht und nicht die Freiheit besitzt, in Verantwortung sich selbst anzunehmen und zu bejahen [1]. Daß die Selbstannahme und -bejahung dem Menschen immer schwerfallen wird, hatte nicht erst Luther erkannt. Schon bei Paulus und im 1. Johannesbrief finden wir die Auffassung, daß der Mensch von Natur ein moralisches Wesen ist, das sich aus dieser ihm schwerfallenden Selbstakzeption heraus immer wieder anklagen und verurteilen muß. Um so erstaunlicher ist es, daß sich bis auf den heutigen Tag die Auffassung von Augustinus behauptet hat, der Mensch sei nur durch eine *äußere* Moral, also durch moralische Gesetze im Zaume zu halten, weil er aus sich heraus seiner Triebhaftigkeit nicht Herr werden könne.

Diese beiden entgegengesetzten Konzeptionen entsprechen durchaus modernen psychologischen Vorstellungen. Sie stellen in sich keinen Widerspruch dar, wenn wir uns klarmachen, daß sich das bewußte Ich nach zwei entgegengesetzten Richtungen hin behaupten muß: einmal gegenüber dem Es und seinen unbewußten Trieben, zum anderen gegenüber dem Über-Ich, das sich aus unbewußten Bestandteilen jener moralischen Erziehung zusammensetzt, die dem Menschen vom ersten Lebensjahr an zuteil wird. So muß der Mensch unweigerlich versagen, wenn er moralischer zu sein versucht, als ihm seine angeborenen Triebe ihrer Konstitution nach gestatten, oder wenn er es unternimmt, unmoralischer zu sein, als ihm sein Über-Ich erlaubt.

Das Es und der psychische Determinismus
(Psychoanalyse – Behaviorismus)

Die Bewältigung der Naturgewalten hatte den Menschen aus der Enge seines Daseins in eine neue Beziehung zur Natur gebracht. Aber auch im Zusammenleben mit seinen Mitmenschen hatte er sich gegen die Bevormundung durch Tradition und Religion zur Wehr gesetzt. Nun hatte es den Anschein, daß er der so erweiterten Freiheit nicht gewachsen war.

Wo äußere Hemmnisse, Strafinstanzen und Gesetze wegfielen, bestrafte sich nun der Mensch selbst. Die Schranken, die in der äußeren Welt niedergerissen wurden, traten als erschreckende Barrikaden im Innern der Seele wieder auf und machten unfrei und schwach. Die Freiheit, die nach außen gewonnen war, wurde mit einer Unfreiheit in ihm selbst bezahlt, die wir heute *Neurose* nennen. Das Anwachsen dieses Krankheitsbildes im letzten Jahrhundert ist der Preis für diese Erweiterung des Lebensraumes.

Auf einen einfachen Nenner gebracht, verstehen wir unter Neurose nichts anderes als das eigenartige Verhalten eines Menschen, das daraus resultiert, daß es ihm nicht gelingt, sich in gewissen Bereichen des Lebens an seinen Lebensraum anzupassen. Diese Definition mag zugleich auch eine Erklärung für die Zunahme dieser Krankheit liefern. Denn seit einigen Generationen wird der Mensch in seiner Kindheit auf eine Welt hin geformt und vorbereitet, die schon nicht mehr besteht, wenn er erwachsen ist. Für den Psychotherapeuten ist es eine erschreckende Tatsache, daß der Mensch in seiner psychischen Anpassungsfähigkeit mit dem Tempo des Fortschrittes in der Welt nicht mehr Schritt halten kann.

Doch diese Krankheit brauchte mehr als einen Namen. Sie rief nach einer spezifischen Behandlung, mit der sich die Medizin bis auf den heutigen Tag sehr schwer tut. Therapeutische Methoden kamen und gingen. Auch die modernen »Seelen«-Medikamente – Psychopharmaka – werden daran nichts ändern. Es ist kein Zufall, daß mit diesen Entwicklungen die Psychoanalyse ihren Anfang und aufstrebenden Kurs genommen hat.

Freuds Erforschung der tiefen Bereiche des Unbewußten und der Triebe – jenes Teils der menschlichen Persönlichkeit, den er als das Es bezeichnete – sah den Menschen in einer Abhängigkeit von inneren Kräften, denen er ausgeliefert war und denen er sich nicht bewußt, oder besser *verantwortungs*-bewußt zu stellen vermochte. Gelangte der Mensch durch diese Kräfte des Es in Konflikte mit der Welt außerhalb dieses Bereiches, so war er dafür nicht verantwortlich zu machen und frei jeder Schuld. So mußte man in Freuds Entdekkungen unmißverständlich auch die Befreiung des Menschen von den Perplexitäten der protestantischen Ethik und den Auswirkungen einer ungelösten Schuld sehen.

In seinen Studien ging Freud systematisch vor. Er mußte es, um seine Konzeption von einer umfassenden, den ganzen Menschen im Auge habenden Psychologie auf eine feste Unterlage zu stellen. Diese Ausgangsbasis war die Biologie. Daraus erklärt sich, warum für Freud das am nächsten liegende Gebiet, nämlich das Triebgeschehen, über Jahre hinweg im Vordergrund stand.

Hätte Freud von Anfang an dem Ich der Persönlichkeit größere Bedeutung zugesprochen und nicht dem biologischen Studium der Triebe des *Es* und deren rücksichtslosem Streben nach Befriedigung, wäre ihm und seiner neu begründeten Lehre viel Ärgernis erspart geblieben, das immer noch nicht abgeklungen ist. Doch für Freud war damals noch der Anteil des Es an der Entwicklung der Neurose von größerer Bedeutung als der bewußte Teil der Persönlichkeit.

Freud erkannte zunächst in den Trieben und Instinkten aus dem tiefen Reservoir des Unbewußten jene Faktoren, die die manigfaltigen Aspekte menschlichen Verhaltens bestimmen und gestalten. Die Erklärung der Verhaltensweisen durch Zurückführung – *Reduktion* – auf die Triebkräfte des Es war das Kernstück seiner Trieblehre, aus der sich als zweiter Baustein die Lehre vom *psychischen Determinismus*, von der Vorbestimmung der Verhaltensweisen durch frühkindliche Erlebnisse, entwickelte. Seelische Erkrankung – Neurose, oder »abnormes« Verhalten schlechthin – war damit seit Kindheitstagen festgelegt, ohne daß der Betroffene sich selbst aus der Verstrikkung befreien und dafür verantwortlich gemacht werden konnte.

So mußte die auf der Trieblehre basierende Psychoanalyse mit der Auffassung von der moralischen Verantwortlichkeit des Menschen in Konflikt geraten. Wenn Freud in den durch das *Über-Ich* gehemmten und verdrängten Trieben des Es die Ursache von Angst und Schuld sah, so konnte die Befreiung davon nur als Befreiung des Menschen von seiner Verantwortlichkeit erreicht werden. Kurz gesagt, er war der Auffassung, daß der Mensch keine Schuldgefühle für irgendeine seiner Handlungen und Gedanken zu haben brauchte. (Dies ist natürlich eine bewußte Vereinfachung in der Darstellung, um dem Leser in Deutlichkeit die Konsequenzen auf die Ethik vor Augen zu führen.)

Wenn Luther den Menschen für unfähig hielt, aus sich heraus etwas für seine »Erlösung« tun zu können, dann ging Freud bewußt einen Schritt weiter und machte niemanden für das Fallen des Menschen in seine »Hilflosigkeit« – in die Neurose – verantwortlich. »Neurose« als medizinischer Begriff war nun zu dem geworden, was man vordem als Sündenfall bezeichnet hatte. Von nun an war alles menschliche Verhalten aus den Triebkräften abzuleiten und zu verstehen. Statt Geisteskranke und Neurotiker zu *»mißhandeln«*, wie es über Jahrhunderte hinweg geschehen war, gab es nun eine Lehre, die es dem Menschen gestattete, diese als Kranke zu verstehen und aus diesem Verständnis heraus zu *behandeln.* Denn die Psychoanalyse hatte sich vornehmlich zu einer therapeutischen Methode entwickelt, wie dem Psychiater zuvor keine andere zur Verfügung stand.

Natürlich mußte die Doktrin vom totalen Determinismus von der Psychologie her auch auf das Gebiet der Kriminalogie ausstrahlen, nachdem sie in der Psychopathologie ihren Platz gefunden hatte. Dies bedeutete, daß die nach dem Gesetz Kriminellen in ihrer Abweichung von der »Norm« ebenfalls nicht verantwortlich für ihr abnormes Verhalten und Handeln sind. Denn auch sie sind krank und bedürfen der Behandlung und Heilung und nicht der Bestrafung, Korrektur oder Umkehr. So sind auch heute Rechtsanwälte, Richter, Parlamentarier und Psychiater in Fragen verstrickt, die die kriminelle Verantwortlichkeit gegenüber der Auffassung von den »unwiderstehlichen Impulsen« betreffen. Es gibt Anzeichen dafür, daß die Rolle des psychiatrischen Gutachters und seine Aussage vor Gericht ernsthaft neu formuliert und überprüft werden muß. Der im Sinne der frühen Psychoanalyse orientierte Psychiater, der noch heute die Doktrin vom totalen psychischen Determinismus gegenüber anderen Menschen vertreten würde, müßte sie auch konsequent anwenden. Das hieße, daß er sich selbst als unverantwortlich, unkompetent, ja krank hinstellen müßte, wollte er sich nicht für omnipotent halten.

Während sich die Psychoanalyse hauptsächlich als eine ärztliche Methode entwickelte, entstand parallel zu ihr eine Bewegung mit ähnlichen philosophischen und praktischen Folgerungen, die anfänglich nur in akademischen Kreisen Bedeutung gewann. Ich meine den sich in den zwanziger und dreißiger Jahren in Amerika unter Watson [2] entwickelnden *Behaviorismus.* Er gehört neben der sogenannten objektiven Psychologie des russischen Neurologen Bechterew (1857–1927) und der Reflexologie des russischen Physiologen Pawlow (1849–1936) [3] zu den drei Richtungen der modernen Psychologie, die man auch als die »Psychologie ohne Seele« bezeichnet hat.

Behaviorismus als Lehre vom Verhalten ist ausgesprochen antimetaphysisch und damit auch anti-religiös. Er enthält die radikale Zurückweisung alles dessen, was inwendig, subjektiv und persönlich ist, und betont ausschließlich die Reaktionsweise, die sich aus der Beziehung von Ursache und Wirkung zusammensetzt. Er fragt: Mit welcher Antwort *(response)* reagiert der Mensch auf einen Reiz *(stimulus),* und wie verändert sich die Reaktionsweise, wenn der Reiz systematisch verändert wird? Nach dem Behaviorismus ist die menschliche Persönlichkeit als die »Summe der Aktivitäten« aufzufassen, die durch ständige Beobachtung des Verhaltens während einer hinreichend langen Zeit entdeckt werden. Wenn wir eine Persönlichkeit auf diese Weise untersuchen, so wird klar, wie stets die jeweilige Situation, in der wir uns befinden, dominiert und das eine oder andere unserer übermächtigen Gewohnheitssysteme auslöst.

Eine solche radikale Leugnung des Bewußtseins, wie sie sich in der Reiz-Reaktionsformel ausdrückt, führt den psychischen Determinismus ad absurdum und »befreit« oder – sagen wir besser – läßt den Menschen aller Verantwortung für sich selbst, sein Verhalten und Handeln »verarmen«. Denn Verhalten, Aktion und Lebensführung würden nun zu Reaktionen auf vorangegangene Reizzustände entwürdigt, und moralische Verantwortlichkeit würde in diesem Zusammenhang zu einem bedeutungslosen, ja nahezu verwerflichen Begriff. Der bedingte und unbedingte Reflex in der Sprache Pawlows und Watsons erschienen schlechthin als »funktionelle Einheit« allen Verhaltens. Alles in allem hatte diese Richtung die beiläufige Wirkung, wenn nicht gar die Absicht, alle Begriffe von Freiheit, freier Wahl und Verantwortlichkeit auszulöschen.

So konnte die behavioristische Doktrin vom totalen Determinismus uns ebenso wenig weiterbringen wie die Trieblehre Freuds und die daraus überschnell und irrtümlich abgeleitete Überzeugung von der moralischen Unverantwortlichkeit des Menschen. Wenn die Doktrin Luthers den westlichen Menschen in die »christliche Verzweiflung« brachte, um den Menschen an die Gnade Gottes glauben und hoffen zu lassen, so haben uns die ursprünglichen Lehren Freuds und die eines Watson in eine vorübergehende Verzweiflung gestürzt. Denn

»frei« sein im Hinblick auf die Doktrin von der Verantwortlichkeit – das mußte Freud schließlich auch erkennen – heißt nicht einfach frei sein schlechthin, sondern – menschlich gesprochen – verloren sein.

Das Sein und die Beziehung zum Du *(Phänomenologie und Existentialphilosophie)*

So ist es nicht verwunderlich, wenn Psychiater und Psychotherapeuten die Verbindung zur Philosophie aufnahmen, um einen Ausweg aus diesem Dilemma zu suchen. Der Vorstoß geschah über die Phänomenologie und Existentialphilosophie, deren Grundgedanken wir im vorangegangenen Kapitel dargestellt haben. Husserls Phänomenologie und Freuds Psychoanalyse entwickelten sich nahezu gleichzeitig und unabhängig voneinander [4]. Doch aus der Phänomenologie entsprang der Protest gegen die Ablehnung oder gar Abschaffung der Verantwortung des Menschen, wie sie den Philosophen einmal in der protestantischen Theologie begegnete, in der Gott zum Handelnden für den Menschen wurde, zum anderen totaler in der Psychoanalyse und im Behaviorismus entgegenzutreten schien.

Husserls Phänomenologie ist im Grunde ein methodologisches Prinzip, das die Grundlage für eine neue Psychologie und universale Philosophie bildet. In der Gegenwart eines Phänomens – gleich ob es einen äußeren Gegenstand oder einen Geisteszustand darstellt – verhält sich der Phänomenologe absolut unvoreingenommen. Er beobachtet die Phänomene, wie sie sich darstellen, und *nur*, wie sie sich darstellen. Diese Beobachtung gelingt durch eine Betätigung des Geistes, die Husserl als »psychologisch-phänomenologische Reduktion« bezeichnet. Der Beobachter schließt damit aus seinem Geist nicht nur jedes Werturteil über die Phänomene aus, sondern auch jede Behauptung hinsichtlich ihres Ursprunges und Zusammenhanges. Ja er strebt sogar an, die Unterscheidung von Subjekt und Objekt und jede Behauptung über die Existenz des Objektes und des beobachtenden Subjektes auszuschließen. Mit dieser Methode wird die Beobachtung noch verstärkt: Die weniger augenscheinlichen Elemente der Phänomene manifestieren sich mit zunehmender Fülle und Reichhaltigkeit, so daß Strukturen von Phänomenen, die eventuell vorher nicht wahrgenommen werden konnten, in Erscheinung treten können.

Wir wollen kurz dieses Prinzip Husserls mit Freuds Grundprinzip der Psychoanalyse vergleichen, um den Unterschied deutlich zu machen. In der Psychoanalyse muß der Patient alles aussprechen, was ihm spontan »einfällt« (freie Assoziation), und dabei jede Rücksichtnahme auf Scham, Schuldgefühl und Angst oder jede andere Emotion beiseite schieben. Husserls Prinzip dagegen ist die unvoreingenommene Kontemplation der Phänomene. Dabei wird jede intellektuelle Rücksicht aufgegeben. Dieses Moment steht in weiterem Gegensatz zur Psychoanalyse, denn der Analysierte, der Freuds Grundregel folgt, wird bald durch »Widerstände« gehemmt werden, wobei es die Aufgabe des Analytikers ist, diese Widerstände in den Begriffen von Übertragung, Abwehr usw. zu erläutern.

Husserl und seinen Schülern kam es darauf an, die Bewußtseinszustände in ihrer reinsten Form zu beschreiben, wie sie der Mensch erlebt. Es ist darum nicht überraschend, daß ein Psychiater und Psychopathologe wie Karl Jaspers[5] auf der Suche nach neuen Wegen und Methoden davon angezogen wurde. So entstand zunächst die *deskriptive Phänomenologie der Psychiatrie.* Jaspers definiert sie als eine sorgfältige und genaue Beschreibung der subjektiven Erfahrungen geistig Kranker mit dem Bestreben, sich so weitgehend wie möglich in ihre Erfahrungswelt einzufühlen. Selbst wenn der Einfluß der Phänomenologie darauf beschränkt geblieben wäre, solche Bemühungen der Psychiater anzuregen, ein intimes Verständnis ihrer Patienten zu erlangen, wäre das schon als bedeutender Fortschritt zu bezeichnen. Die Aufmerksamkeit der Psychiater wurde auf eine Reihe von Selbstdarstellungen von Geisteskranken gelenkt, wie die »Aurelia« des französischen Dichters Gérard de Nerval, der die innersten subjektiven Erlebnisse einer schizophrenen Erkrankung mit psychologischer Feinheit und literarischer Schönheit schildert[6], und die Autobiographie des Begründers der »Psychohygiene«, Clifford Beers: »Eine Seele, die sich wiederfand«[7]. Solche Erscheinungen wurden vordem von Psychiatern kaum beachtet; jetzt wurden sie studiert.

So kamen Psychiater und Psychoanalytiker über die Phänomenologie und Existentialphilosophie zu einer neuen Betrachtungsweise. Phänomenologen unter ihnen, wie E. Minkowski in Frankreich und Viktor E. von Gebsattel in Deutschland, sowie Daseinsanalytiker, wie Ludwig Binswanger und Medard Boss in der Schweiz, versuchen die Neurosen und Psychosen als Krisensituationen der menschlichen Existenz zu verstehen, nicht als Abweichungen von einem bestimmten Maßstab einer psychiatrischen oder psychologischen Schulrichtung; sie sehen sie als Abweichungen in der Struktur der Existenz eines bestimmten Patienten, eine Unterbrechung seiner *condition humaine*. So wurde die *Daseinsanalyse* geboren, als deren Hauptvertreter Ludwig Binswanger gilt. Binswanger sieht die wissenschaftliche Aufgabe der Psychologie und Psychotherapie in der Beschäftigung mit dem *Menschen*, nicht nur primär mit dem geistig *kranken* Menschen, sondern mit dem *Menschen als solchem*. Sein Menschenbild verdankt er der Existentialanalyse Heideggers, wonach der Mensch nicht mehr verstanden werden kann über irgendeine Theorie, sei sie mechanistischer, biologischer oder psychologischer Art [8]. Seine Psychotherapie untersucht die Lebensgeschichte des Patienten, ohne den Versuch zu unternehmen, die pathologischen Erscheinungen nach irgendeiner psychotherapeutischen Schulrichtung zu erklären. Wenn sie die Lebensgeschichte als Abweichung der totalen Struktur des In-die-Welt-Gestelltseins des Patienten versteht, so geht es ihr primär um »Existenzerhellung«, um die Erkenntnis und Bedeutung des Seins. Affektive Erlebnisse, Komplexe und wahnhafte Inhalte werden nur als Oberfläche des seelischen Lebens gewertet, die sich von einem Grunde erheben, der von der individuellen Art des Seins in der Welt bestimmt ist. Ihn aufzufinden, gelingt nur über die Erfassung der existentiellen Lebensgeschichte des Kranken. Binswanger hofft, mit seiner Daseinsanalyse die Grundkonzeptionen der Psychoanalyse Freuds bereichern zu können.

Binswanger war beeinflußt worden durch Martin Bubers Konzeption vom Menschen und seiner Beziehung zum Gegenüber. In jedem Beziehungsverhältnis erkennt Buber eine lebendige Brücke, die von Mensch zu Mensch geschlagen wird, eine Brücke des Fühlens und Verstehens. In dichterischem Stil beschreibt er das Fürwort Ich in seiner Beziehung zum Du [9]. In der Sphäre des Ich–Du wird das Ich durch sein ganzes Sein ausgedrückt und erwartet Erwiderung, Entgegnung. Es ist die Sphäre der »Begegnung«, der primären menschlichen Beziehung und des Geistes. In ihr liegt ein »Beziehungsakt, in dem wohl alle einzelnen Funktionen der Seele enthalten sind, aber enthalten in solcher Einheit, daß das, was da geschieht, von jeder einzelnen Funktion her erfaßt wird« [10]. Wenn jedoch das Gegenüber nicht zum Du, sondern nur zum Gegenstand wird, so besteht keine Beziehung *zu*, sondern höchstens ein Interesse *an* ihm. Dann drückt das Ich nur einen Teil des Seins aus. Buber stellt an den Menschen die Forderung, die Beziehung zum Gegenüber immer zu einer Ich-Du-Beziehung werden zu lassen. In ihr sieht er zugleich einen »Akt der Freiheit und der Gnade«, weil in der Gemeinschaft von Ich und Du das Wesentliche des Lebens – eine Wandlung des Ich und Du – enthalten ist.

Binswanger erweitert diese Gedanken Bubers zu dem Begriff von der »dualen« und »pluralen« Seinsweise. Indem ein Mensch aus der Seinsart eines unter vielen zum vertrauten Partner eines anderen wird, überschreitet er die plurale Seinsweise und gelangt zu einem dualen Miteinander im Sinne des Füreinanderdaseins und Füreinandereinstehens. Er tritt in die Begegnung mit dem Du ein, in der sich Freundschaft und Liebe vollziehen können, wenn eigenständige Partner, Menschen, die zu eigener Existenz gereift sind, aneinander teilnehmen, das heißt ihr Schicksal miteinander teilen.

Die Daseinsanalytiker haben ihre Verbindung zur Psychoanalyse nicht abgebrochen, stammen doch ihre Hauptvertreter (Binswanger, von Gebsattel, Boss, Bally) aus der Freudschen Schule. Doch wenn sie in vielem den psychoanalytischen Methoden folgen, so besagt das nicht, daß sie noch zu den Grundkonzeptionen, vor allem zum psychischen Determinismus Freuds stehen.

Wenn die Existentialphilosophen und Daseinsanalytiker sowohl die protestantische Prädestination wie den psychischen Determinismus abgelehnt haben, so bleibt die Frage, was sie an diese Stelle zu setzen haben?

Es ist der Rat zur »tapferen Verzweiflung« und die Ermahnung, den »Mut zum Sein« (P. Tillich) zu haben. Die Angst aus der Drohung des Nichtseins gegen die Selbstbejahung müßte uns in die Verzweiflung stürzen, aus der es keinen Ausweg gibt (Sartre [11]), würden wir nicht die Bereitschaft in uns haben, »Negativitäten, die durch die Furcht vorweggenommen werden, um einer volleren Positivität willen auf sich zu nehmen« [12]. Der Mut dazu ist »eine Möglichkeit, die nicht von der Willenskraft oder Einsicht abhängt, sondern von einer Gabe, die dem Handeln vorausgeht. Die tragische Weltanschauung der frühen Griechen und die deterministische Weltanschauung des modernen Naturalismus stimmen in diesem Punkte überein: die Macht zur ›Selbstbejahung trotzdem‹, das heißt der Mut zum Sein, ist eine Angelegenheit des Schicksals. Das verwehrt nicht die sittliche Wertung, aber es verwehrt die moralistische Wertung des Mutes: man kann den Mut zum Sein nicht befehlen, und kann ihn nicht durch Gehorsam gegen ein Gebot gewinnen. Religiös gesprochen ist es die

Frage der Gnade. Wie oft in der Geschichte des Denkens ebnete der Naturalismus den Weg zu einem neuen Verständnis der Gnade, während der Idealismus ein solches Verständnis verhinderte ... Mut ist Gnade: das ist ein Ergebnis und eine Frage.« [13] Zweifler an dieser Philosophie des Mutes zum Sein fragen sich, wie sie solchen Mut bekommen? Müßten wir uns nicht wie Münchhausen am eigenen Schopf aus dem Sumpf ziehen? Stehen sie ihr gegenüber genauso hilflos und hoffnungslos wie die Zweifler an der protestantischen Doktrin von der unvermeidlichen Schuld des Menschen, weil sie nicht die Hoffnung auf Gottes barmherzige Gnade besitzen?

Wenn wir sagten, daß die Existentialphilosophie einen Psychiater wie Ludwig Binswanger zur Daseinsanalyse führte, die die Psychoanalyse auszuweiten versuchte, so haben gleichermaßen die Ideen Freuds einen Theologen und Existentialphilosophen wie Paul Tillich zu einem psychiatrischen, also auch biologischen Denken geführt.

Tillich schreibt der Angst und dem Mut einen psycho-somatischen Charakter zu und nimmt damit einen biologischen Standpunkt ein. Furcht und Angst sind die Wächter, die die Drohung des Nichtseins gegen ein Lebewesen anzeigen. So müßten sie angesehen werden als Ausdruck der »Selbstbejahung auf ihrer Hut«. Je mehr biologische Selbstbejahung – Vitalstärke – der Mensch hat, um so mehr ist er imstande, Mangel, schwere Arbeit, Unsicherheit, Schmerz und mögliche Vernichtung auf sich zu nehmen und sich trotz der Gefahren, die durch Furcht und Angst angekündigt werden, zu bejahen. »Jedoch widerspräche es deren biologischen Funktionen, wenn der Mut ihre Warnungen mißachtete und zu Handlungen von unmittelbar selbstzerstörerischem Charakter triebe«. Tillich hält dies für »die Wahrheit in Aristoteles' Lehre vom Mut als dem rechten Mittel zwischen Feigheit und Kühnheit. Die biologische Selbstbejahung brauche einen Ausgleich zwischen Mut und Furcht.« [14]

Das Ich und seine Verantwortung (Ich-Psychologie)

Die Psychoanalyse hat sich aber auch ohne den Einfluß der Philosophie aus den Grundkonzeptionen der Freudschen Lehre zu einem erweiterten Gedankengebäude entwickelt, das parallel zu den ontologischen Erkenntnissen der Philosophie den Menschen aus seiner

Triebgebundenheit herausgelöst, als ein Wesen mit Eigenverantwortung darstellt.

Darum wollen wir uns wieder der Psychologie zuwenden. Hier hat die *Verhaltensforschung* Konzeptionen der Psychoanalyse aufgegriffen, wenngleich sie unabhängig von ihr zu ähnlichen Resultaten gelangt ist. Wer sich die Mühe macht, die gegenwärtigen Theorien der Verhaltensforschung von N. Tinbergen, E. von Holst, G. Tembrock und Konrad Lorenz zu untersuchen, wird sich davon überzeugen können, daß die Entwicklung der Psychologie seit den heute bereits naiv und primitiv anmutenden Behauptungen des Behaviorismus einen weiten Weg gegangen ist. Das Studium des Aggressionstriebes durch die Verhaltensforschung von Tier und Mensch hat gezeigt, daß menschliches Verhalten nicht einfach triebgesteuert und instinktverhaftet ist. So geht es Konrad Lorenz um die »Forderung nach Vertiefung unserer Einsicht in die Ursachenketten unseres eigenen Verhaltens«. Sich zu der Hoffnung bekennend, daß dem Menschen »Vorschläge zu Abwehrmaßnahmen gegen drohende Gefahren« aus dem Aggressionstrieb helfen können, sieht er zwei Wege voraus, auf denen sich eine angewandte Verhaltenslehre entwickeln könnte. »Die eine ist die objektiv-physiologische Erforschung der Möglichkeit, die Aggression in ihrer ursprünglichen Form an Ersatzobjekten abzureagieren . . . Die zweite ist die Untersuchung der sogenannten Sublimierung mit den Methoden der Psychoanalyse« [15]. Lorenz beruft sich auf die »Verantwortlichkeit des Menschen, auf der allein seine Hoffnung beruht, den ständig wachsenden Gefahren steuern zu können« [16].

Es herrscht heute allgemeine Übereinstimmung darüber, daß es wohl kaum reflexive Verbindungen zwischen Reiz *(stimulans)* und Reaktion *(response)* gibt. Wir lassen uns immer mehr überzeugen, daß der Zusammenschluß zwischen unseren sensorischen Empfangsorganen und den innervierten Muskeln viel lockerer und unendlich komplizierter ist, als es in früheren Theorien vermutet wurde. Wir wissen, daß ein Reiz eine bestimmte Reaktion oder einen gegebenen Aktionsverlauf anregen kann; ob wir aber in diesen Vorschlag »einwilligen« – wie Theologen sagen würden –, hängt ganz von den Hoffnungen und Befürchtungen ab, die wir abwägen, wenn wir uns zum Handeln oder Nichthandeln entscheiden. Auf einen gegebenen Reiz folgt also nicht automatisch eine vorausbestimmbare Antwort des Organismus, wie es vordem der Behaviorismus zu fordern schien.

Antwort und *Ver-Antwortung* hängen in diesem Zusammenhang entscheidend von den antizipierten Folgen auf unser Handeln ab. Mit dieser Erkenntnis haben wir die Vernunft neu entdeckt. Statt einfach stimuliert zu werden, wird nun der lebendige Organismus zielgerichtet, vorsätzlich überlegt, oder – wenn man will – frei und verantwortlich.

So wie die akademische Psychologie die Vernunft wiederentdeckte, wuchs die Psychoanalyse allmählich aus den Kinderschuhen der Triebbefangenheit des Es heraus und konnte sich nunmehr dem Ich zuwenden. Ohne die frühen Formulierungen Freuds zur Strukturhypothese und seine eigenen Beiträge zur *Ich-Psychologie* könnten wir uns eine umfassende Psychologie, die die Gesamtheit der menschlichen Psyche zum Gegenstand macht, kaum vorstellen. Denn es ist gerade eine solche Psychologie, die ihren Ursprung in der Psychoanalyse hat, und die sich in Richtung auf eine Persönlichkeitsanalyse und -therapie weiterbewegt, die den Menschen als verantwortungsbewußtes Wesen im doppelten Sinne sehen will: sich selbst und der Welt gegenüber.

Die Vorwürfe, die sich gegen Freuds Trieblehre und seine Doktrin vom psychischen Determinismus auch heute noch erheben, lassen häufig unberücksichtigt, daß Freud bereits 1885 die zentrale Bedeutung des Ich erkannt hatte, wenn er in den vom Ich ausgehenden Abwehrvorgängen die Folge einer krankhaften Verdrängung sah [17]. Viktor von Weizsäcker, der sich als Begründer der Medizinischen Anthropologie ein Leben lang bemüht hatte, die Erkenntnisse der naturwissenschaftlichen Medizin mit der Psychoanalyse Freuds auf einen Nenner zu bringen, schreibt in seinem Buch »Natur und Geist«: »Indem Freud das Es einführte, hatte er auch das Ich erst richtig eingeführt. Während man die bewußte und unbewußte Region der Psyche noch als zwei Objekte behandeln kann, die aufeinander wirken, ist das Ich etwas, was man eben nicht so widerspruchslos, so restlos als Objekt behandeln kann – sonst wäre es eben nicht Ich, sondern ein Es.« [18]

Auch Anna Freud, die jetzt als Psychoanalytikerin in England lebende Tochter des Gelehrten, verficht die Ansicht, daß es sich bei der Psychoanalyse keineswegs nur um eine Analyse des Unbewußten, also des Es handele. »Das Objekt der analytischen Therapie waren von Anfang an das Ich und seine Störungen, die Erforschung des Es und seine Arbeitsweise war immer nur Mittel zum Zweck. Und der Zweck war immer der gleiche: Aufhebung dieser Störungen und die

Wiederherstellung der Intaktheit des Ichs.« Sie sieht bereits in den 1920 veröffentlichten Schriften Freuds von »Massenpsychologie und Ich-Analyse« und »Jenseits des Lustprinzips« den Beginn einer Wende seiner Arbeitsrichtung, weil er darin ausdrücklich das Interesse für die Ich-Instanzen in den Mittelpunkt der Aufmerksamkeit rückte. Von da an hält sie auch den Begriff der Tiefenpsychologie nicht mehr für identisch mit dem der analytischen Forschung. Sie bezieht die Aufgabe der Psychoanalyse auf die Kenntnis von den Beziehungen des Ichs, seiner Inhalte, seiner Ausdehnung, seiner Funktionen und der Geschichte seiner Abhängigkeiten von Außenwelt, Es und Über-Ich [19].

Aus Äußerungen Freuds wissen wir, daß er in den zwanziger Jahren noch nicht in der Lage war, sich ausschließlich den Beziehungen des Ichs zu widmen, und es vielmehr für notwendig erachtete, an dem Fundament seiner Lehre weiterzubauen.

Mit der Annahme individueller Dispositionen und Tendenzen, mit denen das Ich von vornherein ausgestattet sei, hatte Freud schließlich 1932 der modernen Ich-Psychologie das Tor selbst geöffnet [20]. Die ursprüngliche Betonung der unbewußten, unverantwortlichen Motivation, der völligen Verantwortungslosigkeit des Menschen hatte einem neuen Akzent Platz gemacht, der dem Ich zuerkannte, was sich nicht nur auf Triebkräfte reduzieren ließ. Die Psychoanalyse war nun zu einer Analyse der Ich-Strukturen – zur Charakteranalyse – geworden [21].

In der Analyse jener überlieferten Gehorsamshaltung des Menschen, die aus der Erziehung stammt und in dem Kind unter Umgehung von Einsicht und Eigenverantwortung eine »Innere Haltung« bewirken soll, die als »gehorsamer Charakter« bezeichnet wird, entdeckte der Psychotherapeut Möglichkeiten, den Menschen aus seinen erstarrten Verhaltensweisen zu befreien, die ihn daran hindern, seine inneren Impulse realitätsgerecht zu verarbeiten und *mit* ihnen, statt *gegen* sie zu leben. Denn eine solche »Gehorsamshaltung«, aus der Übernahme elterlicher Ablehnung »verpönter Regungen« entstanden, bewirkt – wie wir vorher gesehen haben – Schuld- und Angstgefühle, die unabhängig über Verbotenes und Erlaubtes entscheiden. Sein Gewissen bleibt nur im Gleichgewicht, wenn sich der Mensch in seinem Verhalten auf das beschränkt, was elterliche Autorität für »gut« hielt, und vermeidet, was sie für »schlecht« angesehen hatte.

Die Psychoanalyse unternimmt den Versuch, auf diese ganz auf

Abwehr eingestellte Gehorsamshaltung einzuwirken, um eine Wandlung des Charakters –, das heißt der Ich-Struktur zu erzielen. Das gelingt ihr dann, wenn sich der Patient ohne Scheu und Vorurteil über die Technik der sich spontan äußernden Gedanken und Affekte so anzunehmen und anzuerkennen lernt, wie er ist, wenn er seine bisherige, der Realität verschlossene Gehorsamshaltung durch eine Haltung ersetzen lernt, in der er seine Verantwortung als der übernehmen kann, der er wirklich ist, nicht als der, der er sein »sollte«. Die Psychoanalyse möchte mit dieser Analyse des Ichs den Menschen aus seinem überlieferungsgebundenen Gehorsam lösen, und ihn seiner persönlich zu übernehmenden, existentiellen Verantwortung zuführen.

Heinz Hartmann [22], in dem wir – zusammen mit Paul Federn – den Begründer der modernen Ich-Psychologie erblicken, beschäftigte sich erstmals mit dem Problem der Genese des Ichs, das Freud ungelöst gelassen hatte. An der Gestaltung des Ich hielt Hartmann drei wesentliche Faktoren beteiligt: einmal ererbte Anlagen, die dem Ich seine charakteristischen Merkmale verleihen, zweitens die primären Instinkt- und Triebkräfte und drittens äußere Faktoren der Realität, die für die Entwicklung des Ichs unumgänglich sind.

Mit dieser Präzisierung der Ich-Genese definiert Hartmann zugleich das Ich als ein Substrat der Persönlichkeit, der eine Reihe von Funktionen obliegen, nämlich die Kontrolle der motorischen Tätigkeit und der (äußeren und inneren) Wahrnehmung, als auch des Kontaktes mit der realen Umwelt und der Eindämmung der primären Triebkräfte. Damit ergibt sich für das Ich die Vermittlerfunktion zwischen der augenblicklichen Realität und den Bedürfnissen der Triebe – eine Konzeption, die ursprünglich von H. Nunberg vorgeschlagen worden war.

Diese Anpassungsfunktion des Ichs bezieht sich zugleich auf die Theorie von der primären Ich-Autonomie. Die optimale Funktion des Organismus erfordert das beständige Gleichgewicht gegenseitig sich kontrollierender Faktoren, die Ich-Autonomie von den Trieben des Es und die Ich-Autonomie von der Umwelt. Damit wird dem Ich eine konfliktfreie Sphäre zugebilligt, in der sich Wahrnehmung, Denken, Gedächtnis, Sprache und andere Vorgänge entwickeln. Diese konfliktfreie Zone ist auch der Grund für eine weitere – sekundäre – Autonomie des Ichs, die eine Verselbständigung von Verhaltensweisen bedingt, die ursprünglich als Abwehrmechanismen in einer bestimmten Konfliktsituation aufgebaut wurden. Ferner weist der Begriff der »Ich-Stärke« als ein empirisches Maß des Grades der Integration und Selbstverwirklichung des Ichs und der der »Ich-Schwäche« unmißverständlich auf die älteren Auffassungen von »Charakter« und »Willenskraft« hin. Vor allem aber bedeutet die Annahme einer eigenständigen Ich-Sphäre und konfliktfreien Ich-Entwicklung, daß das Ich nun nicht mehr Spielball äußerer, und vor allem innerer Mächte, sondern selbst ein aktiver Gestalter seines Lebens ist.

Die moralische Verantwortung des Menschen war neu entdeckt worden.

Auch die »orthodoxen« oder »klassischen« Psychoanalytiker erblicken gegenwärtig im Determinismus keineswegs mehr den Zwang zu einem neurotischen Verlauf im Patienten, ausgelöst durch Faktoren aus der frühen und unmittelbaren Vergangenheit. Vielmehr verstehen sie darunter, daß die Gesamtkonstellation und die wahrscheinlichen Reaktionen des Individuums in einem gegebenen Augenblick bestimmt werden durch alle jene Kräfte, die einmal auf ihn gewirkt haben und noch immer auf ihn einwirken. Hierbei handele es sich um äußere wie auch innere Kräfte, vergangene und gegenwärtige, in frühen wie auch in späteren Stadien vorhandene.

Papst Pius XII. äußerte sich vor mehr als einem Jahrzehnt, als er in einem Vortrag an die Abgeordneten des V. Internationalen Kongresses der Psychotherapie und klinischen Psychologie die Wirkung der unbewußten Triebe diskutierte: »Daß diese Dynamismen auf eine bestimmte Tätigkeit *drängen*, bedeutet nicht notwendig, daß sie sie *erzwingen«*. Auch sah er in diesen Kräften nicht »eine Art Schicksal ..., eine Übergewalt des aus dem Unbewußten hervorbrechenden affektiven Impulses, welcher der Steuerung durch die Seele und das Gewissen einfach entzogen ist.« [23]

Alle Entwicklungen, die ich dargestellt habe, weisen ein Element auf, das für den heutigen Menschen, seine Beziehung zu sich selbst und seinem Gegenüber von Bedeutung ist. Wir haben den Menschen vornehmlich als soziales Wesen sehen gelernt, dessen tiefste und verheerendste Seelenangst nicht erlebt wird im körperlichen Schmerz oder in biologischer Verarmung, sondern wenn er sich als Person und Mensch entfremdet, entehrt, schuldhaft und erniedrigt fühlt. Die Konzeptionen vieler psychotherapeutischer Bemühungen zielen darauf ab, seelisch kranken Menschen zu einer neuen Ich- und Weltbeziehung, Kommunität und Identität zu verhelfen.

»Wo Es war soll Ich werden«, schrieb Freud im Hinblick auf die Persönlichkeitsentwicklung [24]. Wenn wir Freud heute richtig interpretieren, müssen wir hinzufügen: Wo starres, nur dem Gehorsam verpflichtetes Über-Ich war, soll verantwortungsbewußtes Ich werden.

An dieser Stelle lassen sich sicherlich wichtige Berührungspunkte der Psychiatrie, Psychologie und Soziologie untereinander und mit unseren Religionen, vorwiegend dem orthodoxen Judentum und dem Christentum finden. Doch logisch und programmatisch kommt dieser Gesichtspunkt dem Herzstück des Protestantismus nahe, »daß der Mensch gerecht werde ohne des Gesetzes Werke, allein durch den Glauben« (Römer 3, 28). Reinhold Niebuhr konnte dies kaum besser interpretieren als in dem Satz, daß »christlicher Glaube tiefer als moralischer Idealismus« ist. Verantwortlichkeit für unser Handeln in der Welt ist eine Gnade, die aus dem Glauben erwächst. Das bedeutet, daß wir gut sind, *weil* wir erlöst werden, und nicht umgekehrt.

Wenn der Psychotherapeut heute wieder etwas von der Logik und den Voraussetzungen verantwortlichen Handelns entdeckt hat, dann ist das – so hoffe ich – eine Ermutigung für die Theologie, selbst eine mutige und verantwortungsbewußte Stellung zu beziehen und aufzuhören, sich hinter veralteten Vorstellungen zu verschanzen.

SECHSTES KAPITEL

ILLUSION ODER GLAUBE (PSYCHOANALYSE UND RELIGION)

Freuds Religionskritik aus der Psychoanalyse

Das vorangegangene Kapitel sollte klarmachen, welche ethische Bedeutung der Psychoanalyse Freuds zukommt. Wir haben gesehen, in welcher Weise die Psychoanalyse an einer Moral zweifeln mußte, die den blinden Gehorsam gegenüber einer unkritisierbaren Autorität fordert und an ihre Stelle ein ethisches Prinzip setzte, das den Menschen für seine Entscheidungen voll verantwortlich sein läßt. Die Entscheidung zwischen Gut und Böse ist somit nicht allein abhängig von überlieferten Vorstellungen, auch nicht von den triebhaften Wünschen und Tendenzen aus seinem fleischgebundenen, »animalischen« Wesen; der Mensch kann sich frei entscheiden und muß zwischen beiden einen Kompromiß suchen, der sich in der Gemeinschaft mit anderen Menschen verwirklichen läßt. Diese Ethik sollte heute die Religionswissenschaft zu einer intensiven Beschäftigung mit der Psychoanalyse bewegen.

Doch noch immer scheint es, als ob Psychoanalyse und Religion in einem heftigen Widerspruch zueinander stehen. Das hat zweifellos Gründe, die auf einem anderen Gebiet zu suchen sind. Es ist Freuds scharfe Kritik an der Religion selbst, die – neben seinen Sexualtheorien – besonders in kirchlichen Kreisen Anstoß erregte. Seither ist die Diskussion über die religionsfeindlichen Ideen Freuds nicht abgebrochen – eine Diskussion, die bisher leider wenig sachlich, sondern allzu emotional geführt wurde. Doch da die Psychoanalyse nicht nur als Heilmethode, sondern auch als Theorie und Philosophie zu einem wesentlichen Bestandteil unseres modernen Lebens und Denkens geworden ist, können wir an dieser Auseinandersetzung nicht vorbeikommen [1].

Über die Psychoanalyse zur Religionskritik

Schon frühzeitig in der Entwicklung der Psychoanalyse erkannte Freud, daß religiöse Vorstellungen durch psychodynamische Konzeptionen untersucht und erleuchtet werden können. Im Jahre 1907 deutete er auf die äußere Ähnlichkeit zwischen Zwangshandlungen und Religionsübungen hin und erklärte, daß solche Handlungen in jedem Falle die Funktion besäßen, die Verdrängung eines gehemmten Wunsch-Impulses zu fördern [2]. In den psychoanalytischen Bemerkungen über den autobiographisch beschriebenen Fall von Paranoia des Dr. Schreber [3] versuchte er aufzuzeigen, wie Gott in einer Wahnidee religiösen Inhaltes ein Ersatz für den Vater darstellen kann. In einem Nachtrag zu dieser Arbeit wies er auf die Ähnlichkeit psychotischer Symbole mit mythologischen und religiösen Symbolen hin – ein Thema, das C. G. Jung mit großem Eifer aufgriff. Kurz darauf veröffentlichte Freud die berühmte, hier schon mehrfach erwähnte Arbeit »Totem und Tabu«, in der er sich bemühte, die Phänomene der primitiven Totem-Religion mit dem Seelenleben des Kindes und Neurotikers in Zusammenhang zu bringen. In denselben unbewußten Determinanten glaubte er das wesentliche Kernstück moderner Religionen zu erkennen, die sich von den primitiveren Formen ableiten. So erkannte er in der Tierphobie – der Angst vor einem Tier – [4] das verbindende Glied zwischen den Phänomenen des kindlichen Seelenlebens und der Neurose einerseits, und dem Totemismus andererseits, wobei das gefürchtete Tier als Ersatz für den Vater steht. Der Gott der modernen Religionen leite sich von einem »Ahnherrn« ab, und wie der Totem-Ahnherr ist er der Gegenstand der Liebe, des Hasses und der Schuldgefühle des Individuums. »Allein die psychoanalytische Forschung des einzelnen Menschen lehrt mit einer ganz besonderen Nachdrücklichkeit, daß für jeden der Gott nach dem Vater gebildet ist, daß sein persönliches Verhältnis zu Gott von seinem Verhältnis zum leiblichen Vater abhängt, mit ihm schwankt und sich verwandelt und daß Gott im Grunde nichts anderes ist als ein erhöhter Vater.« [5] In der 1923 veröffentlichten Arbeit »Eine Teufelsneurose im siebzehnten Jahrhundert« [6] zeigte Freud, wie sowohl Gott und der Teufel als Vaterersatz in der Neurose Verwendung finden können.

Erst im Jahre 1927 fand der historische Konflikt von Psychoanalyse und Religion seinen entscheidenden Höhepunkt, als Freud mit der »Zukunft einer Illusion« Ideen und Auffassungen seiner Philosophie vorlegte, die den Leser jeder religiösen Richtung und Überzeugung bis auf den heutigen Tag beschäftigen, ja bewegen mußten.

Wie immer wir dieses historische Werk bewerten, müssen wir

uns noch einmal vergegenwärtigen, daß es Freuds Hauptziel war, dem Problem der genetischen Entwicklung der Neurose nachzuspüren, und daß er oft der Versuchung erlag, die beim Studium der Neurose des einzelnen Menschen gewonnenen Erkenntnisse direkt auf soziale Phänomene anzuwenden. Für Freud war das Individuum alles, während er in der Religion das Individuum verlorengehen sah.

Wenn Freud glaubte, er könne einige oder gar alle Aspekte der Religion in ihrer Gesamtheit erklären, indem er seine im psychologischen Studium des gesunden und kranken Seelenlebens gewonnenen Erkenntnisse anwendet, so liegt vielleicht darin ein wesentlicher Irrtum. Freud bediente sich der Methoden der Naturwissenschaften, die nur nach dem »Wie« fragen. Doch er versuchte darüber hinaus nach dem »Warum« zu fragen. Dazu aber konnten seine Mittel nicht ausreichen. In der Verwechslung beider Fragen müssen wir auch heute noch die Ursache sehen, daß Naturwissenschaften und Religion im Widerspruch miteinander leben.

Als naturwissenschaftliche Methode kann die Psychoanalyse niemals den Ursprung und die Bedeutung Gottes für den Menschen erhellen und aufzeigen. Es war Freud selbst, der zu großer Vorsicht bei einem solchen Unterfangen mahnte: »Wenn die Psychoanalyse irgendwelche Beachtung verdient, so muß, unbeschadet aller anderen Ursprünge und Bedeutungen Gottes, auf welche die Psychoanalyse kein Licht werfen kann, der Vateranteil an der Gottesidee ein sehr gewichtiger sein.« [7]

Dieser Vateranteil ist wohl auch dafür verantwortlich zu machen, daß Freud aus seinen eigenen Konflikten mit dem Vater zu einer negativen Religionskritik gelangte. Freud war Freidenker und Atheist. Aus manchen seiner Äußerungen über Herkunft und Elternhaus können wir uns das erklären. Dennoch zeigen sich in seinem Verhalten und seinen Zielen – auf die später noch hingewiesen werden soll – charakteristische Züge, die an einen Idealisten erinnern. Seine Ambivalenz, dem Vater-Gott gegenüber, wird allzu deutlich in der »Zukunft einer Illusion«, die teilweise in einem fortlaufenden Dialog zwischen Freud und einem hypothetischen Verteidiger der Religionswahrheiten geschrieben ist. Das ermöglichte dem Autor, gleichzeitig seine ambivalenten Empfindungen darzustellen, die auf die Person eines angenommenen Widersachers projiziert werden.

Vergessen wir nicht, daß Freud, der kampfesfreudige Opponent der Religion, eine tiefe innerliche Identifikation mit seinem Volk hatte, und daß er in dem Judentum »viele dunkle Mächte« sah, »um so gewaltiger, je weniger sie sich in Worten erfassen ließen, ebenso wie die klare Bewußtheit der inneren Identität, die Heimlichkeit der gleichen seelischen Konstruktion« [8]. Und weiter schreibt er: »Ich war selbst Jude, und es war mir immer nicht nur unwürdig, sondern unsinnig erschienen, es zu verleugnen. Was mich ans Judentum band, war – ich bin schuldig es zu bekennen – nicht der Glaube, auch nicht der nationale Stolz, denn ich war immer ein Ungläubiger, bin ohne Religion erzogen worden, wenn auch nicht ohne Respekt vor den ›ethisch‹ genannten Forderungen der menschlichen Kultur.« Freuds Biographie und diese seine tiefe Identifikation mit den inneren Kräften des Judentums lassen vermuten, daß er sein eigener Antagonist war – eine Ansicht, die uns helfen wird, seinen Angriff gegen die Religion zu verstehen [9].

Über den Ursprung der Religion aus der Bedrohung des Menschen

Freud ging zunächst davon aus, daß den Menschen zwei Dinge bedrohen: die Kultur oder der Zwang zur Kulturarbeit und die unbezwungene Natur. Die Kultur mit allen ihren Einrichtungen legt dem Menschen Entbehrungen auf, indem sie von ihm fordert, auf die Befriedigung bestimmter Triebe zu verzichten. Dagegen entwickelt der Mensch Widerstand. Freud vertrat die Meinung, »daß bei allen Menschen destruktive, also antisoziale und antikulturelle Tendenzen vorhanden sind, und daß diese bei einer großen Anzahl von Personen stark genug sind, um ihr Verhalten in der menschlichen Gesellschaft zu bestimmen«. Und er fuhr fort: »Ebensowenig wie den Zwang zur Kulturarbeit, kann man die Beherrschung der Masse durch die Minderzahl entbehren, denn die Massen sind träge und einsichtslos, sie lieben den Triebverzicht nicht, sind durch Argumente nicht von dessen Unvermeidlichkeit zu überzeugen, und ihre Individuen bestärken einander im Gewährenlassen ihrer Zügellosigkeit.« [10]

Entwickelt der Mensch gegen die Einrichtung der Kultur und die durch sie auferlegten Entbehrungen einen Widerstand, so steht er mit den unbezwungenen Mächten der Natur in einem »ständigen ängstlichen Erwartungszustand«. Hier hilft ihm kein Widerstand. Um diesem Herr zu werden, bedient er sich der Projektion. So trachtet der Mensch danach, die Übermächte der Natur zu vermenschlichen. »An die unpersönlichen Kräfte und Schicksale kann man nicht heran, sie bleiben ewig fremd. Aber wenn in den Elementen Leidenschaften toben, wie in der eigenen Seele, wenn selbst der Tod nichts Spontanes ist, sondern die Gewalttat eines bösen Willens, wenn man überall in der Natur Wesen um sich hat, wie man sie aus der eigenen Gesellschaft kennt, dann atmet er auf, fühlt sich heimisch im Unheimlichen, kann seine sinnlose Angst physisch bearbeiten. Man ist vielleicht noch wehrlos, aber nicht mehr hilflos gelähmt.« [11]

Diese Situation, so meinte Freud, habe aber ein infantiles Vorbild. In den ersten Jahren seiner Entwicklung befindet sich auch das Kind in einer ähnlichen Ohnmachtssituation den äußeren und inneren Gewalten gegenüber. Es ist den Eltern hilflos ausgeliefert, deren Schutz es gegen die Gefahren des Lebens braucht. In seiner Hilflosigkeit wendet es sich an das Wesen, das es zugleich am meisten fürchtet – den Vater. So wiederholt der Mensch seine Kindheitserfahrung und versucht nun in gleicher Weise, mit den unheimlichen Kräften der Natur fertig zu werden. Wie er es als Kind gelernt hat, seine Angst und Unsicherheit zu bewältigen, so verläßt er sich nun auf Gott-Vater, den er gleichermaßen bewundert, liebt und fürchtet.

Aus der Hilflosigkeit gegenüber den Übermächten der Natur und dem Schicksal erwuchsen dem Menschen Vatersehnsucht und die Götter. Diese vermögen aber nicht nur die Schrecken der Natur zu bannen und den Menschen mit der grausamen, sogar den Tod verheißenden Macht des Schicksals zu versöhnen, sondern sie können ihn zugleich für die Leiden und Entbehrungen entschädigen, die ihm das kulturelle Zusammenleben aufnötigt. So schafft sich der Mensch aus den Erinnerungen an die Hilflosigkeit der eigenen Kindheit und der Kindheit des Menschengeschlechts religiöse Vorstellungen, die nur den einen Sinn haben, seine Hilflosigkeit erträglicher zu machen.

Freuds Vorstellung vom Sinn der Religion soll deshalb wörtlich zitiert werden, weil diese Niederschrift zugleich ein hervorragendes Beispiel seines literarischen Stils ist: »Das Leben in dieser Welt dient einem höheren Zweck, der zwar nicht leicht zu erraten ist, aber gewiß eine Vervollkommnung des menschlichen Wesens bedeutet. Wahrscheinlich soll das Geistige im Menschen, die Seele, die sich im Lauf der Zeiten so langsam widerstrebend vom Körper getrennt hat, das Objekt dieser Erhebung und Erhöhung sein. Alles, was in dieser Welt vor sich geht, ist die Ausführung der Absichten einer uns überlegenen Intelligenz, die, wenn auch auf schwer zu verfolgenden Wegen und Umwegen, schließlich alles zum Guten, d. h. für uns Erfreulichen, lenkt. Über jedem von uns wacht eine gütige, nur scheinbar gestrenge Vorsehung, die nicht zuläßt, daß wir zum Spielball der überstarken und schonungslosen Naturkräfte werden; der Tod selbst ist keine Vernichtung, keine Rückkehr zum anorganisch Leblosen, sondern der Anfang einer neuen Art von Existenz, die auf dem Wege der Höherentwicklung liegt. Und nach der anderen Seite gewendet, dieselben Sittengesetze, die unsere Kulturen aufgestellt haben, beherrschen auch alles Weltgeschehen, nur werden sie von einer höchsten richterlichen Instanz mit ungleich mehr Macht und Konsequenz behütet. Alles Gute findet endlich seinen Lohn, alles Böse seine Strafe, wenn nicht schon in dieser Form des Lebens, so in den späteren Existenzen, die nach dem Tode beginnen. Somit sind alle Schrecken, Leiden und Härten des Lebens zur Austilgung bestimmt; das Leben nach dem Tode, das unser irdisches Leben fortsetzt, wie das unsichtbare Stück des Spektrums dem sichtbaren angefügt ist, bringt all die Vollendung, die wir hier vielleicht vermißt haben. Und die überlegene Weisheit, die diesen Ablauf lenkt, die Allgüte, die sich in ihm äußert, die Gerechtigkeit, die sich in ihm durchsetzt, das sind die Eigenschaften der göttlichen Wesen, die auch uns und die Welt im ganzen geschaffen haben. Oder vielmehr des einen göttlichen Wesens, zu dem sich in unserer Kultur alle Götter der Vorzeiten verdichtet haben. Das Volk, dem zuerst solche Konzentrierung der göttlichen Eigenschaften gelang, war nicht wenig stolz auf diesen Fortschritt. Es hatte den väterlichen Kern, der von jeher hinter jeder Gottesgewalt verborgen war, freigelegt; im Grunde war es eine Rückkehr zu den historischen Anfängen der Gottesidee. Nun, da Gott ein Einziger war, konnten die Beziehungen zu ihm die Innigkeit und Intensität des kindlichen Verhältnisses zum Vater wiedergewinnen. Wenn man soviel für den Vater getan hatte, wollte man aber auch belohnt werden, zumindest das einzige geliebte Kind sein, das auserwählte Volk ...« [12]

Illusion und Menschheitsneurose

Freud ging in seiner religiösen Auffassung weiter, als in Gott lediglich eine Vater-Projektion anzunehmen. Er glaubte, in der Religion eine Illusion zu erkennen, die dem Menschen vorgibt, unerfüllte Wünsche erfüllen zu können. So übertrage der Mensch die Illusion seiner Allmacht auf die Götter, ohne den Allmachtswunsch ernsthaft aufzugeben. Für ihn bedeutet Religion daher auch noch keine absolute Trennung von der Magie, wie wir im zweiten Kapitel dargelegt haben. Religion sei nichts weiter als eine Fluchtreaktion, eine Flucht auf das offene Meer, wo dem Gläubigen die Sicht auf die Küste der Realität verlorengegangen ist. Die rituellen Tabus und Gesetzesvorschriften der Religionen betrachtet Freud als Symptome einer kollektiven Neurose, die im besten Falle das Individuum vor der Entwicklung einer individuellen Zwangsneurose bewahren kann [13].

In den Frühstadien seiner Entwicklung war der Mensch vom Verstande her noch nicht erfahren und klug genug, die Vernunft zur Bewältigung der äußeren und inneren Kräfte einzusetzen. Er hatte noch keine andere Wahl, als diese Kräfte entweder zu unterdrücken oder eine Hilfsmaßnahme zu ergreifen, die ihm zugleich die emotionale Stärke verleihen sollte, es mit ihnen aufzunehmen und fertig zu werden. Die Religion, in der Freud diese affektive Hilfe erblickte, sollte also dem Menschen die mangelnde Vernunft ersetzen, die noch versagte, die Gefahren erfolgreich bekämpfen zu können.

Freud erklärte die Religion schlechtweg für eine Gefahr, weil sie dem Menschen lehre, einer Illusion nachzulaufen, anstatt seine Vernunft zu gebrauchen. Nur durch den Einsatz seiner Vernunft sei es möglich, in der Unabhängigkeit des Erwachsenseins für sich selbst gegen die äußeren Gefahren zu kämpfen und sich nicht in kindlicher Abhängigkeit auf den Vater zu verlassen. Durch seine Hingabe an die Illusion werde der Mensch untauglich, sich in der realen Welt durchzusetzen, und verpasse und verderbe sich alle Chancen, die ihm ein an die Wirklichkeit gebundenes Leben biete. So wie ein neurotischer, in Illusionen lebender Mensch krank sei, seine Aufgaben in einer realen Welt zu erfüllen, so bezeichnet er die Religion als eine kollektive Neurose, an der die Menschheit kranke. Mit dieser Schlußfolgerung erweitert Freud die Vorwürfe der Denker der Aufklärung auf das Gebiet der Psychologie.

So sieht Freud den Menschen und die Menschheit in einem einzigen geschichtlichen Entwicklungsprozeß, dessen Grundtendenz es ist, aus dem Individuum wie aus der Menschheit eine selbständige, selbst verantwortliche Einheit zu schaffen, deren Leitbild der reife, erwachsene, von der Vernunft geleitete Mensch ist. Für den einzelnen Menschen ist die Neurose diejenige Störung in diesem Prozeß, die eine solche Entwicklung verhindert. Für die Menschheit stelle die Religion eine analoge Störung dar, weil sie durch ihre Illusion von Gott-Vater den Menschen nicht nur abhängig und unselbständig mache, sondern ihn hindere, seine Vernunft weiterzuentwickeln und für die Weiterentwicklung der Menschheit einzusetzen. Freud geht sogar so weit, daß er den Menschen, der sich »demütig mit der geringfügigen Rolle in der großen Welt bescheidet«, für im wahrsten Sinne des Wortes irreligiös hält. Sein Bild vom modernen Menschen ist das eines freien Individuums, befreit zu sich selbst und frei für die Aufgaben in der Welt, die es zu bewältigen gilt und zu der auch seine Mitmenschen gehören.

Ein persönliches, ja intimes Bekenntnis Freuds über seine Stellung zur Religion als Menschheitsneurose finden wir in einem Brief an Ludwig Binswanger, nachdem sich dieser in einem Festvortrag über seine Übereinstimmungen und Abweichungen zu Freuds Ideen geäußert hatte. Freud fühlte sich deutlich in die Verteidigung gedrängt und schreibt in ironischer Selbstbescheidung: »Natürlich glaube ich Ihnen doch nicht. Ich habe mich immer nur im Parterre und Souterrain des Gebäudes aufgehalten. – Sie behaupten, wenn man den Gesichtspunkt wechselt, sieht man auch ein oberes Stockwerk, in dem so distinguierte Gäste wie Religion, Kunst u. a. hausen. Sie sind nicht der einzige darin, die meisten Kulturexemplare des *homo natura* denken so. Sie sind darin konservativ, ich revolutionär. Hätte ich noch ein Arbeitsleben vor mir, so getraute ich mich, auch jenen Hochgeborenen eine Wohnstatt in meinem niedrigen Häuschen anzuweisen. Für die Religion habe ich es schon gefunden, seitdem ich auf die Kategorie ›Menschheitsneurose‹ gestoßen bin. Aber wahrscheinlich reden wir doch aneinander vorbei, und unser Zwist wird erst nach Jahrhunderten zum Ausgleich kommen ...« [14]

Wäre es so, wie Freud annahm, daß allein aus der Hilflosigkeit des Kindes gegenüber seinem bedrohenden Vater eine religiöse Beziehung zu einem höheren Vater hergestellt wird, so wäre das lediglich eine analytische Erklärung, die keineswegs als Grundlage für eine Kritik bzw. Ablehnung religiöser Ideen hinreicht. Freud war der Ansicht, daß es »überhaupt verboten« sei, die »Frage nach der Beglaubigung« religiöser Lehrsätze aufzuwerfen. Das schien ihm schon »verdächtig«. Für ihn konnte dieses Verbot, das er als Realität empfand, nur *ein* Motiv haben, nämlich, »daß die Gesellschaft die Unsicherheit des Anspruchs sehr wohl kennt, den sie für ihre religiösen Lehren erhebt«. So kam er »zu dem sonderbaren Ergebnis, daß gerade diejenigen Mitteilungen unseres Kulturbesitzes, die die größte Bedeutung für uns haben könnten, denen die Aufgabe zuteil ist, uns die Rätsel der Welt aufzuklären und uns mit dem Leiden des Lebens zu versöhnen, daß gerade sie die allerschwächste Beglaubigung haben [15].

Freuds eigene Ohnmacht war es, in den religiösen Ideen nichts anderes als Illusionen zu sehen, »Erfüllungen der ältesten, stärksten, dringendsten Wünsche der Menschheit« [16]. Er unternahm niemals auch nur den Versuch, die Werte und Inhalte der religiösen Ideen und Doktrinen als Wahrheiten – als *Glauben* – einzuschätzen, es genügte ihm, sie als Illusionen hinzunehmen. Er hielt es für ein Versagen der Religion, daß es ihr in den vielen Tausenden von Jahren nicht gelungen sei, den größten Teil der Menschheit zu befriedigen und zu beglücken. Sein Blick war gebannt durch die Vorgänge neurotischer Art, so daß er versucht war, diese Vorgänge von vornherein in die Lebenswirklichkeit derart einzubauen, daß er deren Erscheinungen – wie Gewissen und Schuld, Neid und Süchte – als erklärende Ursachen der Kultur ansah. So kam es, daß er sich damit zufriedengeben mußte, in der Religion eine »universelle Zwangsneurose der Menschheit« zu sehen, und daß er die religiösen Lehrsätze für nichts anderes als neurotische Relikte hielt. Wenn aber diese religiöse Illusion erschüttert würde, so drohte Freud, »dann stürzt ihre Welt zusammen, es bleibt ihnen nichts übrig, als an allem zu zweifeln, an der Kultur und an der Zukunft der Menschheit« [17].

Unterschiedliche Auffassungen von Freud und Jung

Obgleich hier ausschließlich von der Psychoanalyse Freuds und seiner Religionskritik die Rede ist, so sei dem Autor gestattet, in diesem Zusammenhang kurz auf die Religionsphilosophie von C. G. Jung einzugehen [18]. Dies insbesondere darum, weil nicht nur in Laien – sondern auch in Fachkreisen immer wieder die Ansicht laut wird, Freud sei *gegen* und Jung *für* die Religion.

Als sich Jung im Jahre 1912 von Freud und seiner Schule lossagte – wovon bereits in einem früheren Kapitel die Rede war –, lag dies immerhin noch fünfzehn Jahre *vor* der Veröffentlichung der »Zukunft einer Illusion«. Diese zeitliche Diskrepanz kann nicht darüber hinwegtäuschen, daß seiner Trennung von Freud eine tiefliegende Meinungsverschiedenheit über die Auffassung religiöser Erfahrungen vorausgegangen war. In seinen Vorträgen an der Yale-Universität aus dem Jahre 1937 definiert Jung die Natur religiöser Erlebnisse als ein Ergriffenwerden von einer Macht außerhalb des Menschen, die höher ist als der Mensch und der er sich unterwirft. »Religion ist, wie das lateinische Wort religere sagt, eine sorgfältige und gewissenhafte Beobachtung dessen, was Rudolf Otto [19] treffend das ›Numinosum‹ genannt hat, nämlich eine dynamische Existenz oder Wirkung, die nicht von einem Willkürakt verursacht wird. Im Gegenteil, die Wirkung ergreift und beherrscht das menschliche Subjekt, welches immer viel eher ihr Opfer denn ihr Schöpfer ist. Das Numinosum – was immer auch seine Ursache sein mag – ist eine Bedingung des Subjekts, die unabhängig ist von dessen Willen. Jedenfalls erklärt sowohl die religiöse Lehre als auch der consensus gentium immer und überall, daß diese Bedingung einer Ursache außerhalb des Individuums zuzuordnen sei. Das Numinosum ist entweder die Eigenschaft eines sichtbaren Objektes oder der Einfluß einer unsichtbaren Gegenwart, welche eine besondere Veränderung des Bewußtseins verursacht. Dies ist wenigstens allgemeine Regel.« [20]

Diese Definition der Religion, der sicher viele Theologen nahestehen, verbindet Jung mit einer Auffassung vom Unbewußten, die völlig verschieden von derjenigen Freuds ist. Jung sieht in dem Unbewußten einen Teil der Seele, der qualitativ so weitgehend verschieden von dem Bewußtsein ist, daß er in seinen tiefsten Schichten – dem »kollektiven« Anteil – nicht einmal dem individuellen Wesen angehört, sondern der ganzen Menschheit. Diesen Kern des Unbewußten hält Jung schlechthin für religiös in seiner Natur, da sich Gott in ihm als Archetypus wiederfinden läßt. Gott ist also nicht eine Vater-Projektion *aus* dem Unbewußten nach außen, wie Freud es sah, sondern Er projiziert sein Bild *in* das Unbewußte hinein. »Gott selbst hat sie (die Seele) vergottet!« [21] In den Träumen seiner Patienten fand Jung unabhängig von Rasse, Klasse und Volk Symbole, die in ihrem Charakter nicht nur untereinander verwandt sind, sondern auch Analogien im Ritual, im Dogma und in der Götterwelt der Religion aufweisen. Darum sah er in dem Einfluß des Unbewußten auf das Bewußtsein ein grundlegend religiöses Phänomen. In der Hingabe an das archetypische Geschehen im eigenen Unbewußten kann der Mensch sich religiös erleben und zu sich selbst, zu seinem »Selbst«

kommen. Der Archetypus des Selbst entspricht nach Jung dem Ziel des menschlichen Weges zu sich selbst.

Jung sieht in der Religion einen unentbehrlichen Faktor für jede Kultur. Sie ist nötig, um den zügellosen Kräften des kollektiven Unbewußten einen Weg ins Freie zu bahnen. Die Religionen kanalisieren diese Kräfte in ihren Dogmen und Riten, die der Seele als Sicherheitsventile gegenüber Gefahren dienen und ohne die die Persönlichkeitsstruktur des Menschen bedroht würde, auseinandergesprengt zu werden. Seele ist nach Jung eine Beziehungsmöglichkeit zu Gott. »In der inneren Erfahrung erst offenbart sich die Beziehung der Seele zu dem äußerlich Vorgezeigten und Gepredigten als eine Verwandtschaft oder Entsprechung wie die von ›sponsus‹ und ›sponsa‹. Wenn ich daher als Psycholog sage, Gott sei ein Archetypus, so meine ich damit den Typus in der Seele... Schon das Wort ›Archetypus‹ setzt ein Prägendes voraus.« [22]

Es ist sicher nicht verwunderlich, daß diese Auffassung Jungs Eindruck auf den heutigen Theologen macht. Denn hier wird der Mensch als von Natur aus religiös gesehen. Ohne Religion verliert er seine Menschlichkeit. Vielmehr ist der religionslose moderne Mensch für Jung eine Illusion, und der glaubende, religiöse Mensch eine Realität. Allerdings haben die christlichen Theologen bis heute in Jungs Religionsphilosophie vergeblich nach Christus als der Mitte gesucht.

Für Jung war die Neurose ein Symptom des Menschen, der den Halt in der Religion verloren hat. Viktor von Weizsäcker gegenüber hatte er geäußert: »Die Neurotiker suchen *alle* das Religiöse«. Es mag Menschen geben, welche den Halt in der Religion haben oder zu haben glauben; für die anderen, zu denen er sich – nach von Weizsäckers Ansicht – wohl selbst rechnet, ist die Lage anders. Sie müssen büßen, wenn sie sich einer Illusion hingeben; die Neurose ist die Folge eines Verlustes des Haltes, der Mitte [23].

In der Unterwerfung unter eine höhere Macht – sei sie nun Gott oder das Unbewußte – sieht Erich Fromm den spezifischen Gefühlscharakter des religiösen Erlebnisses, wie es Jung annimmt. Darin stimme Jung mit den Lehren Luthers und Calvins überein. Doch hinsichtlich der Erforschung der Wahrheit, die eine oberste Forderung des Buddhismus, Judentums und der Lehre Christi ist, stehe Jung im Gegensatz zu diesen Religionen.

Fromm hat zugleich am klarsten die Unterschiede in den religiösen

Auffassungen Jungs und Freuds charakterisiert. – »Wenn wir versuchen, die jeweiligen Positionen Freuds und Jungs auf eine kurze Formel zu bringen, dürfen wir sagen, Freud widersetzt sich der Religion im Namen der Ethik – eine Haltung, die zweifellos ›religiös‹ genannt werden kann. Andrerseits führt Jung die Religion einschränkend auf ein psychologisches Phänomen zurück und erhebt gleichzeitig das Unbewußte zu einer religiösen Erscheinung.« [24]

Fromm hält daher den Vorwurf, daß Freud »gegen« Religion sei, für irreführend, es sei denn, man würde klar unterscheiden, welche Art Religion oder welche Seiten des Religiösen er kritisiert und für welche er sich einsetzt. »Freud ist der Auffassung, das Ziel der menschlichen Entwicklung sei die Erreichung folgender Ideale: Erkenntnis (Vernunft, Wahrheit, *Logos*), Menschenliebe, Verminderung des Leidens, Unabhängigkeit und Verantwortung. Diese Ideale bilden den ethischen Kern aller großen Religionen, auf denen die westliche und die östliche Kultur beruht. ... Freud spricht im Namen des ethischen Kerns der Religion und kritisiert ihre theistisch-übernatürlichen Seiten, sofern sie die volle Verwirklichung dieser ethischen Zielsetzungen hindern. Er erklärt die theistisch-übernatürlichen Konzeptionen als Stadien der menschlichen Entwicklung, die einstmals notwendig und förderlich waren, jetzt aber nicht länger nötig und tatsächlich ein Hindernis für weiteres geistig-seelisches Wachstum seien.« [25]

Das »ozeanische« Gefühl

Freud die Religiosität absprechen zu wollen, liegt uns heute ferner denn je, läßt er doch selbst seinen Widersacher sagen: »Aber so, wie sie sind, werden diese Vorstellungen – die im weitesten Sinne religiösen – als der kostbarste Besitz der Kultur eingeschätzt, als das Wertvollste, was sie ihren Teilnehmern zu bieten hat, weit höher geschätzt als alle Künste, der Erde Schätze zu entlocken.« [26] Freud konnte nicht glauben, was er nicht selbst mit dem Verstande entdeckt hatte. Für ihn bestand die Religion lediglich aus »gewissen Dogmen, Vermutungen über Tatsachen und Bedingungen äußerer (oder innerer) Realität, die uns sagen, was man nicht selbst entdeckt hat, und die fordern, daß man ihnen Glauben schenkt«. So war sie für ihn eine Illusion. Es war, sagt Freud, »eine Illusion des Kolumbus, daß er einen neuen Seeweg nach Indien entdeckt habe«, und er fügt hinzu,

»der Anteil seines Wunsches an diesem Irrtum war sehr deutlich«[27]. Doch Freud spricht nur von dem Traum und der Sehnsucht des Kolumbus, nicht aber von seinem Glauben und Vertrauen, ohne die er wohl kaum seine Reise gewagt hätte! Und was vielleicht noch am wichtigsten ist – Freud sagt nichts über die Entdeckung selbst.

Freud, dem die religiösen Phänomene des Glaubens letztlich verschlossen geblieben sind, wandte sich schließlich der Kur zu. Die Wissenschaft sollte diese Illusion vertreiben. »Je mehr die Früchte der Weisheit dem Menschen erreichbar werden, um so verbreiteter wird der Verfall des religiösen Glaubens sein.« Aber Freud war bereits unsicher geworden hinsichtlich der Wissenschaft und ihrer alles erobernden Vorherrschaft, und wollte die Möglichkeit zugestehen, daß auch er einer Illusion nachjage. »Vielleicht ist die Wirkung des religiösen Denkverbotes nicht so arg, wie ich's annehme, vielleicht stellt sich heraus, daß die menschliche Natur dieselbe bleibt, auch wenn man die Erziehung nicht zur Unterwerfung unter die Religion mißbraucht.«[28]

Der Freund und Dichter Romain Rolland hatte an Freuds »Zukunft einer Illusion« tief bedauert, daß er darin »die eigentliche Quelle der Religiosität nicht gewürdigt hätte! Dies sei ein besonderes Gefühl, das ihn (Romain Rolland) selbst nie zu verlassen pflege, das er von vielen anderen bestätigt gefunden habe und bei Millionen Menschen voraussetzen dürfe. Ein Gefühl, das er die Empfindung der ›Ewigkeit‹ nennen möchte, ein Gefühl wie von etwas Unbegrenztem, Schrankenlosem, gleichsam ›Ozeanischem‹!« Freud konnte dieses Gefühl mit seinem Freund nicht teilen. »Diese Äußerung meines verehrten Freundes, der selbst einmal den Zauber der Illusion poetisch gewürdigt hat, brachte mir nicht geringe Schwierigkeiten. Ich selbst kann dieses ›ozeanische‹ Gefühl nicht in mir entdecken... Ich möchte sagen, für mich hat dies eher den Charakter einer intellektuellen Einsicht, gewiß nicht ohne begleitenden Gefühlston, wie es aber auch bei anderen Denkakten von ähnlicher Tragweite nicht fehlen wird. An meiner Person könnte ich mich von der primären Natur eines solchen Gefühls nicht überzeugen. Darum darf ich aber sein tatsächliches Vorkommen bei anderen nicht bestreiten. Es fragt sich nur, ob es richtig gedeutet wird und ob es als ›fons et origo‹ aller religiösen Bedürfnisse anerkannt werden soll.«[29]

Dieses Gefühl, dem Romain Rolland Ausdruck verliehen hatte und das Freud nicht bestreitet, ist für einen großen Menschenkreis keine

Illusion, sondern eine sich immer wieder bestätigende, »glaubhafte Realität«. Diese Realität kann natürlich nicht von der Naturwissenschaft nachgewiesen und erklärt werden, worauf ich am Anfang dieses Kapitels hingewiesen habe. Wir stimmen mit Jung überein, der die religiöse Erfahrung für absolut hielt. Darum lasse sich über sie nicht disputieren. »Man kann nur sagen, daß man niemals eine solche Erfahrung gehabt habe, und der Gegner wird sagen: ›Ich bedauere, aber ich hatte sie‹. Und damit wird die Diskussion zu Ende sein. Es ist gleichgültig, was die Welt über die religiöse Erfahrung denkt; derjenige, der sie hat, besitzt den großen Schatz einer Sache, die ihm zu einer Quelle von Leben, Sinn und Schönheit wurde, und die der Welt und der Menschheit einen neuen Glanz gegeben hat.« [30]

Der Zürcher evangelische Pfarrer und Psychoanalytiker Oskar Pfister, dessen dreißigjährige Freundschaft mit Freud in einem Briefwechsel [31] dokumentiert ist, antwortete auf Freuds »Zukunft einer Illusion« mit der Streitschrift »Die Illusion einer Zukunft«, die Freud in seiner eigenen Zeitschrift veröffentlichte. Pfister war überzeugt, daß Freud den Friedensschluß zwischen Christentum und Psychoanalyse voraussah, nur fehle ihm auf diesem »wundervollen Gebiet«, wie er selbst zugab [32], wie in der Musik und anderen Geistesgebieten, jedes Miterleben und tiefere Verständnis. Warum dürfe das Genie nicht auch seine Schranken haben?

In seinem Briefwechsel mit Pfister hat Freud zum Ausdruck gebracht, daß er dessen seelsorgerischen Möglichkeiten keineswegs gering einschätzt, wenn auch ein leiser Ton von Ironie nicht zu überhören ist: »Sie sind in der glücklichen Lage, auf Gott weiterzuleiten« [33], und an anderer Stelle: »Um die Möglichkeit der Sublimierung zur Religion kann ich Sie therapeutisch nur beneiden.« [34]

Der Seelsorger Pfister, dem sich Freud nie verschließen konnte, hat dessen beständige Versicherungen, daß er völlig areligiös, ja ein schlimmer Feind der Religion sei [35], niemals ernst genommen, und Freud ausschließlich nach seinem Sein und seinem Leben beurteilt. Für ihn war Freud ein ganzes Leben lang von religiöser Unruhe und Wahrheitssehnsucht erfüllt, wenn er an ihn schreibt: »Es handelt sich gar nicht darum, was angenehmer, erfreulicher und fürs Leben bequemer und vorteilhafter ist, sondern was jener rätselhaften Wirklichkeit, die es doch außer uns gibt, näher kommen mag.« [36] In einem weiteren Brief konnte Freud Pfister bekennen: »Liegt nicht in aller Gnade und Vergebung ein analytisches Handeln?« [37]

Freud hat uns die Entstehungsursachen mancher krankhaften Äußerungen der Frömmigkeit vor Augen geführt, die teilweise, wie zum Beispiel die Hexen- und Ketzermorde, zum Entsetzlichsten und Antichristlichsten der Menschheitsgeschichte gehören, und bahnte damit dem Seelsorger den Weg zu ihrer Bekämpfung und Verhütung. So hat der dediziert »ungläubige« Freud für die Religionspraxis vielleicht mehr getan als mancher Theologe unseres Zeitalters. Pfister verglich ihn mit dem Bileam des Alten Testamentes, der auszog, um zu fluchen, statt dessen aber segnete.

Freud selbst hat erklärt, daß seine Weissagung der trüben Zukunft des christlichen Glaubens keine notwendige Folgerung aus der Psychoanalyse sei. Und wenn einzelne Analytiker in Auffrischung Ludwig Feuerbachs die Religion als Wunschphantasie bezeichnen, so läßt sich psychoanalytisch immer wieder nachweisen, daß sehr oft die Gottlosigkeit aus Haß gegen den Vater, Verekelung der Liebe, gekränkter Selbstliebe, Selbstüberschätzung, Immoralismus und dergleichen hervorgeht.

Freud hat Gott mit menschlichen Phantasien und Projektionen verwechselt und die Wirklichkeit des Unerforschbaren damit verleugnet. Aber vielleicht hat er gerade darum die Realität Gottes geahnt. Wie hätte er sonst von diesem »Phantasie-Gott« so eindeutig Abstand nehmen und bis zum letzten Atemzug seines arbeitsreichen Lebens von dem menschlichen Leiden ergriffen sein können!

Zur Psychodynamik des religiösen Verhaltens

Freuds negative Religionskritik hat jedoch nicht dazu geführt, daß die Schüler der Psychoanalyse seine Gedanken von der Religion als einer Illusion und Menschheitsneurose bereitwillig übernahmen. Ich meine nicht die Vertreter anderer Schulen wie die C. G. Jungs, sondern die Psychoanalytiker, die – wie der Autor – auch heute ihre Zugehörigkeit oder Anlehnung an Freud betonen. Gerade sie sind es, die sich in der täglichen psychotherapeutischen Arbeit immer wieder über Wert, Sinn und Ursprung der religiösen Zuwendung ihrer Patienten Rechenschaft abgeben müssen.

Die psychodynamischen Prinzipien – also jene gesetzmäßigen Zusammenhänge im psychisch-energetischen Ablauf, die durch die

Psychoanalyse entdeckt wurden und ständig weiter erhellt werden – ermöglichen dem Psychoanalytiker, auf dem Wege über die Beziehung des Menschen zur Religion auch über die religiösen Verhaltenspraktiken und Inhalte Erkenntnisse zu gewinnen, die die Frage nach dem »warum« getrost ausklammern und dem Bereich des Glaubens überlassen können. Hierbei kann es nicht darum gehen, alle Aspekte der Religion in ihrer Gesamtheit aufzuzeigen oder gar zu erklären zu versuchen, wie es Freud irrtümlicherweise unternommen hatte. Vielmehr kann es bei der Beobachtung der psychodynamischen Zusammenhänge immer nur gelingen, Teilaspekte zu erkennen und aufzuhellen und sie als solche in ein weiteres Studium einzubeziehen.

Die folgende Darstellung erhebt daher keinen Anspruch, die Psychodynamik des religiösen Verhaltens in ihrer Vollständigkeit zu erfassen, noch vermag sie einer in allem gültigen Deutung gerecht zu werden. Sie ist lediglich als ein Versuch zu werten, mit einigen Gedanken zu diesem Thema zum Nachdenken anzuregen.

Vaterbeziehung und Vaterreligion

Wenn auch die Praktiken und Inhalte vieler alter und neuer Religionen voneinander grundverschieden sind, so daß sie sich kaum in einer jeden verständlichen Form definieren lassen, so haben sie doch ein gemeinsames Element, das sich in psychodynamischen Begriffen darstellen läßt. In jedem religiösen Gedankengebäude läßt sich erkennen, wie der Mensch Würde und Haltungen, die vom Vater oder anderen Familienmitgliedern nicht angenommen werden und darum verdrängt werden müssen, auf ein höheres Wesen, einen Gott überträgt. Dieser Gott kann – wie wir gesehen haben – ein totemisches Tier, ein Idol, ein Naturphänomen, ein Mensch oder ein hypothetisches Wesen mit einigen mensch-ähnlichen Eigenschaften sein. Um diesen Kern herum baut sich jedes religiöse System eine Überstruktur auf, die zu den psychischen Bestandteilen auch noch ökonomische, soziale, kulturelle und ästhetische Werte aufnimmt. In der jüdischen und christlichen Religion tritt noch das Prinzip der Moralität hinzu, das mit dem Monotheismus verbunden wurde. Doch ist es von untergeordneter Bedeutung, welchen Aspekt die abgeleitete, heutige Form der Religion betont. Immer erreicht die Religion ihre tragende Bedeutung und Autorität allein durch Kräfte, die ihr von den

Anhängern übertragen werden. Die Psychoanalyse sieht in ihnen jene umfassenden Kräfte und Fähigkeiten, die einst der Vater in den Augen des Kindes besaß: Allmacht und Allwissenheit, die Fähigkeit zu lieben, zu ernähren und zu schützen, aber auch die Gewalt, Kontrolle auszuüben und zu strafen. Dieselben Kräfte werden unbewußt zugleich den Priestern zugeschrieben, die für die Gläubigen Gott repräsentieren.

Wie kommt es – so fragen wir uns –, daß der Mensch noch im Erwachsenenalter den Wunsch hegt, seine kindliche Haltung dem Vater gegenüber zu bewahren, sie aber von ihm loslöst und auf einen Gott überträgt?

Die Antwort auf diese Frage liegt in der Tatsache begründet, daß das Kind im Prozeß der Reifung seinen Vater auf zweifache Weise verliert. Zunächst wird von dem Kind erwartet, daß es zunehmend mehr Verantwortung für sich selbst, für sein Verhalten und seine Stellung im Leben anzunehmen bereit ist, während es im gleichen Zeitablauf mehr und mehr auf den direkten Schutz seines Vaters verzichten lernt. Zum anderen wird dem Kind infolge seiner wachsenden Aufnahmebereitschaft und Realitätsbezogenheit bewußt, daß die gott-ähnlichen Eigenschaften, die sein Vater einmal zu besitzen schien, nicht mehr länger existieren, ja eigentlich nie vorhanden waren. So verliert das Kind im Laufe des Heranwachsens nicht nur den Schutz des imaginären, omnipotenten Vaters, sondern auch seines realen Vaters. Die meisten Kinder vermögen jedoch aus sich heraus diesen Verlust auf bewußter Ebene zu bewältigen, ohne dabei Schaden zu leiden. Sie begnügen sich schließlich mit einem Elternabbild, das sie in ihr eigenes Ich aufnehmen und zu einer vorbildhaften Instanz verarbeiten, die wir als Über-Ich bezeichnen. In ihm lebt das Vorbild der Eltern weiter. Doch selbst in den Kindern, die den Verlust *bewußt* akzeptiert haben, lebt *unbewußt* die Sehnsucht nach dem verlorengegangenen Schutz des Vaters fort. Der Kern des Ichs, der von diesen ungestillten Wünschen des Es getrieben wird, akzeptiert nun einen Ersatz für den Verlust in der Realität. Obgleich dieser Ersatz nicht alle Eigenschaften des in der Wirklichkeit lebenden Vaters besitzt, so nimmt er doch den Status einer Realität an. Dies geschieht nicht etwa allein durch Verleugnung der Realität, in der wir einen Abwehrmechanismus des Ichs gegenüber der Verlustangst erkennen würden, sondern vor allem auch durch die Versicherung der realen Eltern und der Gemeinschaft, daß Gott wirklich existiert.

Indem also das Kind lernt, auf die Liebe und den Schutz seines eigenen Vaters zu verzichten, lernt es zugleich, einen übernatürlichen, über der Welt stehenden Vater anzunehmen, wie es auch seine Eltern und Vorfahren getan haben.

Weiter als bis hierher können wir mit unserem psychologischen Denken den Ursprung der Religiosität im Menschen nicht verfolgen. Doch können wir sagen, daß mit dieser Entwicklung die Weisen der religiösen Zuwendung mitbestimmt und auch die heftigen Emotionen ausgelöst und beeinflußt werden, die sowohl *für* als auch *gegen* die Religion zum Ausdruck kommen.

Der *Glaube* ist keine Instinkthandlung, doch rechtfertigt und fordert er Instinkthandlungen – Auseinandersetzungen mit Gott – heraus. Der Gläubige bittet Gott um ein Zeichen, er möge seine Wünsche erfüllen, seine Liebe wahrnehmen und erwidern. Im *Wunder,* dessen spontanes Eintreffen der Mensch nicht erwartet, kann er eine Antwort Gottes sehen. Es stellt daher den Wert des religiösen Glaubens sichtbar heraus. Es ist ein ungewöhnliches, unrealistisches Ereignis. Doch wenn der Mensch die Realitätsprüfung nicht restlos aufgeben kann, wird er mit der bloßen Antwort Gottes im Wunder nicht zufrieden sein. Immer wieder wird er versuchen, auf irgendeine Weise die Anstrengungen seines Gottes für ihn zu mobilisieren, vor allem, wenn er sich einer Gefahr ausgesetzt sieht. Daher ist das Bedürfnis, Gott um Liebe und Schutz immer aufs neue anzuflehen, eine der Hauptformen religiöser Handlungen.

Ambivalenz aus der Lösung des Ödipuskonfliktes

Um die Entwicklung religiöser Grundhaltungen des Menschen zu verstehen, die zugleich religiöse Handlungen ausgelöst und geformt haben, wollen wir uns einige psychodynamische Erscheinungen vergegenwärtigen.

Alle Eltern wissen, daß sich der liebevollen, ergebenen Einstellung ihres Kindes zu ihnen auch feindliche Züge hinzugesellen, die meist dann ausgelöst werden, wenn dem Kind etwas versagt, oder wenn es in irgendeiner Weise enttäuscht wurde. Aber feindliche Gefühle können auch als Reaktion des Kindes auf Wünsche auftreten, die nur in der Phantasie vorhanden sind und gar nicht ins Bewußtsein durchdringen, weil sie zur Wirklichkeit in einem allzugroßen Kontrast stehen. Solche Wünsche findet der Psychotherapeut in den Träumen wieder, die aus verdrängtem Material bestehen, wie z. B. von den Eltern besessen, überwältigt und verletzt zu werden. Das vergöttlichte Bild des Vaters enthält etwas von dieser Feindseligkeit, die ursprünglich gegen den eigenen Vater gerichtet war. Diese feindlichen Gefühle werden noch verstärkt, wenn Gott versagt hat, seine Güte zu erweisen, nachdem er um etwas gebeten worden war. Doch da Gott allwissend ist, kennt er auch diese feindliche, rebellische Haltung seines Kindes. Um seinen Zorn abzuwenden und sich mit ihm wieder zu versöhnen, muß das Kind seine feindliche Haltung bereuen und Buße tun. Nicht selten entsteht dadurch ein weiteres Gefühl von Verdruß. Was ursprünglich als einfache Bitte an den allmächtigen Vater begann, wird nun zu einem Teufelskreis von Bitten, Ärger und Frustration, und schließlich wieder Versöhnung durch Reue und Buße.

Eine weitere und tiefenpsychologisch sehr wichtige Erkenntnis haben wir aus der Entwicklung des Kindes zwischen dem vierten und siebenten Lebensjahr gewonnen. Obgleich das Unabhängigwerden von den Eltern ein langsam, aber ständig fortschreitender Prozeß ist, geschehen zu diesem Zeitpunkt, den wir auch Latenzzeit nennen, auffällig plötzliche Veränderungen. Zwar sind die Eltern noch immer die wichtigsten Personen, auf die sich die Liebe des Kindes richtet. Doch wird nun der sinnliche Wunsch nach Kontakt mit ihnen unterdrückt oder, wie wir sagen, verdrängt. Die Sinnlichkeit wird unbewußt, und die Liebe wird zärtlich. Die klinische Erfahrung hat uns gelehrt, daß diese Veränderung zu dem Zeitpunkt notwendig wird, da die infantile Sexualität mit dem Ödipuskomplex zusammentrifft, also wenn sich das Kind in seiner unbewußten Phantasie den genitalen Kontakt mit dem gegengeschlechtlichen Elternteil wünscht. Der Knabe wird seinen Ödipuskomplex normalerweise auflösen, indem er sein sinnliches Interesse an der Mutter verdrängt und sich mit seinem Vater in einem nicht-sexuellen Sinne identifiziert. Wenn in der Pubertät das sexuelle Verlangen wieder auflebt, wird der Knabe sich einem ungefähr gleichaltrigen Mädchen außerhalb der Familie zuwenden. Es gibt aber auch zahlreiche Abarten, die zu einer pathologischen Lösung des Ödipuskomplexes führen, auf die wir jedoch hier nicht einzugehen brauchen. In jedem Falle verlieren die Eltern entscheidend die Bedeutung, die sie einmal im Leben des Kindes besaßen. Es muß daher erwartet werden, daß das übernatürliche Bild des Vaters nicht nur zum Angriffspunkt der Ambivalenz des Kindes aus der vor-ödipalen Zeit wird, sondern daß sich auch die Affekte und Einstellungshaltungen, die den Konflikt der ödipalen Situation umgeben, darauf richten. Dazu sagt Freud: »Wenn das Totemtier der Vater ist, dann fallen die beiden Hauptgebote des Totemismus, die beiden Tabuvorschriften, die seinen Kern ausmachen, den Totem nicht zu töten und kein Weib, das dem Totem angehört, sexuell zu gebrauchen, inhaltlich zusammen mit den beiden Verbrechen des Ödipus, der seinen Vater tötete und seine Mutter zum Weibe nahm, und mit den beiden Urwünschen des Kindes, deren ungenügende Verdrängung oder deren Wiedererweckung den Kern vielleicht aller Neurosen bildet.« [38]

Während diese beiden Vorstellungen aus der psychischen Entwicklung primär auf die religiöse Verhaltenseinstellung Einfluß nehmen, sollten wir uns nun noch einer weiteren Erscheinung zuwenden, die vielmehr auf den Inhalt der Religion, also die religiöse Lehre, einwirkt.

Projektion nach außen — Gefahr von innen

Wie sich in der patriarchalischen Familie um die Figur des Vaters die Gruppe ihrer Mitglieder bildet, wird auch um die Figur des über der Welt stehenden, vergöttlichten Vaters eine ganze Gruppe von Familienfiguren angenommen. Diese setzen sich aus einem oder mehreren Repräsentanten von Mutter und Geschwistern zusammen.

Die *Magna mater* der primitiven Mutterreligionen war wahrscheinlich mehr als eine solche periphere Gestalt und gehörte zu einer archaischeren Form der Familienorganisation. E. Roellenbleck [39] hat sich um den Nachweis bemüht, auch im Alten Testament hinter der Gestalt Jahwes die Magna mater zu erkennen. Er betrachtete es als seine Aufgabe, mit Hilfe der Psychoanalyse jene Vorgänge aufzuhellen, die bei den Hebräern schließlich zur Enthronung der Muttergottheit und zur Alleinherrschaft Jahwes führten.

In der Tendenz, um Gott-Vater eine Gruppe von Personen zu stellen, erkennen wir das Verlangen des Menschen, Heim und Familie symbolhaft religiös darzustellen. Diese enge Familiengruppe aber wird noch ergänzt durch Figuren, die aus Engeln, Teufeln, Helden, vergöttlichten Sterblichen und Heiligen bestehen. Diesen obliegen meist zwei Funktionen: Einmal können sie wie Gottvater selbst Ursprung von Liebe und Schutz sein. Zum anderen dienen sie als Ansatzpunkt, Ziel und Objekt, auf das der Mensch einige seiner eigenen Impulse projizieren kann. Selbst Gott wäre außer der übernatürlichen Darstellung des eigenen Vaters auch noch eine Projektion der individuellen Eigenschaft und Fähigkeit der Selbstbeobachtung, Selbstkritik und Selbstbestrafung, also des menschlichen Über-Ichs oder Gewissens. Die *Teufel* können wir als Projektionen der individuellen Wünsche auffassen, das von Gott Verbotene tun zu wollen. Die *Helden,* die Gott-Vater herausfordern oder gar erschlagen wollen, wären Projektionen des Sohnes, der seinen Vater besiegen möchte. Die *Engel* erscheinen uns als Projektionen des Ich-Ideals, also des Selbst. Nach dem Standard der Eltern sind sie im idealen Sinne vollkommen. Die *Heiligen* können Projektionen der idealisierten, nicht sexuell angelegten Elternabbilder darstellen.

So schließt die religiöse Familiengruppierung sowohl Repräsentanten der Eltern und Geschwister als auch Projektionen von Teilen des eigenen, individuellen Ichs ein.

Und noch ein Weiteres ist aus der Sicht der Psychodynamik erwähnenswert. Der Mensch fühlt sich – wie wir gesehen haben – hilflos gegenüber Gefahren, die ihn von außen bedrohen. Gegen sie sucht er Schutz bei seinem wirklichen Vater, später – nachdem er sich von seinen Eltern emanzipiert hat – bei seinem göttlichen Vater. Doch im Fall der Gefahr einer Naturkatastrophe, einer schlechten Ernte, von Krankheit und Tod, wird Religion allzu leicht zu einem Aberglauben reduziert. Es ist gerade dieses Element des Aberglaubens, das die moderne Religion – das Christentum heute – gerne eliminieren möchte. Erstaunlich scheint es, daß zehntausend Jahre der Geschichte der Menschheit vorübergehen mußten, bis das Realitätsbewußtsein in die Lage versetzt werden sollte, die Wertlosigkeit gewisser religiöser Handlungen zu erkennen, die z. B. ausgeführt werden, um ein in der Realität unvermeidbares Unglück abzuwenden. Denn die Geschichte lehrt uns, daß Handlungen ohne wirklichen Wert und Sinn bald als überflüssig beiseite geschoben werden, es sei denn, sie besitzen einen psychischen Wert. Darum ist wohl die Frage berechtigt, ob es vielleicht die Gefahr vor den feindlich gesinnten Mitmenschen ist, gegen die uns die Religion schützen soll? Dies würde erklären, warum jeder Mensch darauf besteht, daß sich auch sein Mitmensch an die religiösen Gebote hält, doch würde dieser Beweisgrund nicht hinreichen, den Menschen zu echter religiöser Hingabe zu bewegen. Wie wir aber bereits sagten, ächtet selbst die primitive Religion solche, die Gesellschaft abstoßenden Handlungen wie Inzest und Mord von Autoritätspersonen. Wohl vermag ein echtes Verlangen nach moralischem Verhalten und Gerechtigkeit nicht, inbrünstige religiöse Hingabe zu erwecken. Im Gegenteil, es ist die Religion, die zu Moral und Gerechtigkeit auffordert. Darum neigt der Psychoanalytiker zu der Folgerung, daß es *innere* Gefahren sind, die von der Religion bekämpft werden, die Gefahr aus den Instinkten oder Trieben, besser die Gefahr des Schmerzes oder Unbehagens, der das Ich durch die Triebe aus dem Es ausgesetzt ist. Einige Religionen vermögen den Trauernden über den Verlust des Geliebten hinwegzutrösten, indem sie ihm versprechen, daß sie beide eines Tages wieder vereint sein werden. Auf dieselbe Weise trösten sie über den Schmerz, den der Gedanke an den eigenen Tod auslöst, hinweg, indem sie seine Realität leugnen. Die Religion bietet dem Gläubigen eine Gelegenheit, seine Konflikte nach außen zu projizieren. Sowohl der Impuls für eine böse Tat als auch die Strafe werden als ein Ausagieren übernatürlicher Kräfte gesehen. Böse Absicht kann sowohl Nichtgläubigen wie Mitgliedern anderer Gruppen unterstellt werden. Die Gefahr eines triebhaften Durchbruchs aus dem unbewußten Inneren oder die Strafe dafür, oft aber auch beides, können nach außen projiziert und dann als Gefahren von Naturkatastrophen, Gewittern, Überschwemmungen, Trokkenheit, Krankheit usw. gesehen werden. Dies wäre der Entstehungsmechanismus der Phobien, also Ängsten vor diesen Gefahren. Wenn religiöse Gebote gegen innere Gefahren schützen können, und zwar noch dann, wenn diese nach außen projiziert werden – und bis zu einem gewissen Grade hilft das wahrscheinlich –, dann hat die Religion wirklich eine Form der Realitätsprüfung überlebt. Ungeachtet der Tatsache, daß die religiösen Gestaltbildungen und Mythologisierungen mit der wissenschaftlichen Beschreibung des Universums nicht übereinstimmen, erscheint die Religion doch aus zwei Gründen real: einmal sagen die Eltern und später das Über-Ich, daß die Religion real *ist,* und der Sinn des Kindes und später des Erwachsenen für das, was wirklich ist, wird zu einem großen Teil dadurch bestimmt, was Eltern und Über-Ich für real halten [40], und zum anderen findet der Psychoanalytiker immer wieder bestätigt, daß eine Religion, die Abwehrmechanismen wie Verleugnung, Verdrängung, Projektion, Identifikation, Ungeschehenmachen und Isolation fördert, in der Tat den Ich-Schmerz lindert.

So unternimmt der Mensch in seiner religiösen Einstellung primär den Versuch, in eine Beziehung zum Vater-Gott einzutreten. Sie hat gewöhnlich bittenden Charakter, sei es in der direkten Form des Gebetes oder auf indirektem Wege über die Anbetung, in Opfer- und anderen rituellen Handlungen, in Beichte, Buße und Askese, sowie im Einhalten von Verhaltensvorschriften. Indem Religion das Festhalten an Verhaltensregeln und Geboten fordern kann, hat sie die Möglichkeit, eine Moral zu empfehlen und auf ihr zu bestehen. Dennoch ist Moral nicht primär in der Religion enthalten, also kein intrinsisches Element. Eine Ausnahme bilden die beiden zentralen Verbote von Inzest und Mord. Sie sind in jeder Religion vorhanden, haben aber zum ersten Mal durch den biblischen Monotheismus ihren schriftlichen Ausdruck gefunden.

Wenn auch die Gesetze einer allgemeinen Moral ihrem Inhalt nach so alt wie der Mensch sind, so besitzen wir doch mit den Gesetzestafeln des Moses ein dreitausend Jahre altes »göttliches« Dokument. Auf dem Berge Sinai enthüllte Gott seinem Volk nicht nur seinen Namen, sondern er gab in den moralischen Geboten seinen Willen kund. Damit war der moralische Imperativ zum obersten und göttlichen Gesetz geworden. In einmaliger Weise wurde so moralisches Verhalten in religiöse Gebote einbezogen und die Religion zu einer Einrichtung gemacht, die nicht nur dem Menschen etwas von dem seelischen Leid des täglichen Lebens abnehmen und tragen helfen möchte, sondern die zugleich aus ihr eine starke Kraft für soziale Ordnung und Zusammengehörigkeit werden läßt.

Doch moralische Handlungen machen nur einen Teil des religiösen Verhaltens aus, der uns deswegen besonders interessiert, weil das Einhalten moralischer Gebote oder Verbote eine bewußte psychische Leistung ist. Religiöses Verhalten enthält viele Handlungen ohne direkte moralische Bedeutung. Wenn wir im Rahmen dieses Kapitels auf die Vielgestaltigkeit solchen Verhaltens nicht eingehen können, so wollen wir uns doch die Frage nach seinen charakteristischen Merkmalen stellen, die jenseits dessen liegen, was ihnen im Kern gemeinsam ist, nämlich um Verstehen und Hilfe *bittende* »Gebete« zu sein. Nach dem vorher Gesagten sollten wir erwarten, daß auf irgendeine Weise die Ambivalenz, die gegenüber dem Vater besteht und später auf Gott-Vater übertragen wird, nun auch im religiösen Verhalten manifest würde. Jeder Psychoanalytiker, der einen religiösen Patienten behandelt, weiß sehr wohl, wie schwerwiegend und problematisch für diesen sein kann, mit bewußten und unbewußten Tendenzen der Auflehnung gegen den Vater und gegen Gott konfrontiert zu werden. Muß nicht oppositionelles Verhalten gegenüber Gott in religiösen Vorstellungen erscheinen? In den meisten Religionen gibt es mehr als ein göttliches Wesen, und die Auflehnung des Individuums wird oft nur auf eine dieser göttlichen Figuren projiziert. Manche Religion trifft sogar Vorsorge für einen buchstäblichen und bildhaften »Sündenbock« [41].

Am eindrucksvollsten können wir die Tendenz, die göttliche Autorität zu verwerfen, an der Bedeutung ermessen, die dem Sinn von Schuld und den Mitteln ihrer Sühne innewohnt. »Im Rahmen der Moses-Religion war für den direkten Ausdruck des mörderischen Vaterhasses kein Raum; nur eine mächtige Reaktion auf ihn konnte zum Vorschein kommen, das Schuldbewußtsein wegen dieser Feindlichkeit, das schlechte Gewissen, man habe sich gegen Gott versündigt und höre nicht auf zu sündigen.« [42] Und über das Christentum schreibt Freud weiter: »Beachtenswert ist, in welcher Weise die neue Religion sich mit der alten Ambivalenz im Vaterverhältnis auseinandersetzte. Der Hauptinhalt war zwar die Versöhnung mit Gottvater, die Sühne des an ihm begangenen Verbrechens, aber die andere Seite der Gefühlsbeziehung zeigte sich darin, daß der Sohn, der die Sühne auf sich genommen, selbst Gott wurde neben dem Vater und eigentlich anstelle des Vaters. Aus einer Vaterreligion hervorgegangen, wurde das Christentum eine Sohnesreligion. Dem Verhängnis, den Vater beseitigen zu müssen, ist es nicht entgangen.« [43]

Auswirkungen des Ödipuskonfliktes auf das religiöse Verhalten

Hier wird noch einmal deutlich, wie Freud die religiöse Haltung mit der Auflösung der ödipalen Konfliktsituation in ursächlichen Zusammenhang bringt. Dieser Ursprung wird nicht nur erhellt durch den fördernden Einfluß der sexuellen Moral im allgemeinen, sondern durch Beschränkungen und Verbote im sexuellen Verhalten, die die Erfordernisse einer Familienmoral allzu oft überschreiten. Diese Einschränkungen können von der Umschreibung des Geschlechtsaktes durch rituelle Handlungen bis zum völligen Zölibat reichen. Verstümmelungen der Genitalien, wie sie typisch in der Beschneidung angedeutet werden, lassen sich direkt aus dem Ödipuskonflikt ableiten. Im Inhalt der Religionen finden wir häufig Lehrauffassungen oder Mythen, die auf die Geburt, die Eltern-Kind-Beziehung oder das Verhältnis zwischen den Eltern hinweisen. Auch hier erscheint die Ambivalenz, denn das ins Unbewußte verdrängte und konfliktbeladene Material neigt dazu, wieder ins Bewußtsein zurückzukehren. In heidnischen Religionen stellen mitunter orgiastische Handlungen religiöse Ergebenheit und Unterwerfung dar. In den westlichen Religionen werden oft sexuelle Beschränkungen von einer Fülle von Anweisungen genauester Beschreibung umgeben, so daß eher sexuelle Gedanken und Phantasien bei ihren Anhängern wachgehalten, als gebremst werden.

Der Ursprung jener Kräfte, die die Religion zu umfassen und damit auch zu beherrschen versuchen, ist im allgemeinen im religiösen Inhalt verborgen und in Dunkel gehüllt. In den älteren Religionen ist der phobische Mechanismus, Gefahren auf Naturgewalten zu projizieren, häufiger anzutreffen, während in den späteren Religionen zwar die Zielscheibe der Projektion in der Außenwelt blieb, doch im Gegensatz zu unbelebten Kräften der Natur der Mensch selbst zur Quelle der Gefahr wurde. Ungläubige mußten konvertiert werden, selbst dann, wenn für ihre Bekehrung Gewalt und Unterdrückung, ja sogar Mord angewendet werden mußte. Eine glücklichere Lösung erkennen wir in den Gebeten um die Kraft, der Versuchung zu widerstehen und das eigene Verhalten zu beherrschen.

Für die meisten Formen religiösen Verhaltens ist es bezeichnend, daß sie ihren Ursprung im Kern des Ichs haben. Dies erklärt sich aus der unmittelbaren Affektbesetzung sowie aus Merkmalen, die für den Primärprozeß charakteristisch sind. Es können also »Erregungsquanten« abströmen allein aus der Wunscherfüllung heraus, wie es für das Es der Fall ist. Abstrakte Ideen sind unwichtig und keineswegs zwingend. Dabei wird die Tendenz erkennbar, gegenständliche, nicht aber symbolische Worte zu verwenden, die aus dem Sprachschatz des Schizophrenen stammen könnten. So müssen beispielsweise manche Wörter öfters wiederholt oder auf besondere Weise intoniert werden. Auch Handlungen, die ihren instinktverhafteten Vorläufern nahestehen, werden gerne ausgeführt, so das Sichverbeugen oder Niederknien als Ausdruck von Unterwerfung, aber auch andere Formen der

Körperhaltung, die Symbolwert besitzen. Singen und Tanzen werden als Ausdrucksformen ebenfalls häufig verwandt. Dabei werden nicht selten religiöse Symbole und ihre Bezugsquellen miteinander verdichtet. Auch kann das Interesse von einem Objekt auf das andere verschoben werden. Ablehnung wird eher durch eine symbolische Handlung als durch eine klare Aussage ausgedrückt, und die Anforderungen der Realität und Logik werden leicht übersehen. Auch werden die Abwehrmechanismen des Es und des Ichs – wie oben erwähnt – bereitwillig benutzt.

Das waren einige wesentliche Gesichtspunkte, die sich auf die Psychodynamik religiösen Verhaltens beziehen. Es wäre ein interessantes, wenn auch spekulatives Gebiet für die Psychoanalyse, diesen Bereich weiter zu studieren und zu enträtseln. Meines Wissens ist bisher noch nicht unternommen worden, den psychisch-energetischen Aspekt religiösen Verhaltens zu untersuchen. Doch sollte jeder Forscher wissen, daß es – unabhängig von den Motiven, die ihn bewegen, und den Schlußfolgerungen, die er ziehen mag – nicht möglich ist, der Religion das zu rauben, was dem religiösen Menschen Lebensinhalt ist. Umgekehrt kann auch der religiöse Mensch Folgerungen aus einem psychodynamischen Studium der Religion annehmen, ohne einwenden zu müssen, Religion werde dabei reduziert, nichts anderes zu sein als eine Illusion.

Der Beitrag der Psychoanalyse zum Verständnis des religiösen Verhaltens, dem dieser kurze Exkurs gewidmet war, wird immer ein theoretisches Randgebiet bleiben. Ihr Hauptinteresse galt von allem Anfang an der Suche nach neuen Wegen zur Behandlung und Heilung seelisch bedingter Erkrankungen. Das Ergebnis – die analytische Psychotherapie – ist ein solcher Weg. Er trifft zusammen mit einem Pfad, der von der Religion her beschritten wird – der Seelsorge. Mit beiden Wegen zur »Heilung« wollen wir uns im folgenden, abschließenden Kapitel beschäftigen.

SIEBENTES KAPITEL

WEGE ZUR HEILUNG (PSYCHOTHERAPIE – SEELSORGE)

Behandlung der Seele

Angstbeseitigung und Angstbewältigung

Die Aspekte der Angst haben uns zu einer Betrachtungsweise geführt, die den Schluß hätte zulassen können, Angst sei identisch mit Krankheit – nicht nur der Seele, sondern auch des Körpers. Finden wir doch die Angst in allen Formen der Krankheit – wie auch den Schmerz. Angst und Schmerz begleiten den Menschen vom ersten bis zum letzten Lebenstag, in der Krankheit wie auch in gesunden Tagen.

Doch wir hatten unterscheiden gelernt zwischen der krankhaften, der pathologischen Angst und ihrer »gesunden« Form, der existentiellen Angst.

Von dieser Unterscheidung ausgehend, bedeutet Heilung der Seele nicht allein *Beseitigung* von Angst, weil diese nicht nur Krankheit sein kann – Krankheit im somatischen und psychischen Sinn. In der Heilung sollte zugleich die *Bewältigung* der existentiellen Angst liegen, die nicht beseitigt werden kann. Angstbewältigung ist immer ein Teil der Auseinandersetzung mit dem Leben und muß in dieses hineingenommen werden. Ohne sie ist die Entwicklung zu einer reifen Persönlichkeit undenkbar.

So betrachtet, verstehen wir den ärztlichen Beruf nicht als den alleinigen Heilberuf. Die Beschäftigung mit den Tiefen der Seele, den unbewußten Vorgängen und ihrer Bewältigung durch die bewußten Anteile der Persönlichkeit führte Psychiater und Psychotherapeuten in Bereiche jenseits ihrer therapeutischen Möglichkeiten und theoretischen Erörterungen, die ihnen die Psychoanalyse erschlossen hatte. Wie die Philosophen und Theologen mußten auch sie erkennen, daß Angst nicht immer pathologisch ist.

Diese Tatsache hat nicht zuletzt dazu geführt, daß der Arzt von heute wieder zu seinen Anfängen zurückkehrt, indem er der Psychotherapie ihren ursprünglichen Platz im Rahmen der Medizin zurückerobert. Darüber hinaus erkennt er die Notwendigkeit einer Lehre vom Menschen, die ihm hilft, seine theoretischen und praktischen Aufgaben zu erfüllen. Aber eine »Lehre vom Menschen« ist aus der medizinischen Wissenschaft allein nicht zu gewinnen. Sie muß – wie wir gesehen haben – in dem Versuch steckenbleiben, bloße wissenschaftliche Erklärungen zu liefern, auch für die Existenz des Menschen. Sie bedarf der ständigen und engen Zusammenarbeit mit allen denen, deren eigentliches Studium – im Goetheschen Sinne – der Mensch ist. So haben sich die Psychotherapeuten mit Philosophen und Theologen, Psychologen und Soziologen zusammengefunden, denen allen gemeinsam ist, dem Menschen in seinem Menschsein zu helfen, und die nicht darauf warten, bis die Menschen zu ihnen kommen, um sie kennenzulernen, sondern die mit Goethe sagen: »Wir müssen zu ihnen gehen, um zu erfahren, wie es mit ihnen steht.« (Wahlverwandtschaften.)

Den Gelehrten und Wissenschaftlern zur Seite stehen die Praktiker, die sich zur Aufgabe gemacht haben, dem Menschen in seiner Lebensangst und Seelennot beizustehen. Dies sind die *Psychotherapeuten* und *Seelsorger*. Aus ihren eigenen Lehren vom Menschen, der Medizin und der Theologie, konnten sie erst über die Philosophie eine verbindende Anschauung gewinnen, die ihrer gemeinsamen Aufgabe gerecht wird. Denn »wo immer Theologie und Medizin menschliche Existenz interpretierten, wurden sie philosophisch, ob sie sich dessen bewußt waren oder nicht« [1].

Das Bedürfnis nach echter Zusammenarbeit von Ärzten und Seelsorgern ist nach dem Zweiten Weltkrieg immer deutlicher zum Ausdruck gekommen, wie es die Gründung der Arbeitsgemeinschaften von Arzt und Seelsorger beweist. Doch bislang blieben diese wie auch andere ähnliche Versuche in Diskussionen, Konsultationen oder Arbeitstagungen stecken; die Verwirklichung in der täglichen Praxis ist noch weit von dem Ideal entfernt. Im Vordergrund aller dieser Bemühungen von Psychotherapeuten und Seelsorgern steht noch immer die Absteckung der eigenen Grenzen und Möglichkeiten, heilen und helfen zu können, Angst zu reduzieren und existentielle Probleme zu bewältigen.

Allzu groß ist die Gefahr, daß Psychotherapeuten und Seelsorger ihre Grenzen überschreiten. Der Psychotherapeut kann alle Formen der Angst als Krankheit werten und glauben, sie heilen zu können, weil er die existentielle Angst leugnet. Dem Theologen wiederum mag es schwerfallen, in der pathologischen Angst einen Gegenstand ärztlicher Hilfe zu erblicken, weil er die neurotischen Zusammenhänge und die Entstehung der Angst nicht wissenschaftlich begreifen kann. Einem Patienten, dem das Überqueren der Straße durch ungeheuere Angst vor einem solchen Unternehmen unmöglich ist, und der sich nur in einer unrealen Sicherheit befindet, wird nicht geholfen werden können, indem man ihm den Glauben an die Überwindung der Unsicherheit durch Mut und Vertrauen predigt. Er wird dieser Predigt, so überzeugend sie auch sein mag, noch mehr Widerstand entgegensetzen. Und umgekehrt kann ein Psychotherapeut einen depressiven, von Schuldgefühlen geplagten Patienten nicht heilen, wenn er dessen Bedürfnis für das Leiden und für die Sühne nicht kennt. Tiefenpsychologische Begriffe und Interpretationen können nicht das Paradigma der Sünde, des Leidens und der Sühne erfassen, die ein Teil religiöser Überzeugung sind, es sei denn, sie enthalten zugleich die religiösen Zusammenhänge und die existentiellen Nöte des Patienten.

Mit Paul Tillich können wir es so formulieren, daß die existentielle Angst »nicht das Anliegen des Arztes *als* Arzt ist, obgleich er ihrer völlig gewahr sein muß, und daß, umgekehrt, die neurotische Angst in allen ihren Formen nicht das Anliegen des Seelsorgers *als* Seelsorger ist, obgleich er ihrer völlig gewahr sein muß« [2]. Der Psychotherapie übende Arzt, dem es um die Beseitigung der pathologischen, neurotischen Angst geht, wird und muß sich zugleich die Frage nach der Sicherheit und dem Sinn der menschlichen Existenz sowie nach deren Zweifel und Schuld stellen. Doch die neurotische Angst macht es häufig unmöglich, die existentielle Angst zu bewältigen. Deshalb umfaßt die therapeutische Arbeit neben der ärztlichen auch die seelsorgerische Funktion. Das bedeutet, daß sowohl die ärztliche wie auch die seelsorgerische Funktion nicht völlig an den Arzt oder Seelsorger gebunden ist, der sie ausübt. Der Arzt wird nicht damit zum Seelsorger und der Seelsorger nicht zum Arzt. Beide sollten auch nicht den Versuch unternehmen, es zu werden. Wie der Arzt seinem Patienten dazu verhelfen kann, sein Leben und sich selbst zu bejahen, und damit eine seelsorgerische Funktion ausübt, so ist er dennoch kein Seelsorger geworden. Genausowenig wird der Seelsorger zum Arzt, der durch die Kraft seiner Persönlichkeit mithilft, neurotische Angst zu lindern oder gar zu beseitigen.

Wenn wir davon ausgehen, daß seelische Krankheit niemals das

Sittliche im Menschen verändert oder gar zerstört, sondern daß sie nur seine Fähigkeit, sein Können beeinträchtigt, gemäß seinem guten oder bösen Willen zu handeln, dann ergibt sich eine weitere *Differenzierung von Psychotherapie und Seelsorge.* Seelsorge wird sich an den Kern der Persönlichkeit richten, der als sittliche Instanz jenseits von gesund und krank steht. Albert Görres nennt ihn die »personale Mitte des Menschen«. So faßt er »seelische Krankheit als Unordnung im Bereich unwillkürlicher, vorpersonaler psychischer Vorgänge und der sie tragenden Strukturen« auf, die er von der »Ordnung und Unordnung in den freiwilligen Willensakten und sittlichen Haltungen der Personenmitte« unterscheidet. Die Aufgabe des Psychotherapeuten wäre dann nicht in erster Linie ein Vorstoß zu dieser Mitte, als vielmehr ein Einschreiten in den »peripheren psychischen Raum«, wo es gelte, verdrängte Gefühlsregungen freizulegen und vorpersonale Strukturverformungen zu korrigieren. Seelsorge dagegen spricht den geistigen Sinn für die Wesensbestimmung des Menschen und sein Ziel an. Eine solche Seelsorge kann und darf sich aber nicht vor der Beschäftigung mit dem vorsittlichen, vorpersonalen Bereich verschließen, denn hier kann jede Hilfe die Umklammerung lösen, die personale Entscheidungen in Freiheit und Ordnung verhindern. Umgekehrt aber kann auch die Psychotherapie »vom Heilsein nicht völlig abstrahieren, wenn sie sich um die psychische Gesundheit kümmert. Oft muß sie ausdrücklich seelsorgliche, die personale Haltung oder Fehlhaltung anzielende Eingriffe vornehmen – dann nämlich, wenn solche Fehlhaltungen als Teilursache der Krankheit sichtbar werden oder auch nur deren Überwindung hindern.« [3]

Psychotherapie als heilendes Erlebnis

Das Fehlen einer kurzen und eindeutigen, universell anwendbaren Definition der Psychotherapie hat dem Entstehen verschiedener Meinungen und Ansichten in psychiatrischen und theologischen Kreisen Vorschub geleistet. Darum soll nun noch einmal aus der Erfahrung des Therapeuten von ihr die Rede sein.

Als Beeinflussung des Menschen auf seelischem Wege ist – wie wir gesehen haben – die Psychotherapie so alt wie die Menschheit. Sie ist zeitlos und erst im modernen Zeitalter der Wissenschaft zum bewußten Instrument des Arztes geworden. Aus dem eingangs erwähnten Wortspiel von der Seelen-Heilkunde und der Seelenheil-Kunde erkannten wir die Polarität, die diesem Worte einen doppelten Sinn gibt. Kulturgeschichtlich liegt zwischen diesen beiden Polen jener weite Raum, in den sich Psychotherapie und Seelsorge miteinander teilen. Karl Jaspers bezeichnet die Psychotherapie als den »Versuch, dem Kranken durch seelische Kommunikation zu helfen, sein Inneres bis in die letzten Tiefen zu erforschen, um die Ansätze zu einer Führung auf den Weg der Heilung zu finden« [4]. Der Arzt wendet sich an den Kranken als ein *verständiges* Wesen, mit dem er in Kommunikation tritt. Der Kranke weiß und *muß* wissen, was der Arzt mit ihm vorhat, denn er muß dem Arzt helfen, in gemeinsamer Anstrengung die Krankheit zu überwinden. Es entspricht der Würde des Kranken, alles zu erkennen und zu verstehen, was im Prozeß der Therapie und Heilung vor sich geht. Und der Arzt wird dem Patienten alles mitteilen, was er im Umgang mit ihm in Erfahrung bringt, was er weiß und was er denkt, nicht sofort – doch im Verlaufe eines manchmal langen gemeinsamen Weges der Therapie. Der Patient wird sich ihm vertrauensvoll überlassen, wie auch der Arzt dem Kranken überläßt, wie er das Wissen verwendet und verarbeitet.

Psychotherapie beruht nicht auf dem intellektuellen Verstehen der Konflikte und deren rationaler Bewältigung, sondern sie kann nur *erlebt* werden. Indem er die ärztlichen Therapieformen vergleicht, erscheint es Jaspers von Bedeutung, »wie die Patienten im Umgang mit dem Psychotherapeuten die *Inhalte erleben*. Ein bloßes Zur-Kenntnis-Nehmen, Denken und Meinen des Gesagten ist wirkungslos. Inhalte, Deutungen, Auffassungen, Zielsetzungen müssen *erlebt* (hervorgehoben vom Verfasser) werden, um zu wirken.« [5]

Dieses Erleben macht aus der Psychotherapie ein *Erlebnis* im weitesten Sinne. Es ist das Erlebnis des Reiferwerdens und Wachsens. Unter Krankheit können wir auch ein Zurückbleiben im Wachstum oder ein Zurückfallen oder auch nur einen Stillstand der Lebensfunktionen verstehen. Psychotherapie als Erlebnis besteht aus einem lebendigen Verhältnis, bei dem es um eine Reorganisation geht, die bewußt und unbewußt stattfindet. Eine neue Lebenserfahrung ist erforderlich, um den destruktiven Übertreibungen von Furcht, Zorn, Ressentiment und Schuld entgegenzuwirken und schädlichen Erlebnissen aus der Vergangenheit gegenüberzutreten und so das verlorengegangene Gleichgewicht wiederherzustellen. Neue Erlebnisse sind oft dringlicher als chirurgische Eingriffe oder Medikamente.

Psychotherapie stellt solche korrektiven Erfahrungen aus einem neuen Erleben heraus dar. Sie ist darum nicht einfach Gespräch, Erklärung oder Entwicklung von Einsicht in das krankhafte Geschehen, auch nicht bloße Entlastung von Spannungen durch Katharsis oder Abreaktion. Sie ist vielmehr Identifizierung des Kranken mit einer konstruktiven heuristischen Auffassung, die der Arzt vermittelt.

Der Patient sieht und lernt, *wie* der Arzt die schwierigen Probleme in die Hand nimmt, ungeachtet der Hoffnungslosigkeit, in der sie dem Kranken erschienen, ohne müde zu werden und ihnen auszuweichen. Der Arzt, der aktiv und unermüdlich sich um die Heilung seines Patienten bemüht, stellt ein Beispiel für jene konstruktiven Kräfte dar, die sich vom Religiösen als Glaube, Hoffnung und Liebe herleiten und in den ärztlichen Beruf eingeflossen sind. Sie sind es, die den Patienten inspirieren. Während sich der Arzt fragt, was er tun und welcher Methode er folgen soll, welche Möglichkeiten ihm zur Verfügung stehen, und was zu dem Leiden alles beigetragen hat, stellt er bereits *seine* Identifikation mit dem Kranken her. Doch diese Sympathie bewegt sich bald über die unmittelbaren Probleme des Patienten hinaus und wird zur objektiven Anteilnahme (Empathie), einem Teilhaben an dessen Erleben, das nun zu einem *gemeinsamen Erleben* wird. Wenn der Lebenswille des Kranken gebrochen ist, gilt es, ihm neue, leitende Prinzipien oder Ich-Ideale entwickeln zu helfen. Dies kann durch Identifizierung mit Zielen, Freunden oder mit dem Therapeuten geschehen. Sein Verhältnis zum Therapeuten ist für den Kranken lebenswichtig, und letztlich ist die Reife und Persönlichkeit des Therapeuten der stärkste gesundheitsfördernde Faktor.

Psychotherapie, die eine gelungene, bis zum Ende durchgeführte Analyse und Synthese auf tiefenpsychologischer Grundlage ist, wird schließlich alle technischen Begriffe wie Übertragung und Widerstand, Verdrängung, Ödipuskomplex, Kastrationsangst, infantile Sexualität und viele andere Fachausdrücke im Erlebnis des Ganzen auflösen und hinter sich lassen.

Psychotherapie als Erlebnis des Vertrauens muß schließlich wieder zum Glaubenkönnen an den geistigen Sinn des Menschen führen, weil sie das »Angsthabenmüssen« überflüssig macht. Glaube und Angst können sich diametral zueinander verhalten. Wer dem Angstpol zu nahe kommt, kann krank werden. Wer sich dem Glaubenspol nähert, beginnt zu leben und das Leben intensiver zu erleben.

Es sollte sich von selbst verstehen, daß es bei diesem Prozeß nicht darum gehen kann, an die Psychotherapie zu glauben. Der immer wieder erhobene Vorwurf, daß die Psychoanalyse ein Glaubensersatz sei, muß darum absurd erscheinen. Es ist vielmehr ein Vertrauen schlechthin, das in der Therapie zum Wachsen gebracht wird, oder nennen wir es einen Glauben, der zunächst noch keinen Inhalt hat. Denn die Inhalte, die Glauben und Angst anfüllen, sind zunächst nichts weiter als Zutaten. Wir geben der Angst nur deshalb einen Inhalt, weil wir sie sonst nicht ertrügen. Auch der Glaube vermöchte sich nicht ohne Inhalte gegen die Angst zu behaupten. Ist die Angst ganz besiegt, wird der Glaube wieder »unfaßbar«, »unbegreifbar«, wie auch Gott »unbegreifbar« ist.

So sind die Konflikte im Grunde gar nicht das, worum es in den seelischen Krankheiten geht. Sie sind vielmehr nur Schlachtfelder, auf denen die an sich inhaltlose Angst besiegt wird. Sie allein ist der Feind, der das Vertrauen sabotiert, ja unmöglich macht. Umgekehrt wächst das Vertrauen im gleichen Maße, in dem die Angst schwächer wird. Aber die Angst wird erst schwächer, und der Mensch wird erst frei von ihr, wenn er sie in ihrer ganzen Macht erlebt und sich ihren immer neuen und heftigeren Angriffen gestellt hat. Nicht selten dauert das Jahre. Aber nur auf diesem aufrichtigen Wege läßt sich Vertrauen erwerben.

Kommunikation und »Offenbarwerden«

Aufrichtigkeit und Wahrhaftigkeit sich selbst gegenüber bestimmen das Gespräch zwischen dem Psychotherapeuten und seinem Patienten. Es ist die gleiche Wahrhaftigkeit, von der Augustinus spricht, daß sie im eigenen Herzen gemacht werden muß. Sie allein ist die Voraussetzung dafür, daß ein Mensch sich anzunehmen lernt, so wie er ist, auch mit seinen Fehlern und Schwächen, die er vielleicht gerne verleugnen möchte.

Wer wird nicht an den psychoanalytischen Prozeß erinnert, wenn er die folgenden Ausschnitte aus dem 10. Kapitel der Bekenntnisse des Augustinus liest: »Die Welt dort draußen habe ich durchforscht mit meinen Sinnen, wie ich konnte, und hatte auf das Leben meines Leibes acht, auf mich und meine Sinne. Von da betrat ich alle Winkel des Erinnerns, all seine weiten Räume, so wundersam gefüllt mit tausend ungezählten Dingen, und ich betrachtete und ich erschauderte, und nichts war, das ich hätte unterscheiden können ohne dich, und nicht darunter fand ich, was du wärest. Und ich auch war es nicht, der ich dies fand und der dies alles nun durchwandelte und alles suchte abzuschätzen und zu unterscheiden nach seinem Wert und seiner Würde, das eine aus den Händen meiner Sinne nehmend, das andere aus mir selbst erfragend, die Sinne selber, meine Boten, jetzt prüfend und jetzt zählend, und aus den Schätzen des Erinnerns dies greifend, anderes beiseitelegend, anderes ermittelnd, ich selbst, der ich dies alles treibe, bin es nicht, noch ist's die Seelenkraft, womit ich's treibe, denn du, o Wahrheit, bist das ewige Licht, das mich erleuchten soll, zu sehen, ob da ist und was da ist und wie's zu werten sei.« Und es erscheint uns heute, als ob Augustinus von dem Versenken in das Unbewußte spricht, wenn er sagt: »Und manchmal führst du (die Wahrheit) meine Seele in ein so unfaßbares Meer der rätselvollsten Wonne tief drin im Innern, jenseits von dem gewohnten Wege des Empfindens.« [6]

Doch Augustinus wußte, daß es nicht allein auf das »Machen der inneren Wahrheit« ankommt, sondern daß nun auch das Bekennen hinzutreten muß. – *Volo eam (veritatem) facere in corde meo coram te in confessione.* – Bekennen aber setzt Kommunikation voraus und führt zum Gespräch mit einem anderen.

Für den Psychotherapeuten als Gesprächspartner besteht die ungeheuerlich scheinende Aufgabe, seinen Patienten besser zu verstehen, als er sich selbst versteht. Nur durch aufrichtige sprachliche Kommunikation kann ein solches Verstehen möglich werden. Sie wurde für die Psychoanalyse in besonderer Weise gestaltend.

Sigmund Freud hatte das *Gespräch als Therapeutikum* in die Seelenheilkunde wieder eingeführt. Bis auf den heutigen Tag haben ihm die Anhänger der Medizinischen Wissenschaft nur zurückhaltend dafür Anerkennung entgegengebracht, sondern sein aufrichtiges Bemühen um Verständnis seiner Patienten eher belächelt.

Die sprachliche Kommunikation der Psychoanalyse wurde zum Modell vieler psychotherapeutischer Schulen, denen es darum geht, den Kranken durch Deutungen zur Annahme seiner Selbst, seiner unbewußten Neigungen und Strebungen zu führen, ihm Einsichten zu verschaffen in seine verdrängten Wünsche, die ihm die Freiheit zur verantwortlichen Entscheidung rauben.

Am Rande sei hier erwähnt, daß auch das Gespräch in der *thera-*

peutischen Gruppe, in der sich der Dialog von Psychotherapeut und Patient zu einer therapeutischen Gemeinschaft mit mehreren Patienten ausweitet, dem gleichen Ziel einer solchen Kommunikationsförderung obliegt. Hier wird jedoch den zwischenmenschlichen Beziehungen im Hier und Jetzt eine besondere Aufmerksamkeit gewidmet [7].

Kein Therapeut kann seinem Patienten ethische Entscheidungen abnehmen, die ihn in seelische Konflikte brachten, aber er wird ihm durch Einsichten und Deutungen zu deren Verständnis verhelfen. Seine theoretischen und praktischen Erfahrungen ermöglichen ihm, dem Kranken unbewußte Zusammenhänge verständlich zu machen, um ihn damit zu einer bewußten verantwortlichen Entscheidung zu führen.

Die Freiheit der sprachlichen Kommunikation liegt im Kern der Psychoanalyse begründet, die sich aus dem Unbewußten und dessen Wahrhaftigkeit leiten läßt. Es widerspricht daher ihrem Wesen, dem Patienten im Gespräch die Meinung des Therapeuten aufzudrängen. Dies ist beispielsweise ein Vorwurf, der der Verhaltenstherapie gemacht werden kann, die darauf aufbaut, Menschen wie Tiere zu dressieren, oder besser zu »konditionieren«. Sprachliche Kommunikation in der Psychoanalyse – wie auch in der analytischen Gruppenpsychotherapie – ist immer Verstehen, niemals Gestalten und Formen nach dem Bilde des Therapeuten. Freud formulierte das so: »Wir haben es entschieden abgelehnt, den Patienten, der sich Hilfe suchend in unsere Hand begibt, zu unserem Leibgut zu machen, sein Schicksal für ihn zu formen, ihm unsere Ideale aufzudrängen und ihn im Hochmut des Schöpfers zu unserem Ebenbild, an dem wir Wohlgefallen haben sollen, zu gestalten ... Der Kranke soll nicht nur zur Ähnlichkeit mit uns, sondern zur Befreiung und Vollendung seines eigenen Wesens geführt werden.« [8]

Jaspers erkennt im »Verhältnis von Arzt und Kranken als Letztes die *existentielle Kommunikation,* die über alle Therapie, das heißt über alles zu Planende und methodisch zu Inszenierende hinausgeht. Alle Behandlung ist dann aufgenommen und begrenzt durch eine Gemeinschaft von Selbst zu Selbst als Vernunftwesen, die aus möglicher Existenz leben«. Arzt und Kranker werden Schicksalsgefährten, sind nur noch Menschen, vergängliche Menschenwesen untereinander, für die es keine endgültigen Lösungen mehr gibt. »Was dabei zuletzt entscheidend im Kranken geschieht, läßt sich das ›Offenbarwerden‹ nennen. Der Kranke kann sich klarer werden, indem er sein Wissen mitgeteilt erhält und über bestimmtes Einzelnes Bescheid weiß; indem er sich gleichsam im Spiegel sieht, von sich zu wissen lernt; indem er im inneren Handeln durch Sich-hervorbringen sich durchsichtig wird; und indem er in existentieller Kommunikation sein Offenbarwerden bewährt und erfüllt.« [9]

So sieht der Philosoph in der Psychotherapie mehr als einen Weg zur Heilung seelischer Erkrankungen, und auch A. Görres bezeichnet die Psychoanalyse als ein Heilmittel, das »zur Heilung *und* zum Heil« helfen kann [10]. Da seelische Krankheit ein Hindernis auf dem Weg zum Heil sein kann, soll noch einmal auf diese Zusammenhänge, nun aber aus der Sicht des praktizierenden Psychotherapeuten, eingegangen werden.

Seelische Krankheit und religiöser Glaube

Vertrauen und Glauben durch Identifizierung

Immer wieder wird die Frage gestellt, ob seelische Erkrankung und religiöser Glaube in einer direkten oder indirekten Beziehung zueinanderstehen. So begegnet der Psychiater häufig der laienhaften Vorstellung, daß religiöser Glaube einmal vor Geisteskrankheiten bewahren, daß aber intensive Religiösität gar zu Geisteskrankheit führen soll.

Bevor wir diese Frage beantworten, wollen wir nochmals kurz auf einige Grunderkenntnisse und Erfahrungen der Tiefenpsychologie eingehen.

In seinen ersten Lebenstagen ist der Mensch ein völlig hilfloses und abhängiges Wesen. Für den Säugling muß in jeder Beziehung gesorgt werden. In allen seinen Bedürfnissen nach Nahrung, Wohnung, Schutz und – was wohl am wichtigsten ist – in bezug auf seine emotionalen Bedürfnisse, also auf Liebe, ist er von anderen abhängig. Er findet beides, Lebenserhaltung und Liebe, zuerst an der Mutterbrust. Später beginnt das Kind die Welt der Unabhängigkeit zu entdecken, und damit treten Empfindungen von Angst und Unsicherheit in sein Bewußtsein. Etwas von der Sicherheit in der Anlehnung an einen verläßlichen Menschen aufzugeben, muß eine angstvolle Erfahrung sein. Wenn sie aber in Verbindung mit Liebe und Verstehen erlebt wird, wird sie weder tief erschüttern, noch zu Stillstand oder gar Regression in der Entwicklung führen. Schritt für Schritt sammelt das Kind weitere Erfahrungen, indem sich seine Interessen ausweiten und sein Selbstbewußtsein stärkt. In diesem Prozeß des Lernens wird das Kind mit Vorschriften und Entsagungen vertraut. Um diese in Einklang mit seiner Umwelt und zu seiner eigenen Befriedigung bewältigen zu können, muß das Kind lernen, sich mit Personen zu identifizieren, die für diese »Gebote und Verbote« einstehen. In dieser Zeit werden die Weichen gestellt für seine Fähigkeit, zu lieben und geliebt zu werden, für sein Vermögen, Befriedigung in der Arbeit zu finden, sowie für sein sexuelles Reifen und seine Befähigung, in die Rolle eines Vaters beziehungsweise einer Mutter hineinzuwachsen. So entscheidet sich letztlich schon in den ersten Lebensjahren, welche Stellung der Mensch in der Gesellschaft einmal einnehmen wird, ob er sie fördert oder ob er sich ihr entziehen oder entgegenstellen wird.

Darum wird der Psychotherapeut in der Einschätzung seines therapeutischen Ziels stets den Einfluß der Eltern auf das Kind abzuwägen haben und großen Wert auf folgende Aspekte legen: den Grad, mit dem ein Kind »gewünscht« wird, das Maß an Liebe, das Eltern, insbesondere die Mutter, zu geben imstande sind, die Weise, wie Vater oder Mutter dem Bemühen ihres Kindes um Liebe und Beachtung des anderen Elternteiles standhalten können, die Freiheit von Furcht, mit der Eltern das Kind erziehen, die Kapazität der Eltern für gleichliegende Interessen und Ziele. Viel zu selten aber betonen wir noch immer, was mindestens von gleicher, wenn nicht höherer Bedeutung ist, nämlich die Lebensanschauungen und -gewohnheiten der Eltern, welchen Idealen sie nachstreben, welchen Bereichen des Lebens sie Wert und Bedeutung beimessen, was denn eigentlich ihr Glaube ist. Dazu gehört in höchstem Maße alles das, was zu ihren religiösen Glaubensinhalten zählt: ihre Einstellung zu Gott, ihre ethischen Forderungen an sich selbst, ihre Auffassung von der Realität der Welt in Beziehung zu Gott und der menschlichen Existenz.

Es ist seltsam, daß Freud, der uns ermöglichte, im Bereich der menschlichen Beziehung alle diese Dinge zu sehen und zu verstehen, diese Vorgänge im Zusammenhang mit dem Religiösen nicht sehen konnte. So bietet auch die ihm folgende Literatur leider erstaunlich wenig Einblick in die zentrale Bedeutung des Vertrauens, das im Prozeß der Identifizierung sowie für alle Liebesbeziehungen so entscheidend ist. Ohne ein solches wäre aber das Kind gar nicht zur Liebe und Beziehungsbildung fähig, worauf René A. Spitz [11] und Melanie Klein [12] in ihren Arbeiten immer wieder hingewiesen haben.

Erik Erikson spricht von dem »Urvertrauen« als den frühesten Erfahrungen des Kindes, das durch eine Pflege der Mutter erweckt wird, »die mit der einfühlenden Befriedigung der individuellen Bedürfnisse des Kindes zugleich auch ein starkes Gefühl von persönlicher Verläßlichkeit innerhalb des erprobten Rahmens ihrer Umwelt vermittelt« [13]. »Wer nicht die Erfahrung des Vertrauens sammeln konnte«, schreibt Alexander Mitscherlich, »dem gelingt es offenbar nur schwer, sich selbst über die Entwicklungskrisen hinweg immer deutlicher als identisches Wesen zu begreifen.« [14] Er kommt zu dem Schluß, daß das Kind »nur durch die Sättigung seiner Bedürfnisse in diesem Verhältnis ›primärer Liebe‹ zwischen Mutter und Kind ... Grunderfahrungen des sozialen ›Urvertrauens‹ als ältester Grundlage seines Welterlebnisses« erwerben kann [15].

Das schönste Bild des Vertrauens äußert sich in der Beziehung des Kindes zur Mutter [16]. Es kann kaum deutlicher zum symbolhaften Ausdruck gebracht werden als in der Brust, von der die Nahrung kommt, in dem Rock, an dem sich das Kind anhängen kann, in der Hand, die bei den ersten Schritten dem Kind entgegengestreckt wird, oder in dem Wurf in die Luft, bei dem das Kind keinen Augenblick zweifelt, daß es wieder sicher in den Armen der Mutter landet. Das alles sind Erlebnisse gläubigen Vertrauens, in die auch der Vater einbezogen wird.

Die Einheit von Vater, Mutter und Kind schließt sich so zu einem Kreis von Liebe, Glauben und Vertrauen, der für den heranwachsenden Menschen von vitaler Bedeutung ist. Und für die meisten weitet er sich schon frühzeitig ins Religiöse aus, indem Gott-Vater zum Inbegriff dieser Vorstellungen wird. So konnte William James sagen: »Ich selbst glaube, daß der Beweis Gottes primär in den rein persönlichen Erlebnissen liegt.« [17]

Aber nicht nur die religiöse Beziehungsfähigkeit wird durch die Beherrschung der Kind-Elternbeziehung charakterisiert, sondern auch die Kultur und Gesellschaft. Freud selbst hat in seiner Arbeit »Massenpsychologie und Ich-Analyse« (1921) [18] den Ursprung aller Objektbeziehung, die für die Gesellschaftsstruktur von grundlegender Bedeutung ist, auf die Mutter-Kindbeziehung zurückgeführt, und es war René A. Spitz, der feststellte, daß die Mutter-Kind-Beziehungen sowie die kulturellen Institutionen einer bestimmten Gesellschaft »einander in historischem Fortschreiten wechselseitig beeinflussen . . . Sie stellen den Niederschlag der historischen, traditionellen und Umweltkräfte der jeweiligen Gesellschaft dar.« [19]

Was aber für die Psychotherapie von praktischem Interesse ist, liegt in der Beobachtung, daß die Vergangenheit der Eltern unweigerlich die Zukunft des Kindes mitformen wird. Eine Störung in der frühen Kind-Elternbeziehung schafft damit die Vorbedingungen für Störungen in den religiösen und sozialen Beziehungen des Erwachsenen. Nach überzeugenden klinischen Beobachtungen und Untersuchungen brachte H.-E. Richter diese Überlegungen auf einen nüchternen Nenner: »Die eine Generation bindet die nächstfolgende durch ihre unbewußten Rollenvorschriften wieder an den gleichen Konflikt, an dem sie selbst gescheitert ist. So werden manche sich über verschiedene Generationen fortpflanzende Neurosen verständlich, die oft voreilig als vererbte Psychotpathien gewertet werden.« [20] Dieser Übertragungsvorgang eines bestimmten Konfliktes bis auf drei oder vier Generationen, wie ihn der Psychotherapeut immer wieder beobachtet, entspricht durchaus der biblischen »Heimsuchung« der Missetaten der Väter auf Kinder und Kindeskinder bis ins dritte und vierte Glied (2. Mose 34,7).

Wenn die Bibel hier von Missetaten, also Sünden der Väter spricht, dann kann sich unter dieser moralischen Bewertung nach heutiger Auffassung durchaus eine krankhafte neurotische Symptomatik verbergen. Denn heute wissen wir, daß Neurotiker einem völlig gesunden Menschen oft als »böse« erscheinen können. So wird Krankheit mit Boshaftigkeit verwechselt. Neurose aber ist weder ererbte Charakteranlage – also Psychopathie –, noch freiwillige und bewußte schuldhafte Tat, also Verbrechen.

Der Glaube in der Neurose

In der Neurose haben wir eine Krankheit kennengelernt, in der die pathologische Angst mit ihrer teils geglückten, teils mißlungenen Abwehr im Mittelpunkt steht. Sie treibt den Befallenen zu einer Bestätigung seiner selbst, die aber immer nur in einer unfreien und unrealistischen Weise auf einer Basis gelingt, die zwangsläufig wieder verteidigt werden muß. Darin zeigt sich die ganze Problematik menschlicher Unsicherheit in der Krankheit. In ihr äußert sich die Reaktion des Menschen auf äußere und innere Gefahren und Verletzungen, die als »Kränkung« erlebt und ungenügend bewältigt werden. Daß eine solche Neurose in enger Beziehung zum Glauben steht und ihn in die »Kränkung« mit einbezieht, soll an zwei Beispielen verdeutlicht werden.

Zwei Frauen, die in meiner Behandlung standen, kamen beide aus bürgerlichen Häusern des oberen Mittelstandes und waren »religiös«. Von Anfang an war es auffällig, daß für die eine Frau Religion eine Sache des Glaubens und Vertrauens war. Obgleich sie gewisse Einwände gegen das gottesdienstliche Zeremoniell und das sonntägliche Zur-Kirche-Gehen machte, bedeutete die Religion für sie doch etwas Beglückendes. – Für die andere Frau war Religion offensichtlich eine schmerzhafte Pflicht, die sie selbst als Ausdruck einer qualvollen Beschäftigung mit furchterregenden und übernatürlichen Ereignissen empfand. Eines Tages, als sich der zwangsneurotische Zustand dieser zweiten Patientin gebessert hatte und sie sich sichtlich von ihren inneren Konflikten hatte befreien können, überraschte sie mich mit dem Geständnis, daß sie glaube, nicht mehr religiös zu sein. Auch fürchte sie sich davor nicht. Sie bekannte, daß Religion für sie ein magischer Kreis gewesen sei, den die Eltern um sie gezogen hätten. Immer habe sie in ihren Gebeten gefleht, Gott möge nicht zulassen, daß ihr Vater sie quäle. Jetzt erkenne sie, daß er tot sei, und mit ihm sei auch die Furcht vor ihm gestorben. So war in der Tat die Quintessenz ihrer Religion nichts anderes gewesen als eine Furcht vor dem zerstörenden Vater. Ihre Kindheit war praktisch ohne Wärme oder positive brauchbare Elemente einer Identifikation mit Mutter oder Vater geblieben. – Die andere Patientin dagegen war in einem zufriedenen, glücklichen Elternhaus aufgewachsen. Unter welchen Schwierigkeiten sie auch litt und welche Symptome sie auch plagten, immer war ein Gefühl von Liebe, ein vergebender Vater und eine warmherzige zugetane Mutter da. Auch ihre Kinder waren »religiös«, noch lange ehe sie das Leben kennengelernt hatten oder die Aussagen der Bibel verstehen konnten. Im Gottesdienst liebten sie schlicht das »Mit-den-Eltern-Sein«, obgleich sie sich bei der Predigt langweilten. Hier wird deutlich, wie Gott in unserer Vorstellung entsprechend der Vorstellung lebt, die wir von unserem eigenen Vater haben, gefürchtet, geliebt, geachtet oder gehaßt.

Diese beiden Beispiele sollen demonstrieren, wie wesentlich ein gesundes Aufwachsen für die Reife einer Persönlichkeit ist. Sie veranschaulichen aber auch, wie ungesunde Lebensbedingungen beim Heranwachsen eines jungen Menschen nicht nur zu einer seelischen Fehlentwicklung führen können, sondern daß sie auch den religiösen Glauben nicht zu seiner vollen Reife kommen lassen. Wenn religiöse Handlungen in einer starren, autoritativen Weise von einem vorwiegend gefürchteten Vater gefordert wurden, ist es nur natürlich, daß beispielsweise in religiösen Zwangsvorstellungen und Handlungen die reichhaltigen Werte des Glaubens verlorengehen können. Nur die Form ist noch übriggeblieben sowie die Bedrohung aus dem Unbekannten, wenn das Zeremoniell nicht erfüllt wird.

Wenn auch die neurotische Symptomatik das religiöse Leben des Patienten ergriffen hat, so ist ihr – trotz ihrer dynamischen Bedeutung für das Individuum – im Hinblick auf Inhalt und Sinn der religiösen Erlebnisse – soweit ich das beurteilen kann – kein Wert beizumessen. Wir zweifeln ja auch nicht an dem Nutzen der Wissenschaft und der Schönheit der Kunst, nur weil es unbewußte neurotische Konflikte waren, die Wissenschaftler und Künstler in ihren Leistungen motiviert haben. Freud fand, daß die Sprache, in der der Mensch seinen religiösen Glauben ausdrückt, die Sprache des Irrationalen, Primitiven und Archaischen ist, durch die das Unbewußte redet. Wenn nun unbewußte Konflikte klinisch in Erscheinung treten, so kann das selbstverständlich auch die religiösen Ideen betreffen wie irgendeinen anderen Aspekt des Lebens. Wenn die Konflikte schwerwiegend sind, werden sie Behandlung erforderlich machen, aber das ist ein Angelegenheit des einzelnen Menschen.

Ein angstneurotischer Künstler äußerte vor der Psychoanalyse wiederholt die Besorgnis, eine erfolgreiche Therapie könne womöglich seine künstlerische Leistung beeinträchtigen. Ich mußte ihm zugestehen, daß dies nicht ausgeschlossen sei. Aber er hatte die Wahl zu treffen zwischen seiner Arbeit und seinem Leiden. Bald stellte sich heraus, daß die Neurose keinen Einfluß auf seine künstlerische Befähigung und Kraft gehabt hatte, wenngleich diese in neurotische Verwicklungen versponnen waren. So erlaubte ihm die Befreiung von seinen Konflikten, in produktiverer Weise als zuvor als Künstler schaffen zu können. In ähnlicher Weise nehmen wir an, daß die Psychotherapie den Glauben des Menschen nicht alteriert.

Wie es der Psychoanalyse nur um die Entfernung des krankhaften Konfliktes und um die Befreiung des Gesunden und Wertvollen geht, so trachtet sie auch nach der Umwandlung dessen, was im Glauben des Menschen destruktiv ist; nur dann kann der Kranke wieder zu einer verantwortungsbewußten Entscheidung befähigt werden.

Ein Zwangsneurotiker berichtete im Verlaufe seiner langwierigen analytischen Psychotherapie, daß er seine Religion praktiziert habe, wie er es von seinem strengen Vater gelehrt worden war, treu, aber überdrüssig und verdrießlich. Obgleich eine religiöse Problematik nur selten Gegenstand der Analyse gewesen war, vermochte er nun wieder echte Freude an seinem Glauben zu finden. Statt einer zwangshaften, konventionellen Pflicht wurde ihm der Glaube zu einer Quelle des Trostes und der Zuversicht.

Religiosität und Störung des Geistes

Nicht selten aber erleben wir, daß der Neurotiker einen religiösen Inhalt, sei es ein Wort aus der Heiligen Schrift oder einer Predigt, benutzt, um seine neurotische, begrenzte und unrealistische Selbstbestätigung zu verstärken und damit der Wirklichkeit aus dem Wege zu gehen. Sehr schnell kann hier der Seelsorger in trügerischer Freude meinen, der Neurotiker sei in echtem Glauben von der Botschaft überzeugt. Hier muß er bedenken, daß religiöse Begeisterung manchmal auf dem Boden einer unrealistischen Selbstbejahung wachsen kann. Eine solche, religiös gefärbte Selbstsicherheit enthüllt sich dann dem Psychotherapeuten als angstvolle Abwehr und ist damit nichts anderes als ein Versuch, die Religion für die neurotische Selbstbestätigung zu »mißbrauchen«. Die Religion kann auch dann, wenn sie den Neurotiker nicht in seinem Selbst einschränkt oder diese Beschränkung begünstigt, die offene Zuwendung des Kranken an die Realität seiner Umwelt, aber auch seiner selbst, in erheblichem Maße beeinträchtigen und einen in der Anlage vorhandenen neurotischen Zustand fördern und verstärken. Das sollte der Seelsorger erkennen und sich vom Therapeuten helfen lassen.

Glücklicherweise kommt es heute seltener vor als noch vor einigen Jahrzehnten, daß ein Seelsorger im Angesicht einer schweren seelischen Störung zögert, sein Gemeindeglied der psychiatrischen Fürsorge anzuvertrauen, aus dem Vorurteil heraus, der moderne Seelenarzt könne den Glauben seiner Patienten zu Fall bringen. Dies kann in der Tat geschehen, doch ein bewußter Versuch dieser Art wäre schlechte nervenärztliche und psychotherapeutische Praxis und sicher als die spezifische Einstellung eines einzelnen, niemals aber als ein allgemeines psychotherapeutisches Prinzip zu bewerten. Natürlich sollte der Seelsorger, der einen Klienten einer psychotherapeutischen Behandlung zuführt, auch verstehen, daß der Therapeut nicht versprechen kann, die Religiosität, ihre Vorgeschichte und ihre Grundhaltung von einer genauen Untersuchung auszuschließen, noch kann er versichern, daß sich diese im Verlaufe der Behandlung nicht ändern wird.

Je wichtiger die religiöse Einstellung zum Glauben für einen Kranken ist, mit um so größerer Wahrscheinlichkeit und Intensität wird seine Religiosität in die psychotherapeutische Behandlung einbezogen werden. Das angeführte Beispiel einer Patientin hat gezeigt, wie sie erst dann vom zwangsgewohnten Gottesdienst wegblieb, als sie in der Therapie ihre Schuldgefühle dem Vater gegenüber verlor und sein Bedürfnis verstand, sich mit ihm nur nach seiner Vorstellung zu versöhnen. Andere Patienten wiederum kommen voll Verachtung und Haß gegen die Religion in die Behandlung. Solche Kranke entwikkeln, wenn sie ihre Feindseligkeit und Auflehnung gegen die Eltern durchgearbeitet haben, nicht selten eine positive Haltung und ein größeres Interesse an der Religion. Der Psychotherapeut kann nicht mehr und nicht weniger den Einfluß der Behandlung auf die Religiosität seiner Kranken voraussagen, als er es auch in jedem anderen Bereich ihres Lebens und ihres Krankseins tun kann.

Es gibt (a priori) keine Gründe zu der Annahme, daß Religion und Religiosität einen Menschen vor Geisteskrankheit schützen kann. Die Religion sucht keine Rechtfertigung über den Wert hinaus, den sie für ihre Lehren beansprucht. Soziologen messen der Religion eine Bedeutung als Hüterin der Tradition und als einer moralischen Kraft bei, und sehen zugleich in ihr einen Verbündeten im Rahmen gesetzlicher sozialer Institutionen. Doch der Psychiater und Psychotherapeut hat keine Berechtigung sich anzumaßen, daß die Religion eine wirksame Therapie gegen Neurosen und Psychosen ist. Es ist nicht zu leugnen, daß manche seelisch Kranken, die infolge einer Neurose keine befriedigende menschliche Beziehung herstellen können, in der Teilnahme an religiösen Gemeinschaften das finden, was ihnen sonst das soziale Leben nicht bietet. Doch die religiöse Erfahrung im Gottesdienst ist im allgemeinen durch ihre besonderen, manchmal absonderlichen Interessen stark eingeengt und gelegentlich auch ernsthaft durch ihre Neurose beeinträchtigt. Ihre Teilnahme an religiösen Verrichtungen macht ihnen aber das Leben wesentlich erträglicher.

Nicht nur der Nervenarzt und Theologe, sondern auch der Laie weiß, daß bei den Geisteskrankheiten häufig religiöse Gedanken eine Rolle spielen. Wir sprechen darum auch vom »religiösen Wahn«. Das überrascht den Psychiater und Tiefenpsychologen nicht. Denn wie wir gesehen haben, werden religiöse Lehren und Vorschriften im allgemeinen früh und zu einer Zeit verankert, in der der Mensch um die »Bewältigung« der Vater- oder Mutterbeziehung bemüht ist und in der sich das Über-Ich als Gewissensinstanz entwickelt. Aber auch weil in religiösen Konflikten neurotische Konflikte zum Ausdruck kommen können, und weil Individuen, die sich schwer tun, Anweisungen und Regeln von Autoritäten anzunehmen, sich der Religion gegenüber empfindlich ablehnend verhalten, brechen in der seelischen Erkrankung verdrängte religiöse Empfindungen aus dem Unbewußten ins Bewußtsein durch. Daraus darf keineswegs gefolgert werden, daß die Religion für die Krankheit verantwortlich ist und demnach in einem ursächlichen Zusammenhang mit ihr steht. Man würde auch nicht folgern, daß bei einem schizophrenen Patienten mit Wahnideen politischen Inhaltes politische Probleme die Ursache seiner Krankheit seien.

Am Rande sei erwähnt, daß Auftreten und Art der Geisteskrankheiten mit der Zugehörigkeit zu einer bestimmten Religion oder zu einem Glaubensbekenntnis nicht in Beziehung zu setzen sind. Dem Autor ist keine Abhandlung oder Untersuchung bekannt, die einen solchen angenommenen Zusammenhang bestätigt hätte. Sollte es eine solche Beziehung geben, wäre sie sicher unbedeutend und kaum objektiv zu nennen. Auch dies bestätigt unsere These, daß wir in der Religion weder eine Ursache noch eine Behandlungsform für Geisteskrankheiten erblicken können.

Psychotherapeut und Seelsorger

Religiöse Probleme in der Psychotherapie

Jeder Kranke, der einen Psychotherapeuten aufsucht, hat eine bestimmte Einstellung zur Religion, sei es, daß er einen Glauben besitzt, an den er sich hält – oder auch keinen –, oder daß er grundsätzlich dagegen ist, sich in irgendeiner Weise festzulegen. Er mag in dieser Haltung kämpferisch, dem Zufall vertrauend oder gleichgültig sein.

Es ist meine Ansicht, daß keine dieser Einstellungen a priori als Bestandteil einer Neurose anzusehen ist. Kämpferische Frömmigkeit ist ebensowenig ein Krankheitssymptom wie kämpferischer Atheismus, und auch eine opportunistische Anschauung muß nicht immer der Niederschlag einer rein rationalen Überlegung sein. Der Psychiater sollte sich in jedem Fall erst eine sorgfältige und genaue Meinung über den religiösen Glauben seiner Patienten bilden, wie er sich analog auch ein Bild von den politischen, künstlerischen und wissenschaftlichen Einstellungen und Neigungen seiner Kranken machen muß.

Weil durch die bedingungslose Annahme religiöser Lehren im allgemeinen beim Individuum Kriterien der Logik und Realität aus einem Teilbereich des intellektuellen Lebens ausgeschlossen werden, hatte Freud im religiösen Glauben einen regressiven Rückzug von der vollständigen Realitätsprüfung – und daher eine Neurose – vermutet. Dieser Folgerung können wir uns nicht anschließen. Der Psychotherapeut hat gelernt, daß ein großer Teil des Seelenlebens – wie zum Beispiel die Phantasie, Imagination oder das Kunstverständnis – zwar eine begrenzte und manchmal vorübergehende Regression in der Funktion des Ichs erfordert, die wir auch als »kontrollierte Regression« bezeichnen [21]. Aber es ist uns heute nicht mehr vorstellbar, daß jede Regression des Ichs, gleich wie begrenzt oder durch das Über-Ich »sanktioniert« sie sein mag, ein sicheres Anzeichen von Neurose ist.

Aus praktischen Erfahrungen wird der Psychotherapeut die Religion nicht unbedingt als Gesprächsgegenstand in die Behandlung einführen, es sei denn, er hat hinreichend Beweise dafür, daß sie eine wichtige Rolle im neurotischen Verhalten des Patienten oder in seinem Widerstand gegen die Behandlung spielt. Natürlich wird er nicht warten, bis der Kranke sagt: »So, jetzt möchte ich über Religion sprechen!« Wenn der Patient einen solchen Vorschlag macht, dann kann er in Wirklichkeit dem Gespräch über ein dringliches und unangenehmes Problem aus dem Wege gehen. Nicht selten aber wird der Psychotherapeut aus einer verhaltenen Andeutung, einem Traum oder gar einer symptomatisch gestörten religiösen Handlung den Hinweis erhalten, das Gespräch vorsichtig in den religiösen Bereich überzuleiten. Ähnlich wird er die religiöse Intellektualisierung eines Konfliktes, vor dem der Patient lieber fliehen möchte, als ihn in die Therapie einfließen zu lassen, analytisch anzusehen trachten.

Da die meisten Formen der Neurose die Ich-Funktion auf ziemlich breiter Basis beeinträchtigen, müssen sie zwangsläufig das religiöse Empfinden des Patienten berühren. So können wir erwarten, daß in der Psychotherapie früher oder später die genetische Vorgeschichte der religiösen Orientierung des Kranken einer Analyse zugänglich wird. Da – wie wir gesehen haben – die Beziehung der Eltern eine wesentliche Rolle in der Bestimmung der religiösen Grundhaltung des Individuum einnimmt, wird in der Therapie immer dann das Gespräch auf die Religion kommen, wenn die Entwicklung des Über-Ichs Gegenstand der Behandlung ist. Der religiöse Bereich muß daher auch berührt werden, wenn die Haltung des Patienten dem Druck der Gesellschaft gegenüber zur Sprache gebracht wird, ganz gleich, ob sie mit der Gesellschaft übereinstimmt oder ob sie in Rebellion zu ihr steht.

Nicht selten können religiöse Erlebnisse eines Menschen Ausdruck eines wichtigen Durchbruchs unbewußter Kräfte sein und Erinnerungen enthalten, in denen sich bedeutsame Kindheitsereignisse verbergen. Für den Psychotherapeuten ist es wichtig, diese religiösen Inhalte ebenso vollständig wie objektiv zu analysieren, wie er auch jedes andere bedeutsame Material aufgreift, das vom Patienten in die Therapie gebracht wird.

Er darf weder *zu* furchtsam noch *zu* rücksichtsvoll sein, damit seine Gedankenführung die Klarheit nicht verliert. Er würde seinen Patienten einen schlechten Dienst erweisen, wollte er nur zögernd und wenig sachlich an Probleme der Religiosität herantreten. Der Fehler wäre nicht geringer, wenn er sich anmaßen würde, in jedem positiven religiösen Empfinden eine neurotische Symptomatik zu erblicken.

Es braucht hier kaum hinzugefügt zu werden, daß ein Psychotherapeut, der seine Patienten von seinen eigenen religiösen Ansichten zu überzeugen versucht, sich einer ebenso schlechten ärztlichen Praxis wie eines unethischen Verhaltens schuldig macht.

Die religiöse Einstellung des Psychotherapeuten

Es ist sicher nicht berechtigt, für den Psychotherapeuten eine bestimmte Einstellung gegenüber der Religion zu fordern, wie dies auch von keiner anderen Gruppe von Individuen, Geschäftsleuten, Arbeitern, Künstlern oder Wissenschaftlern, in der Ausübung ihres Berufes erwartet würde. So gibt es beispielsweise auch keine für die Psychiatrie spezifische Auffassung von Religion oder auch von Kunst und Politik.

Der Versuch einer Analyse religiöser Phänomene – den wir im vorangegangenen Kapitel auf dem Wege über die Psychodynamik unternommen hatten – ließ den Psychotherapeuten keineswegs Ehrfurcht vor ihnen verlieren. Ebensowenig wird er durch das Verständnis der Dynamik, die beispielsweise einer künstlerischen Begabung zugrunde liegt, von der Kunst weniger berührt. Im Gegenteil! Ist der Psychotherapeut selbst hinreichend und erfolgreich analysiert worden, wie es seine berufliche Ausbildung erfordert, dann wird er sich der Vorgeschichte seiner eigenen Religiosität bewußt sein und die Rolle erkannt haben, die seine gelungene oder gar mißglückte Identifikation mit den Eltern darin spielt. Er wird sich ferner darüber klar sein, ob und in welcher Weise er – bewußt und unbewußt – aus der Unterstützung, Vernachlässigung oder Opposition der Religion gegenüber volle oder teilweise Befriedigung gezogen hat.

Neben dem Verständnis seiner eigenen Religiosität sollte der Psychotherapeut auch eine gute *Kenntnis* von den verschiedenen Religionen, ihrer Geschichte und ihrem Inhalt haben, nicht nur soweit sie die Religion oder Konfession seiner Patienten betreffen. Seit Jahrhunderten ist die Religion Hauptträger der Kultur, so daß ein beträchtlicher Teil von dieser nur im Lichte der Religion verstanden werden kann, unter der sie sich entwickelt hat. Bis auf den heutigen Tag sind die aufgezeichneten Gesetze ethischen Verhaltens nur in den religiösen Lehren zu finden. Sie haben unsere Kultur in einer Weise beeinflußt, daß wir sie nahezu für selbstverständlich, für logisch und natürlich hinnehmen. Nachdem sie sich über Jahrhunderte hindurch entwickelt haben, sind sie zum Gradmesser für das Verhalten einer ganzen Gesellschaftsordnung geworden. Wenn auch einige unserer Zeitgenossen sie gerne aus dem Zusammenhang mit ihrem religiösen Ursprung reißen möchten, so sollte sich doch der Psychotherapeut ihrer Wurzeln bewußt sein.

Die dynamischen Prinzipien, die der Annahme dieser Gesetze zugrunde liegen, gleichen sich, ob die dahinter stehende Autorität eine religiöse ist, oder ob sie durch Eltern, Erzieher oder den Staat in Kraft gesetzt werden. In der religiösen Literatur finden wir überall Darstellungen dieser dynamischen Kräfte, obgleich ihr innerer Ursprung oft durch den Mechanismus der Projektion verborgen bleibt. Patienten, die bereits in frühester Kindheit religiös erzogen wurden, erleben sich oft selbst in ihrer Beziehung zu den anderen Mitgliedern der Familie in ähnlicher Weise, wie sie die religiösen Darstellungen in oft dramatischer Form zum Ausdruck brachten, so daß dem Psychotherapeuten, der diese nicht kennen würde, eine wichtige Quelle der Information versagt bliebe.

Der Seelsorger und der seelisch Kranke

Auch der Seelsorger wird Interesse am Verstehen der alltäglichen menschlichen Verhaltensweisen und der ihnen zugrundeliegenden psychodynamischen Zusammenhänge zeigen, wird er doch immer wieder um Rat und Führung in großen und kleinen Dingen ersucht. Wir können voraussetzen, daß ihn sein theologisches Wissen über die religiösen Fragen des Alltags und des ethischen Verhaltens dazu verhelfen, die Rolle als Ratgeber zu übernehmen. Soweit sich die Fragen ausschließlich mit diesen Problemen beschäftigen, kann der Geistliche Antwort geben, indem er sich allein auf die theologischen Kenntnisse bezieht, mit denen er vertraut ist. Ratgeberfunktion aber hat noch wenig mit echter Seelsorge – der Sorge um den Menschen – zu tun.

Viele Fragen, die an den Seelsorger herangetragen werden, beziehen sich nicht so sehr auf die Ehtik als auf Probleme menschlichen Zusammenlebens. Sie stellen also problemreiche Interaktionen zwischen Familienmitgliedern, aber auch zwischen Partnern im Beruf und anderen Zweigen der Gesellschaft dar. Gemeint sind Eheprobleme, gestörte Kind-Eltern-Beziehungen, Verbrechen oder auch offen ausgebrochene Geisteskrankheiten. Die Erfahrung hat gelehrt, daß die meisten Probleme, mit denen der Seelsorger konfrontiert wird, sowohl religiöse als auch neurotische Elemente enthalten, oder daß sich neurotische Probleme als religiöse verkleiden, wie wir das bereits dargestellt haben. So gibt es eine ganze Reihe verschiedenartigster Krisen im Leben eines Menschen und einer Familie, in denen Rat und Führung helfen können, wie der Verlust eines geliebten Menschen, Krankheit, Enttäuschung, aber auch Zwietracht, Haß und Streit. Während sich manche Betroffenen an ihren Anwalt wenden, andere wiederum an ihren Hausarzt, so wenden sich viele doch direkt an ihren Seelsorger, den sie als eine Vaterfigur betrachten. Obgleich die Probleme nicht von religiöser Art zu sein brauchen, so kann er doch zum geeigneten und einflußreichen Berater werden, weil in jedem Menschen das Bedürfnis nach einem tatkräftigen Rat von außen, von einer starken und weisen Elternfigur besteht. Oft ist es der Geistliche, der diese Autorität »kraft seines Amtes« besitzt. Hier ist die Kenntnis der psychodynamischen Zusammenhänge von familiären Beziehungen und ihren Störungen von großer Wichtigkeit. Allzu leicht kann der Geistliche seine eigene Hilflosigkeit erleben, sollte ihn seine theologische Ausbildung nicht vorbereitet haben, Neurosen von existentiellen Problemen zu unterscheiden und wirkungsvoll anzugehen.

Die Notwendigkeit einer solchen Ausbildung für Seelsorger wurde bereits in den Jahren um 1930 in den Vereinigten Staaten erkannt. Von Anton T. Boisen, einem protestantischen Pfarrer, ins Leben gerufen, entwickelte sich diese »Seelsorgebewegung« zu dem, was wir heute *Pastoralpsychologie* nennen [22]. Diese stellt die theoretische Grundlage für eine Form der Lebensberatung dar, die sich eng an die »Gesprächstherapie« des Psychotherapeuten Carl Rogers [23] anlehnt und damit auch die Erkenntnisse und Erfahrungen der Psychoanalyse Freuds übernimmt. Ein solches theoretisches Wissen kann aber nur zum praktischen Werkzeug des Theologen werden, wenn es in einer klinischen Ausbildung am Krankenbett (Clinical Pastoral Training) geschult und »erfahren« wird. Erst dann ist der Seelsorger hinreichend ausgerüstet, kirchliche Seelsorge als Lebensberatung *(Pastoral Counceling)* zu betreiben. Eine solche Seelsorge bedeutet in erster Linie für den Theologen, auf den Menschen – den kranken Menschen – zu hören, ihm lauschend zuzuhören, dabei mitzudenken und ihn besser zu verstehen suchen, als er sich selbst versteht. »Seelsorge in diesem Sinne beseitigt die Hemmnisse, die einem dynamischen ›Wachstum‹ der Persönlichkeit im Wege stehen, durch den dialogischen Einsatz partnerschaftlichen Annehmens. Der Klient, nicht etwa ein Leitbild seines So-sein-Sollens, steht im Mittelpunkt der seelsorglichen Arbeit!« (Stollberg) [24].

Seelsorge wird hier also deutlich verstanden als partnerschaftlicher Dialog zwischen Seelsorger und Ratsuchendem. Sie richtet sich nur insofern auf Gott aus, als Gott im Dialog selbst enthalten ist. Seelsorge bleibt zwar christliche Verkündigung, doch ist sie kaum mehr ausschließlich verbale Kommunikation, die überzeugen will, sondern – wie die Psychotherapie – strebt sie eine transverbale Kommunikation an, an der das Unbewußte teilhat. Wie der Psychotherapeut nimmt der Seelsorger weder eine autoritative Haltung ein, noch gibt er ethische Ratschläge. Auch läßt er sich in keine intellektuellen Gespräche mit seinem Klienten ein. Vielmehr hat er Zuhören gelernt, um Ängste aufzufangen und richtig verstehen zu können. Er wird den Hilfesuchenden bedingungslos annehmen, wie er ist und wie er zu ihm kommt, nicht wie er ihn als Gläubigen gerne haben möchte. Er wird in ihm Einsichten keimen lassen und geduldig warten, bis sein Klient schließlich mit zunehmender Selbständigkeit innerlich frei wird und seinen eigenen Weg gehen kann. Dann erst wird er wieder für die Botschaft Gottes empfänglich sein. Dietrich Stollberg, der sich um eine solche »therapeutische Seelsorge« in Deutschland nach amerikanischem Vorbilde bemüht, schreibt: »Das Seelsorgegespräch ist weniger ein Ort, wo *wir* zu säen haben, als ein Ort, wo wir mit viel Geduld *Gottes* Saat aufgehen sehen können. Wir helfen lediglich beim Wegräumen und Durchbrechen der Ackerkruste.« [25]

Es ist sicher nicht verwunderlich, daß eine solche Seelsorge noch immer außerhalb der Schultheologie steht, wie umgekehrt die Psychotherapie in Deutschland immer noch von der Schulmedizin als Stiefkind betrachtet wird, das vergebens auf Adoption wartet. Hier wie dort haben sich gerade die fortschrittlich Denkenden, denen der Mensch – die Sorge um den Menschen – am Herzen liegt, von den Schulmethoden getrennt und Wegen zugewandt, die sie unmittelbar an den Mitmenschen in seinen Nöten heranführen. Aber Stollberg warnt, daß Seelsorge, wie wir sie hier verstehen, »niemals ihren instrumentalen Charakter auf Kosten der theologischen Substanz verlieren und zum Selbstzweck werden« darf [26]. Analog könnten wir von der Psychotherapie sagen, daß sie nicht – wie es mitunter bei der Psychoanalyse den Anschein hat – ihren therapeutischen Charakter einem Selbstzweck, nämlich der Erforschung der Tiefen und Abgründe der menschlichen Seele, opfern sollte.

Zur Bestimmung des Verhältnisses zwischen Theologie und Psychologie fordert Stollberg die Erkenntnis, »daß es sich bei der Theologie, welche ein Seelsorger vertritt, um denkerische Konsequenzen einer Erfahrung handelt, die als solche auch Gegenstand der Psychologie sein kann. Andererseits hat eine theologisch bestimmte Seelsorge als ›pastoral counseling‹ einen Eigenwert gegenüber jeder Psychologie. Psychologische und theologische Daten lassen sich nicht einfach addieren, sondern müssen in lebendige Korrelation gebracht werden« [27].

Wir haben Psychotherapie und Seelsorge als Wege zur Heilung – eines »Heilwerdens« der Person – kennengelernt und aus dem Blickfeld der Psychoanalyse den weiten Weg von Religion und medizinischer Wissenschaft verfolgt. Wir haben die Entwicklung betrachtet, die beide Formen menschlichen Denkens seit den Uranfängen genommen haben, seit dem magischen Zeitalter, da sie noch eine Einheit bildeten. Nachdem sich ihre Wege dann über viele Jahrhunderte getrennt hatten, stellen wir heute nicht ohne Erstaunen und Verwunderung fest, daß sie seit der Entdeckung der Psychoanalyse wieder einander näher zu kommen beginnen. Es ist das Problem der Angst – der existentiellen und der pathologischen –, in deren Bewältigung Religion und Wissenschaft eine gemeinsame Aufgabe erblicken. Welche Bedeutung dabei dem Dialog – dem Gespräch als Therapeutikum und Ausdruck unmittelbarer Kommunikation zwischen Arzt und Patient – zukommt, sollte uns aus den Anfängen und der Entwicklung von Religion und Medizin veranschaulicht werden.

Daß Religion und Psychoanalyse keineswegs identisch sind mit Illusion und Wirklichkeit, hat das Buch darzulegen versucht. Die Psychoanalyse als Teil einer reinen Wissenschaft muß illusionsfrei bleiben, während die Religion und deren Inhalte dem, der zu glauben vermag, zur Realität werden kann, zu einer Realität, die sich erst im Glauben verwirklicht. Der Glaube aber läßt sich ebensowenig psychologisch erklären wie die Liebe. Nur eine Theologie, die die Erfahrung des Göttlichen voraussetzt, wird dem Menschen zur Selbstannahme und zur Annahme eines »wahren« Gottes verhelfen. In diesem Zusammenhang vermag der Mensch letztlich seine Selbstverwirklichung zu vollziehen.

ANMERKUNGEN

Erstes Kapitel
Psychotherapie und die Heilung der Seele

1 K. Jaspers, Allgemeine Psychopathologie- Berlin–Heidelberg 1948, S. 6.
2 Ebd., S. 8 f.
3 Ebd., S. 9.
4 S. Freud, Ges.W., Bd. XV, S. 197. Die Werke Freuds werden nach der Gesamtausgabe in 18 Bänden zitiert, die im Imago Verlag, London, und im S. Fischer Verlag, Frankfurt a. M., erschienen ist.
5 K. Jaspers, Wesen und Kritik der Psychotherapie, München 1955, S. 33.
6 Augustinus, Bekenntnisse und Gottesstaat. Sein Werk ausgewählt von Joseph Bernhardt, 6. A. Stuttgart 1955, S. 110.
7 K. Jaspers, Wesen und Kritik der Psychotherapie, a.a.O., S. 7.
8 H. Meng, Zum Problem der Wunderheilungen, in: Die Heilkunst, Heft 4, April 1956, München.

Zweites Kapitel
Allmachtsanspruch und Allmachtsglaube

1 Mit dieser Definition steht die Magie zugleich im Gegensatz zur Psychotherapie.
2 James G. Frazer, The Magic Art. Taboo and the Perils of the Soul, in »The Golden Bough«, jetzt in der englischen Originalausgabe als Paperback, London. In deutscher Übersetzung von H. v. Bauer, als Nachdruck der Ausgabe von 1928, Köln–Berlin 1968.
3 Zitiert aus: K. Th. Preuss, Die geistige Kultur der Naturvölker, Leipzig 1913, S. 9.
4 Bei den Algonkin-Indianern Nordamerikas wird diese Kraft als *manitu* bezeichnet.
5 In den Ausführungen dieses Kapitels stützt sich der Verfasser in erster Linie auf die religionswissenschaftlichen Werke H. v. Glasenapps, die im einzelnen im Fischer-Lexikon »Die nichtchristlichen Religionen«, Frankfurt 1957, aufgeführt sind.
6 E. B. Tylor, Primitive Culture, 4. A. London 1903.
7 S. Freud, Ges.W., Bd. IX.
8 Siehe Anm. 2 und 6.
9 S. Freud, Ges.W., Bd. IX, S. 96.
10 Ebd., S. 97.
11 Ebd., S. 97, Fußn. 3.

[12] S. Freud, Ges.W., Bd. VII, Bemerkungen über einen Fall von Zwangsneurose.
[13] S. Freud, Ges.W., Bd. IX, S. 112.
[14] C. G. Jung, Über psychische Energetik und das Wesen der Träume, Rascher Paperback, 3. überarb. A. Zürich 1948, S. 80/81.
[15] G. R. Heyer, Magie und Wunder in der Heilkunde, in: W. Bitter (Hrsg.), Stuttgart 1959, auch Kindler Taschenbücher, Nr. 2016, S. 193.
[16] A. Allwohn, Magie und Suggestion in der Heilpraxis, in: W. Bitter (Hrsg.), Magie und Wunder in der Heilkunde, a.a.O., S. 38.
[17] K. Th. Preuss, Die geistige Kultur der Naturvölker, a.a.O., S. 8.
[18] Vgl. H. G. Preuss, Magie und Psychotherapie, Ztschr. f. Psychotherap. u. Med. Psychol. 2, 1958, S. 69–85.
[19] Diese Tafel wurde bei deutschen Ausgrabungen in Assur in einem Privathaus gefunden und der Text von Dr. Köcher im Archiv für Orientforschung in Graz, Bd. 21, 1966 veröffentlicht. Die hier angeführte, freiere Übersetzung stammt von H. Schmökel, Süddeutsche Zeitung, Nr. 159, 1967.
[20] Aus: C. J. S. Thompson, Magic and Healing, London 1946, ins Deutsche übertragen vom Verfasser.
[21] Zitiert nach E. Boehringer in: Deutsches Ärzteblatt, Nr. 43, 1968, S. 2438.
[22] Zitiert nach E. Boehringer, a.a.O., S. 2443.
[23] Artemidoros aus Daldis, Symbolik der Träume, übersetzt von F. S. Krauss, Wien 1881; Erotische Träume und ihre Symbolik, aus dem Griechischen übersetzt von Dr. H. Licht, Anthropophyteia, Bd. IX., vgl. auch Th. Gomperz, Traumdeutung und Zauberei, Vortrag Wien 1866.
[24] Vgl. S. Freud, Ges.W., Bd. II/III, Die Traumdeutung, S. 102, Anm. 2; W. Kemper, Der Traum und seine Be-Deutung, Hamburg 1955.
[25] Vgl. in C. J. Thompson, Magic and Healing a.a.O.
[26] Deutsch: »Deshalb hat man, wenn man die Worte (Gottes) hat, durch den Glauben *alles*, freilich in verborgener Weise« (Luther). Vgl. H. Ott, Glaube, in: Theologie für Nichttheologen (Hrsg. H. J. Schultz), Stuttgart–Berlin 1966.
[27] Objekte des religiösen Glaubens sind die Himmelskörper, die Elemente, besonders geformte Steine, bestimmte Pflanzen, Tiere und Menschen, Geister, Halbgötter und Gottheiten, ein über alles regierender Weltenherrscher und Schöpfer. Sie alle werden verehrt und angebetet, weil in ihnen eine Macht wirksam ist, der sich der Gläubige beugt und anvertraut. Aber auch ein kosmisch-moralisches Weltgesetz, in dem eine göttliche Ordnung waltet, eine in allem enthaltene Weltseele, der universale Allgeist, das unpersönliche Absolute, oder ein unbegreifbares Nichts, das Seligkeit bedeutet, bilden den Rahmen, in dem sich der religiöse Glaube niederschlagen kann.
[28] H. v. Glasenapp, a.a.O., S. 11/12; vgl. auch ders., Die fünf großen Religionen, 2 Bde., 2. A. Düsseldorf 1954.
[29] K. Jaspers, Der philosophische Glaube, München 1948, S. 63/64.
[30] Ebd., S. 81/82.

[31] Alle angeführten Bibelstellen sind der Bibelübersetzung von D. Martin Luther entnommen.

[32] Es ist nicht selten, daß in der Bibel das gleiche Geschehen in verschiedenen Berichten wiedergegeben wird, wie es hier zum Beispiel zwei verschiedenen Propheten zugeschrieben ist. Wahrscheinlich lagen der späteren und endgültigen Fassung mehrere Quellen zugrunde.

[33] Vgl. M. Craveri, Das Leben des Jesus von Nazareth, Stuttgart 1970, S. 93 bis 122.

Drittes Kapitel

Die Überwindung der Magie und die Rückkehr zum Mythos

[1] S. Freud, Ges.W., Bd. IX, S. 111.

[2] Platon, Kratylos, 399 ff.

[3] Platon, Timaios, 41. Kap.

[4] Platon, Staat, Buch 10.

[5] Aristoteles, De anima, 402 a 16.

[6] R. Kampferer-Fingerle, Die Werke des Hippokrates, Stuttgart–Leipzig 1943, V, S. 59–60.

[7] Avicenna war in Persien geboren und sowohl in der iranischen als in der islamischen Tradition zuhause. Vgl. M. Horten, Die Metaphysik Avicennas, Halle 1907.

[8] Zitiert nach: Rabbiner Dr. Kroner, Die Seelenhygiene des Maimonides, aus Kapitel III des Sendschreibens an den Sultan Almalik Alafdhal, Stuttgart 1914.

[9] Hildegardis causae et curae, Ed. Teuber 1910 (Paulus Kaiser). Hugo Scholz hat ebenfalls eine Übersetzung der Causae et curae geschaffen (mit Vorwort von Sauerbruch), München 1933. Vgl. auch H. Schipperges, Hildegard von Bingen, Salzburg 1957.

[10] Vgl. M. Meier, Die Lehre des Thomas von Aquino de passionibus animae, in: Quellen analytischer Darstellung, Beiträge zur Geschichte der Philosophie des Mittelalters, Bd. 11, H. 2, Münster 1912.

[11] Auch der Schweizer Psychiater J. Wyrsch sieht im Thomismus die Grundlage für das, was wir heute als »psychosomatisch« bezeichnen. Vgl. seine Arbeit: Zur Geschichte und Deutung der endogenen Psychosen, Stuttgart 1956.

[12] Vgl. E. Klinger, Luther und der deutsche Volksaberglaube, Diss., Berlin 1912.

[13] Paracelsus, Von den hinfallenden Siechtagen, Werke, hrsg. von Sudhoff, München 1923, Bd. 8, S. 267; vgl. die zusammenfassende Darstellung der Werke des Paracelsus in: H. Damerow, Paracelsus über Psychische Krankheiten, Heckers Annalen der gesamten Heilkunde, Berlin 1834, 28. Bd., S. 389 ff.

[14] Spinoza, Ethik, II. Teil, Von der Seele, III. Teil Von den Affekten, Philosoph. Bibliothek, Bd. 92, Leipzig 1922.

[15] Die erste große Darstellung der Werke von Leibniz wurde von J. E. Erd-

mann herausgegeben, Berlin 1840. Leibniz, Monadologie, übersetzt von H. Glockner, 2. A. Stuttgart 1954; vgl. ferner: R. Herbertz, Die Lehre vom Unbewußten im System des Leibniz, Diss., Bonn/Halle 1905.

16 Kants sämtliche Werke, hrsg. von G. Hartenstein, Leipzig 1868; Die drei Kritiken in ihrem Zusammenhang mit dem Gesamtwerk, hrsg. von R. Schmidt, Stuttgart 1949.

17 Über die Persönlichkeit Philippe Pinels ist leider nur wenig bekannt. Die Darstellung R. de Saussures in: Große Nervenärzte (Hrsg. K. Kolle), Bd. 1, Stuttgart 1956, ist – wie der Münchener Medizinhistoriker W. Leibbrand nachgewiesen hat – mit mindestens 21 Unrichtigkeiten behaftet und leider völlig unzulänglich. Neueren Datums sind Studien von W. Lechner, die zunächst in einer Dissertation, München 1960, vorliegen und interessante Einzelheiten bringen.

18 Über Esquirol vgl. H. Ey's Darstellung in: Große Nervenärzte (Hrsg. K. Kolle), Bd. 2., Stuttgart 1959.

19 W. Griesinger, Die Pathologie und Therapie der psychischen Krankheiten für Ärzte und Studierende, 1. A. Stuttgart 1845.

20 Vgl. die biographischen Arbeiten in: Große Nervenärzte (Hrsg. K. Kolle), Bd. 1, Stuttgart 1956, über Kraepelin (K. Kolle), und über Bleuler (Klaesi).

21 E. Bleuler, Dementia Praecox oder die Gruppe der Schizophrenien, in: Aschaffenburg, Handbuch der Psychiatrie, Leipzig–Wien 1911.

22 H. Stierlin hat kürzlich diese Zusammenhänge umfassend untersucht. Vgl. seine Arbeit: Bleuler's Concept of Schizophrenia, A Confusing Heritage, American Journal of Psychiatry, Vol. 123, No. 8, 1967.

23 Anton Mesmer war in Österreich geboren, aber nach Paris übergesiedelt. Seine bekannte Dissertation von 1766 hat den Titel »De influxu planetarium«. Einzelheiten über ihn und seine Zeit finden sich in W. Leibbrand, Die spekulative Medizin der Romantik, Hamburg 1956.

24 Vgl. die Biographien in: Große Nervenärzte (Hrsg. K. Kolle), Stuttgart, Charcot (Bd. 1, 1956), Pierre Marie (Bd. 2, 1959), Janet (Bd. 3, 1963).

25 Nach G. Zilboorg, A History of Medical Psychology, New York 1957.

26 Eine zusammenfassende Darstellung des Gesamtwerkes findet sich in: G. Bally, Einführung in die Psychoanalyse Sigmund Freuds, Rde, Nr. 131/132, Hamburg 1961; R. Waelder, Die Grundlagen der Psychoanalyse, Stuttgart 1963; eine psychoanalytische Neurosenlehre gibt P. C. Kuiper in: Die seelischen Krankheiten des Menschen, 2. A. Bern–Stuttgart 1969.

27 S. Freud, Ges.W., Bd. I, S. 99–162.

28 Ebd., Bd. I, S. 163–181.

29 Ebd., Bd. V, S. 179–286.

30 Ebd., Bd. VII, S. 241–377.

31 Ebd., Bd. VIII, S. 239–320.

32 Ebd., Bd. II, S. 269–270.

33 O. Rank, Das Inzestmotiv in Dichtung und Sage, Leipzig–Wien 1912.

34 Ders., Der Mythos von der Geburt des Helden, Leipzig–Wien 1909.

35 Erich Fromm (geb. 1900) stammt ursprünglich aus Frankfurt a. Main und wurde nach seiner Emigration einer der führenden Psychoanalytiker der USA. Er vereinigt Soziologie und Anthropologie mit der Psychoana-

lyse. Seine hier dargelegte Konzeption des Ödipusmythos veröffentlichte er in »The Oedipus Complex and the Oedipus Myth« in: Ruth Nanda Anshen, The Family: Its Function and Destiny, New York 1949. Seine bedeutendsten Arbeiten sind: Escape from Freedom, New York 1941; Man for Himself, New York 1947; The Forgotten Language, New York 1951; Psychoanalyse und Religion, Zürich 1966; Psychoanalyse und Ethik, Stuttgart–Konstanz 1954.

36 A. Adler (1870–1937) Hauptarbeiten: Über den nervösen Charakter, 2. A. Wiesbaden 1919; Praxis und Theorie der Individualpsychologie, München–Wiesbaden 1920; vgl. auch R. Dreikurs, Grundbegriffe der Individualpsychologie, 2. A. Stuttgart 1970.

37 C. G. Jung (1875–1960): Seine gesammelten Schriften erschienen im Rascher Verlag Zürich. Eine Einführung in sein Gesamtwerk schrieb: J. Jacobi, Die Psychologie von C. G. Jung, Zürich 1940. Über die Beziehung Freud–Jung vgl. V. Brome, Sigmund Freud und sein Kreis, München 1969, S. 131 ff.

38 C. G. Jung, Psychologie und Religion, Zürich 1939, S. 113/114.

39 J. Jacobi, Der Weg zur Individuation, Zürich 1965.

40 S. Freud, Ges.W., Bd. V, S. 301.

41 A. Jores, Magie und Wunder in der Medizin, in: Magie und Wunder in der Heilkunde (Hrsg. W. Bitter), Stuttgart 1959; auch Kindler Taschenbücher, Nr. 2016, S. 151–158.

42 Placebo, von: »ich werde gefallen«, eine Bezeichnung, die aus dem Introitus einer Messe stammt und Anfang des vorigen Jahrhunderts für die Kennzeichnung solcher indifferenzierten Substanzen in die englische Pharmakopöe Eingang fand.

43 S. Freud, Ges.W., Bd. V, S. 298–299.

44 C. G. Jung in einem Brief an Wilhelm Bitter, veröffentlicht in: Magie und Wunder in der Heilkunde, a.a.O., S. 7.

45 Vgl. C. G. Jung, Naturerklärung und Psyche, Zürich 1952; G. R. Heyer, Vom Kraftfeld der Seele, Stuttgart 1949; M. v. Franz, Zahl und Zeit, Stuttgart 1970.

46 H. Meng, Verwicklungen der »Wunder von Lourdes«, Proceedings of Four Conferences of Parapsychological Studies, New York 1957, S. 82.

47 H. Meng, Zum Problem der Wunderheilungen, Die Heilkunst, Heft 4, München 1956.

48 V. v. Weizsäcker, Mystik, Magie, Dämonie, in: Zwischen den Zeiten, München 1928, S. 544.

49 A. Jores, Der Mensch und seine Krankheit, Stuttgart 1956, S. 99.

50 Institut für Grenzgebiete der Psychologie und Psychohygiene in Zusammenarbeit mit der Universitäts-Poliklinik in Freiburg i. B. unter der Leitung von Prof. Hans Bender, der zugleich die »Zeitschrift für Parapsychologie und Grenzgebiete der Psychologie« herausgibt. Die Parapsychologie, von Hans Driesch als Wissenschaft von den »okkulten« Erscheinungen bezeichnet, untersucht die »außersinnlichen Wahrnehmungen« wie Telepathie, Hellsehen und Präkognition.

Viertes Kapitel
Die Aspekte der Angst

[1] S. Kierkegaard, Der Begriff der Angst, Düsseldorf 1952, Kap. V., S. 161 ff. (Deutsch von E. Hirsch.)

[2] Spinoza, Ethik, Lehrsatz 63 des IV. Teiles: Von der Knechtschaft, Philosoph. Bibliothek, Bd. 92, Leipzig 1922, S. 226.

[3] F. M. Dostojewskij, Die Dämonen, München 1953.

[4] W. Wundt, Erlebtes und Erkanntes, Leipzig 1921; ders.; Sinnliche und übersinnliche Welt, Leipzig 1937.

[5] W. Dilthey, Die geistige Welt. Einleitung in die Philosophie des Lebens, Berlin 1925.

[6] E. Husserl, Logische Untersuchungen, 2 Bde., Halle 1922–1928; ders., Ideen zu einer reinen Phänomenologie und phänomenologischen Philosophie, Halle 1913, neue erw. Auflage Haag 1950.

[7] M. Heidegger, Was ist Metaphysik?, Bonn 1929, S. 18 f.

[8] Vgl. R. Niebuhr, The Nature and Destiny of Man, New York 1941; ders., The Self and the Dramas of History, New York 1955. (R. Niebuhr ist amerikanischer Theologe und Professor für Ethik und Religionsphilosophie in New York.)

[9] Dieser Anspruch auf das persönliche Glück wird eindeutig in der amerikanischen Unabhängigkeitserklärung ausgesprochen: *All men ... are endowed with certain ... rights ... among these ... the persuit of happiness.*

[10] Vgl. H. G. Preuss, The Patient's Reaction to Bedside Teaching, New Engl. J. Med. 259, Boston 1958. Neben anderen Gesichtspunkten hat der Verfasser in dieser Arbeit nachzuweisen versucht, daß die Einfühlsamkeit des Studenten und angehenden Arztes in seine Patienten mit zunehmender wissenschaftlicher Orientierung leidet.

[11] P. Tillich, Der Mut zum Sein, Hamburg 1965, S. 40. Das Buch erschien zuerst im Amerikanischen unter dem Titel »The Courage to Be«, New Haven 1952. (Paul Tillich war deutscher Religionsphilosoph, der nach Amerika emigrierte. Er vertrat einen religiösen Sozialismus auf protestantischer Grundlage.)

[12] Ders., a.a.O., S. 53.

[13] E. Fromm, Escape from Freedom, New York 1941.

[14] P. Tillich, a.a.O., S. 61–67.

[15] S. Freud, Ges.W., Bd. XV, S. 87 ff., »Angst und Triebleben« in: Neue Folge der Vorlesungen zur Einführung in die Psychoanalyse.

[16] S. Freud, Ges.W., Bd. VII, S. 241–377.

[17] K. Horney, Der neurotische Mensch unserer Zeit, Stuttgart 1951 (übers. v. Gertrud Lederer-Eckardt); jetzt auch: Kindler Taschenbücher, Nr. 2002, S. 49.

[18] F. Riemann, Grundformen der Angst und die Antinomien des Lebens, München–Basel 1961.

[19] Ders., a.a.O., S. 119.

[20] Ders., a.a.O., S. 120.

[21] Ders., a.a.O., S. 7.
[22] S. Freud, Ges.W., Bd. XVI, S. 83–84.

Fünftes Kapitel
Die Wiederentdeckung der moralischen Verantwortung

[1] P. Tillich, Der Mut zum Sein, Hamburg 1965, S. 57.
[2] John B. Watson, geb. 1878, amerikanischer Psychologe, von 1909–1920 Professor in Baltimore. Er ist der Mitbegründer des Behaviorismus in der Psychologie. Seine Hauptwerke »Behavior« und »Behaviorismus« erschienen 1914 bzw. 1925.
[3] Sein Lebenswerk wird gewürdigt durch E. Minkowski in: Große Nervenärzte (Hrsg. K. Kolle), Bd. 1, Stuttgart 1956. Erwin Straus, einer der deutschen Begründer einer phänomenologischen Methodik in der Psychopathologie und Neurologie, jetzt in Lexington, Ky. (USA), hat in seinem Werk »Vom Sinn der Sinne« (1936), Berlin 1956, eine eingehende Kritik der Lehre Pawlows gegeben.
[4] Husserl (1859–1938) und Freud (1856–1939) haben nahezu dieselben Geburts- und Todesdaten. Sie veröffentlichten ihre Hauptwerke im selben Jahr, 1900. Husserl war der prominenteste Schüler von Franz Brentano, dessen philosophische Vorlesungen Freud zwei Jahre hindurch besuchte.
[5] K. Jaspers, Allgemeine Psychopathologie, Berlin–Heidelberg 1948.
[6] Gérard de Nerval, Aurelia, Basel 1943, übersetzt von F. Hindermann.
[7] C. W. Beers, Eine Seele, die sich wiederfand, Bd. II der Psychohygiene (Hrsg. H. Meng), Basel 1941.
[8] L. Binswanger, Grundformen und Erkenntnis menschlichen Daseins, Zürich 1942.
[9] M. Buber, Ich und Du, Leipzig 1923.
[10] A. Sborowitz, Beziehung und Bestimmung. Die Lehren von Martin Buber und C. G. Jung in ihrem Verhältnis zueinander, Darmstadt 1955, S. 14.
[11] J. P. Sartre, Esquisse d'une théorie des émotions, Actualités scientifiques et industrielles, No. 838, Paris 1948.
[12] P. Tillich, Der Mut zum Sein, a.a.O., S. 82.
[13] Ebd., S. 87/88.
[14] Ebd., S. 82.
[15] K. Lorenz, Das sogenannte Böse, Wien 1961, S. 370.
[16] Ebd., S. 336.
[17] S. Freud, Entwurf zu einer Psychologie, 1895, posthum veröffentlicht.
[18] V. v. Weizsäcker, Natur und Geist, Göttingen–München 1964.
[19] A. Freud, The Ego and the Mechanisms of Defense, New York 1946; deutsch: Das Ich und die Abwehrmechanismen, Kindler Taschenbücher, Nr. 2001, S. 8.
[20] S. Freud, Die endliche und unendliche Analyse, Ges.W., Bd. XVI.
[21] W. Reich, Charakteranalyse, Wien 1933.
[22] H. Hartmann, Ich-Psychologie und Anpassungsproblem, Stuttgart 1960.

23 Acta Apostolica Sedis, 45: 278, 1953. Ansprache von Papst Pius XII. an die Teilnehmer des Kongresses für Psychotherapie und klinische Psychologie. Ins Deutsche übertragen in der Presseabteilung des Vatikans.

24 S. Freud, Ges.W., Bd. XV, S. 86.

Sechstes Kapitel

Illusion oder Glaube

1 Vgl. W. Furrer, Das Verhältnis der Psychoanalyse zum Bereich des Religiösen, Ars Medici, Nr. 5, Liestal 1968, S. 314–317; ders., Psychoanalyse und Seelsorge, München 1970; J. Scharfenberg, Sigmund Freud und seine Religionskritik als Herausforderung für den christlichen Glauben, 2. A. Göttingen 1970.

2 S. Freud, Ges.W., Bd. VII, S. 129–131.

3 Ebd., Bd. VIII, S. 239–320.

4 Vgl. den Fall des kleinen Hans auf S. 102.

5 S. Freud, Ges.W., Bd. IX, S. 177.

6 Ebd., Bd. XIII, S. 315–353.

7 Ebd., Bd. IX, S. 178.

8 Ebd., Bd. XVII, S. 52.

9 Vgl. A. R. Bodenheimer, Das Problem der Beziehung zwischen psychotherapeutischer Denkweise und jüdischer Weltauffassung, Ars Medici, Nr. 5, Liestal 1968, S. 325–328.

10 S. Freud, Ges.W., Bd. XIV, S. 328.

11 Ebd., Bd. XIV, S. 338.

12 Ebd., Bd. XIV, S. 340–341.

13 Ebd., Bd. IX, S. 108–109.

14 L. Binswanger, Erinnerungen an Sigmund Freud, Bern 1956, S. 115.

15 S. Freud, Ges.W., Bd. XIV, S. 348–349.

16 Ebd., Bd. XIV, S. 352.

17 Ebd., Bd. XIV, S. 378.

18 Vgl. H. J. Herwig, Therapie der Menschheit, Studien zur Psychoanalyse Freuds und Jungs, München 1969, S. 97 ff.

19 R. Otto, Das Heilige, München 1917.

20 C. G. Jung, Psychologie und Religion, Rascher Paperback, Zürich–Stuttgart 1962, S. 11.

21 C. G. Jung, Psychologie und Alchemie, Psychologische Abhandlungen, Bd. V, Zürich 1944, S. 26.

22 C. G. Jung, Psychologie und Alchemie, a.a.O., S. 27–28.

23 V. v. Weizsäcker, Natur und Geist, Kindler Taschenbücher, Nr. 2004, München 1964, S. 110.

24 E. Fromm, Psychoanalyse und Religion, Konstanz 1966, S. 28–29.

25 Ebd., S. 27–28.

26 S. Freud, Ges.W., Bd. XIV, S. 342.

27 Ebd., Bd. XIV, S. 353.

28 Ebd., Bd. XIV, S. 371.

[29] Ebd., Bd. XIV, S. 422–423.
[30] C. G. Jung, Psychologie und Religion, a.a.O., S. 124–125.
[31] S. Freud/O. Pfister, Briefe 1909–1939, hrsg. von E. L. Freud und H. Meng, Frankfurt a. M. 1963.
[32] O. Pfister, Die Illusion einer Zukunft, Int. Zeitschr. f. Psychoanalyse und Imago, Bd. XXII.
[33] S. Freud/O. Pfister, Briefwechsel, a.a.O., S. 12.
[34] Ebd., S. 64.
[35] E. Jones, Das Leben und Werk von Sigmund Freud, Bern–Stuttgart, Bd. III, 1960–1962, S. 151.
[36] S. Freud/O. Pfister, a.a.O., S. 114.
[37] S. Freud/O. Pfister, a.a.O., S. 146.
[38] S. Freud, Ges.W., Bd. IX, S. 160.
[39] E. Roellenbleck, Magna Mater im Alten Testament, Darmstadt 1949, S. 9.
[40] Vgl. dazu H. Nunberg, Principles of Psychoanalysis, New York 1955, S. 149.
[41] »Daß also der Bock alle ihre Missetat auf sich in die Wildnis trage; und er lasse ihn in die Wüste.« (3. Mose 16. 22).
[42] S. Freud, Ges.W., Bd. XVI, S. 243.
[43] Ebd., Bd. XVI, S. 245.

Siebentes Kapitel
Wege zur Heilung

[1] P. Tillich, Der Mut zum Sein, Hamburg 1965, S. 76.
[2] Ebd., S. 77.
[3] A. Görres, An den Grenzen der Psychoanalyse, München 1968, S. 69–72.
[4] K. Jaspers, Wesen und Kritik der Psychotherapie, München 1955, S. 22–23.
[5] K. Jaspers, a.a.O., S. 13.
[6] Augustinus, Bekenntnisse und Gottesstaat, ausgewählt von Joseph Bernhart, Stuttgart 1955, S. 198, 199.
[7] Vgl. H. G. Preuss (Hrsg. u. Autor), Analytische Gruppenpsychotherapie, Berlin–München–Wien 1966; ders., Analytische Gruppenpsychotherapie. Zu ihrer Geschichte, Methodik und Praxis, in: Wissenschaft und Praxis in Kirche und Gesellschaft, Göttingen 1970, S. 365–373.
[8] S. Freud, Wege der psychoanalytischen Therapie, Ges.W., Bd. XII, S. 190.
[9] K. Jaspers, a.a.O., S. 27/28.
[10] A. Görres, a.a.O., S. 97.
[11] R. A. Spitz, Vom Säugling zum Kleinkind, Stuttgart 1967.
[12] M. Klein, Das Seelenleben des Kleinkindes und andere Beiträge zur Psychoanalyse, Stuttgart 1962.

[13] E. H. Erikson, Wachstum und Krisen der gesunden Persönlichkeit, Stuttgart 1953, S. 21.

[14] A. Mitscherlich, Auf dem Weg zur vaterlosen Gesellschaft, München 1963, S. 84.

[15] Ders., a.a.O., S. 83.

[16] Der deutsche Soziologe Georg Simmel hat in seinem Buch »Soziologie, Untersuchungen über die Formen der Vergesellschaftung« (München–Leipzig 1908) erstmalig auf die Bedeutung der Mutter-Kindbeziehung (»Dyade«) für alle späteren Entwicklungen von Sozialbeziehungen höherer Ordnung hingewiesen.

[17] W. James, The Varieties of Religious Experience, New York 1936.

[18] S. Freud, Ges.W., Bd. XIII, 1921.

[19] R. A. Spitz, a.a.O., S. 307/308.

[20] H.-E. Richter, Eltern, Kind und Neurose, Stuttgart 2. A. 1967, S. 315; auch Rororo Taschenbuch, Nr. 6082/6083, S. 260/261.

[21] Vgl. E. Kris, On Preconscious Mental Processes, in: Psychoanalytic Explorations in Art, New York 1952.

[22] Eine kritische Gesamtdarstellung der amerikanischen Seelsorgebewegung gibt D. Stollberg, Therapeutische Seelsorge, München 1969.

[23] C. Rogers, Counseling and Psychotherapy, Boston 1942. Eine deutsche Einführung in die Gesprächstherapie von C. Rogers gibt Reinhard Tausch, Das psychotherapeutische Gespräch, Göttingen 1960, und ders., Gesprächspsychotherapie, Göttingen 1968.

[24] D. Stollberg, Seelsorge praktisch, Göttingen 1970, S. 11.

[25] Ebd., S. 12.

[26] Ebd., S. 53.

[27] Ebd., S. 53.

BIBLIOGRAPHIE

Acta Apostolica Sedis, Nr. 45: Ansprache von Papst Pius XII. an die Teilnehmer des Kongresses für Psychotherapie und klinische Psychologie, Vatikan 1953.

Adler, A.: Über den nervösen Charakter, 2. A. Wiesbaden 1919.

— Praxis und Theorie der Individualpsychologie, München–Wiesbaden 1920.

Allwohn, A.: Das heilende Wort, Göttingen 1958.

— Magie und Suggestion in der Heilpraxis, in: W. Bitter (Hrsg.). Magie und Wunder in der Heilkunde, a.a.O.

Augustinus: Bekenntnisse und Gottesstaat. Sein Werk ausgewählt von J. Bernhardt, 6. A. Stuttgart 1955.

Bally, G.: Einführung in die Psychoanalyse Sigmund Freuds. In: Handbuch der Neurosenlehre und Psychotherapie, Bd. III, München 1958, oder Rowohlt, Hamburg 1965.

Beers, C. W.: Eine Seele, die sich wiederfand, Bd. II der Psychohygiene (Hrsg. H. Meng), Basel 1941.

Binswanger, L.: Grundformen und Erkenntnis menschlichen Daseins, 3. A. München–Basel 1962.

— Ausgewählte Vorträge und Aufsätze, Bd. I: Zur phänomenologischen Anthropologie, 2. A. Bern 1961; Bd. II: Zur Problematik der psychiatrischen Forschung und zum Problem der Psychiatrie, Bern 1955.

— Erinnerungen an Sigmund Freud, Bern 1956.

Bitter, W. (Hrsg.): Magie und Wunder in der Heilkunde, Stuttgart 1959, oder Kindler Taschenbücher, Bd. 2016, München.

Bleuler, E.: Dementia Praecox oder die Gruppe der Schizophrenien, in: Aschaffenburg, Handbuch der Psychiatrie, Leipzig–Wien 1911.

Bodenheimer, A. R.: Versuch über die Idee der Psychoanalyse, Schweiz. Archiv f. Neurologie und Psychiatrie, Bd. 79, Heft 2, 1957.

— Das Problem der Beziehung zwischen psychotherapeutischer Denkweise und jüdischer Weltauffassung, Ars Medici, Liestal 1968.

Boisen, A. T.: The Exploration of the Inner World, Chicago 1936.

Boss, M.: Psychoanalyse und Daseinsanalytik, Bern–Stuttgart 1957.

Brome, V.: Sigmund Freud und sein Kreis, München 1969.

Buber, M.: Ich und Du, Leipzig 1923.

— Urdistanz und Beziehung, Heidelberg 1960.

— Das Problem des Menschen, Heidelberg 1961.

Craveri, M.: Das Leben des Jesus von Nazareth, Stuttgart 1970.

Dilthey, W.: Die geistige Welt. Einleitung in die Philosophie des Lebens, Berlin 1925.

Dreikurs, R.: Grundbegriffe der Individualpsychologie, Stuttgart 1969.

Erikson, E. H.: Einsicht und Verantwortung, Stuttgart 1966.

— Kindheit und Gesellschaft, 2. A. Stuttgart 1968.

Franz, M. v.: Zahl und Zeit, Stuttgart 1970.

Frazer, J. G.: Der Goldene Zweig, deutsch von H. v. Bauer, Nachdruck der Ausgabe von 1928, Köln–Berlin 1968.
Freud, A.: Das Ich und die Abwehrmechanismen, Kindler Taschenbücher, Nr. 2001, München o. J.
— Wege und Irrwege in der Kinderentwicklung, Stuttgart 1968.
Freud, S.: Gesammelte Werke in 17 Bänden, Imago Publishing Co., Ltd. London, oder S. Fischer, Frankfurt 1963, insbesondere:
— Studien über Hysterie (1895), Bd. I.
— Die Traumdeutung (1900), Bd. II/III.
— Drei Abhandlungen zur Sexualtheorie (1905), Bd. V.
— Zwangshandlungen und Religionsübungen (1907), Bd. VII.
— Allgemeines über den hysterischen Anfall (1909), Bd. VII.
— Analyse der Phobie eines fünfjährigen Knaben (1909), Bd. VII.
— Bemerkungen über einen Fall von Zwangsneurose (1909), Bd. VII.
— Psychoanalytische Bemerkungen über einen autobiographisch beschriebenen Fall von Paranoia (1911), Bd. VIII.
— Totem und Tabu (1913), Bd. IX.
— Wege der Psychoanalytischen Therapie (1918), Bd. XII.
— Massenpsychologie und Ich-Analyse (1921), Bd. XIII.
— Die Zukunft einer Illusion (1927), Bd. XIV.
— Das Unbehagen in der Kultur (1930), Bd. XIV.
— Neue Folge der Vorlesungen zur Einführung in die Psychoanalyse (1933), Bd. XV.
— Die endliche und die unendliche Analyse (1937), Bd. XVI.
— Der Mann Moses und die monotheistische Religion (1937), Bd. XVI.
— Ansprache an die Mitglieder des Vereins B'nai B'rith (1926), Bd. XVII.
Freud, S./Pfister, O.: Briefe 1909–1939, hrsg. von E. L. Freud und H. Meng, Fischer Paperback, Frankfurt a. M. 1963.
Fromm, E.: Psychoanalyse und Ethik, Zürich–Konstanz 1954.
— Psychoanalyse und Religion, Zürich–Konstanz 1966.
Furrer, W.: Psychoanalyse und Seelsorge, München 1970.
Gebsattel, V. E. v.: Prolegomena einer medizinischen Anthropologie, Berlin 1954.
Glasenapp, H. v.: Die fünf großen Religionen, 2 Bde., 2. A. Düsseldorf 1954.
— Die nichtchristlichen Religionen, Fischer-Lexikon, Frankfurt a. M. 1957.
Görres, A.: An den Grenzen der Psychoanalyse, München 1968.
Hartmann, H.: Ich-Psychologie und Anpassungsproblem, Stuttgart 1960, 2. A. 1970.
Heidegger, M.: Was ist Metaphysik?, Bonn 1929.
— Sein und Zeit, Tübingen 1957.
Herbertz, R.: Die Lehre vom Unbewußten im System des Leipniz, Dissertation, Bonn/Halle 1905.
Herwig, H. J.: Therapie der Menschheit, Studien zur Psychoanalyse Freuds und Jungs, München 1969.
Heyer, G. R.: Vom Kraftfeld der Seele, Stuttgart 1949.
— Magie und Wunder in der Heilkunde, in: Bitter, Magie und Wunder in der Heilkunde, a.a.O.

Horney, K.: Der neurotische Mensch unserer Zeit, Stuttgart 1951, oder Kindler Taschenbuch, Nr. 2002, München.
Horten, M.: Die Metaphysik Avicennas, Halle 1907.
Husserl, E.: Logische Untersuchungen, 2 Bde., Halle 1922–1928.
— Ideen zu einer reinen Phänomenologie und phänomenologischen Philosophie, neue erw. A. Haag 1950.
Jacobi, J.: Die Psychologie C. G. Jungs, Zürich 1939.
— Der Weg zur Individuation, Zürich 1965.
James, W.: The Varieties of Religious Experience, New York 1936.
Jaspers, K.: Allgemeine Psychopathologie, Berlin–Heidelberg 1948.
— Der philosophische Glaube, München 1948.
— Wesen und Kritik der Psychotherapie, München 1955.
Jones, E.: Leben und Werk von Sigmund Freud, 3 Bde., Bern–Stuttgart 1960–1962.
Jores, A.: Der Mensch und seine Krankheit, Stuttgart 1956.
— Magie und Wunder in der Medizin, in: Bitter, Magie und Wunder in der Heikunde, a.a.O.
Jung, C. G.: Gesammelte Schriften, Rascher, Zürich, insbesondere:
— Über psychische Energetik und das Wesen der Träume, 3. A. 1948.
— Psychologie und Alchemie, Psychologische Abhandlungen, Bd. V, 1952.
— Psychologie und Religion, Rascher Paperback, 1962.
— Zur Psychologie westlicher und östlicher Religionen, Bd. XI, 1963.
— Die Beziehungen zwischen dem Ich und dem Unbewußten, Rascher Paperback 1963.
— Erinnerungen, Träume, Gedanken von C. G. Jung, aufgezeichnet und hrsg. von A. Jaffé, Zürich–Stuttgart 1962.
Kampferer-Fingerle, R.: Die Werke des Hippokrates, Stuttgart–Leipzig 1943.
Kemper, W.: Der Traum und seine Be-Deutung, Rowohlt Taschenbuch, Nr. 4, Hamburg 1955.
Kierkegaard, S.: Der Begriff der Angst, Düsseldorf 1952.
Klein, M.: Das Seelenleben des Kleinkindes und andere Beiträge zur Psychoanalyse, Stuttgart 1962.
Klinger, E.: Luther und der deutsche Volksaberglaube, Dissertation, Berlin 1912.
Köcher, F.: Archiv für Orientforschung, Bd. 21, Graz 1966.
Kolle, K.: Große Nervenärzte, Bd. 1–3, Stuttgart 1956–63.
Kris, E.: On Preconscious Mental Processes, in: Psychoanalytik Explorations in Art, New York 1952.
Kroner, R.: Die Seelenhygiene des Maimonides, Stuttgart 1914.
Kuiper, P. C.: Die seelischen Krankheiten des Menschen, Bern–Stuttgart 1969.
Leibniz, G. W.: Monadologie, übersetzt von H. Glockner, 2. A. Stuttgart 1954.
Lorenz, K.: Das sogenannte Böse, Wien 1961.
Meier, M.: Die Lehre des Thomas von Aquino de passionibus animae in: Quellen analytischer Darstellung, Beiträge zur Geschichte der Philosophie des Mitelalters, Bd. 11, Münster 1912.
Meng, H.: Seelischer Gesundheitsschutz. Eine Einführung in Diagnostik, Forschung und Nutzanwendung der Psychohygiene, Basel 1939.

— Die Stellung der Psychoanalyse zur übrigen Psychotherapie, (mit P. Federn) in: P. Federn/H. Meng, Das Psychoanalytische Volksbuch, 4. A. Bern 1939.
— Psyche und Hormon, Bern 1944.
— Aufgaben und Ziele der Psychohygiene, in: Psychohygienische Vorlesungen (Hrsg. H. Meng), Basel–Stuttgart 1958.
— Zum Problem der Wunderheilungen, in: Die Heilkunst, 4, München 1956.
— Verwicklungen der »Wunder von Lourdes«. Proceedings of Four Conferences of Parapsychological Studies, New York 1957.
— Psychoanalyse und Alltag, Bern 1964.
Minkowski, E.: Le temps vécu, Paris 1933.
Mitscherlich, A.: Freiheit und Unfreiheit in der Krankheit. Das Bild des Menschen in der Psychotherapie, Hamburg 1946.
— Auf dem Weg zur vaterlosen Gesellschaft. Ideen zur Sozialpsychologie, München 1963.
Nerval, G. de: Aurelia, Basel 1943.
Niebuhr, R.: The Nature and Destiny of Man, New York 1841.
— The Self and the Dramas of History, New York 1955.
Nunberg, H.: Principles of Psychoanalysis, New York 1955.
Ott, H.: Glaube, in: H. J. Schultz (Hrsg.), Theologie für Nichttheologen, Stuttgart–Berlin 1966.
Otto, R.: Das Heilige, München 1917.
Pfister, O.: Die Illusion einer Zukunft, Internationale Zeitschrift für Psychoanalyse und Imago, Bd. XXII, Wien 1928/9.
— Das Christentum und die Angst, Zürich 1944.
Preuss, H. G.: Magie und Psychotherapie, Zeitschrift f. Psychotherapie u. medizinische Psychologie, 2, Stuttgart 1958.
— The Patient's Reaction to Bedside Teaching, New England Journal of Medicine, 259, Boston 1958.
— (Hrsg. u. Autor) Analytische Gruppenpsychotherapie. Grundlagen und Praxis, Berlin–München–Wien 1966.
— Analytische Gruppentherapie. Zu ihrer Geschichte, Methodik und Praxis, in: Wissenschaft und Praxis in Kirche und Gesellschaft, Göttingen 1970.
Preuss, K. Th.: Die geistige Kultur der Naturvölker, Leipzig 1913.
Rank, O.: Der Mythos von der Geburt des Helden, Wien 1909.
— Das Inzestmotiv in Dichtung und Sage, Wien 1912.
Reich, W.: Charakteranalyse, Wien 1933.
Reik, Th.: From Thirty Years with Freud, London 1942.
Richter, H. E.: Eltern, Kind und Neurose, 2. A. Stuttgart 1967.
— Patient Familie, Reinbek 1970.
Riemann, F.: Grundformen der Angst und die Antinomien des Lebens, München–Basel 1961.
Roellenbleck, E.: Magna Mater im Alten Testament, Darmstadt 1949.
Rogers, C. R.: Counseling and Psychotherapy, Boston 1942.
Sartre, J. P.: Esquisse d'une théorie des émotions. Actualités scientifiques et industrielles, Nr. 838, Paris 1948.
— Das Sein und das Nichts, Hamburg 1962.

Sborowitz, A.: Beziehung und Bestimmung. Die Lehren von Martin Buber und C. G. Jung in ihrem Verhältnis zueinander, Darmstadt 1955.
Scharfenberg, J.: Sigmund Freud und seine Religionskritik als Herausforderung für den christlichen Glauben, 2. A. Göttingen 1970.
Schipperges, H.: Hildegard von Bingen, Salzburg 1957.
Simmel, G.: Soziologie. Untersuchungen über die Formen der Vergesellschaftung, München–Leipzig 1908.
Spinoza, B.: Ethik, Philosophische Bibliothek, Bd. 92, Leipzig 1922.
Spitz, R. A.: Nein und Ja — Die Ursprünge der menschlichen Kommunikation, 2. A. Stuttgart 1970.
— Vom Säugling zum Kleinkind, 2. A. Stuttgart 1969.
Stierlin, H.: Bleuler's Concept of Schizophrenia – A Confusing Heritage, American Journal of Psychiatry, Vol. 123, Washington 1967.
Stollberg, D.: Therapeutische Seelsorge, München 1969.
— Seelsorge praktisch, Göttingen 1970.
Tausch, R.: Das psychotherapeutische Gespräch, Göttingen 1960.
— Gesprächspsychotherapie, Göttingen 1968.
Tillich, P.: The Courage to Be, New Haven 1952; deutsch: Der Mut zum Sein, Hamburg 1965.
— Systematische Theologie, Bd. 1–3, Stuttgart 1956–1966.
Thompson, C. J. S.: Magic and Healing, London 1946.
Tylor, E. B.: Primitive Culture, London 1903.
Waelder, R.: Die Grundlagen der Psychoanalyse, Stuttgart 1963.
Weizsäcker, V. v.: Ärztliche Fragen, Stuttgart 1935.
— Körpergeschehen und Neurose, Stuttgart 1947.
— Arzt und Kranker, Stuttgart 1949.
— Natur und Geist, 2. A. Göttingen 1955, oder: Kindler Taschenbücher, Nr. 2004, München 1964.
— Mystik, Magie, Dämonie, in: Zwischen den Zeiten, München 1928.
Wundt, W.: Erlebtes und Erkanntes, Leipzig 1921.
— Sinnliche und übersinnliche Welt, Leipzig 1937.
Wyrsch, J.: Zur Geschichte und Deutung der endogenen Psychosen, Stuttgart 1956.
Wyss, D.: Die tiefenpsychologischen Schulen von den Anfängen bis zur Gegenwart, 2. A. Göttingen 1966.
— und Weizsäcker, V. v.: Zwischen Medizin und Philosophie, Göttingen 1957.
Zilboorg, G.: A History of Medical Psychology, New York 1957.

Die Gedanken dieses Buches entstanden aus einer zwanzigjährigen Beschäftigung mit der Psychoanalyse Sigmund Freuds und gehen auf meine Begegnung mit Prof. Heinrich Meng in Basel zurück. Ihm, dem ich Anregung und psychoanalytisches Vorbild verdanke, habe ich darum dieses Buch gewidmet.

Die tägliche psychotherapeutische Arbeit mit dem Kranken aber hat die hier zum Ausdruck gebrachten Gedanken erst reifen lassen. Den zahlreichen Diskussionen im Kreise von Fachkollegen und Studenten an der Harvard Universität in Boston – wo ich das Glück hatte, mich zum Kreis um Paul Tillich zu zählen – wie am Institut für Psychologische Forschung und Psychotherapie in München verdanke ich weiter entscheidende Einsichten und Kritik.

Besonderer Dank aber gilt meinen langjährigen Freunden, den Nervenärzten und Psychoanalytikern A. R. Bodenheimer, Tel-Aviv, und W. Furrer, Luzern. Seit den ersten Nachkriegsjahren ist unser Gespräch über Psychoanalyse und Religion nicht abgerissen. Sie haben wesentlich zu den hier dargestellten Grunderkenntnissen beigetragen, vielleicht gerade darum, weil unsere Ansichten über Freuds psychoanalytische und religionskritische Konzeptionen oftmals weit auseinandergingen und unsere konfessionell verschiedenartige Herkunft zu einer gründlicheren Auseinandersetzung mit religiösen Vorstellungen verpflichtete.

Daß diese Arbeit überhaupt zustande kam, verdanke ich nicht zuletzt meiner Frau, die mich immer wieder davon überzeugte, wie notwendig es sei, dieses Buch zu schreiben. Unermüdlich hat sie mit neuen Denkansätzen aus ihrer eigenen ärztlichen Erfahrung Anregungen gegeben und so geholfen, die Probleme in ein erweitertes Blickfeld zu rücken. Nicht vergessen aber möchte ich auch meine drei Kinder Cornelia, Christoph und Thomas, die mit viel Interesse und geduldiger Zuwendung am Entstehen dieses Buches teilhatten.

NAMEN- UND SACHVERZEICHNIS